朱玉红◎编著

心理学与口才技巧

驾驭心理的口才宝典〉〉〉〉〉〉〉〉

〈〈〈〈〈〈〈〈打动人心的睿语箴言

中国纺织出版社

内 容 提 要

语言是人类交际必不可少的工具，不仅因为语言可以方便人与人的交流，更是因为人们把交往过程中的心理较量也用语言的形式表现出来，从古至今，口才对一个人的生存发展有着至关重要的作用。

所谓“话不在多而在精”，本书就是告诉读者，如何看人说话，怎样用语言满足对方的心理需求，把每一句话都说到对方心窝里，从而成为一名真正会说话的社交达人！

图书在版编目（CIP）数据

心理学与口才技巧 / 朱玉红 编著.—北京：中国纺织出版社，2014．3（2024.4重印）

ISBN 978－7－5180－0264－1

Ⅰ．①心… Ⅱ．②朱… Ⅲ．①心理交往-口才学 Ⅳ．①C912.1

中国版本图书馆CIP数据核字（2014）第000184号

策划编辑：闫 星　　责任编辑：曲小月　　责任印制：储志伟

中国纺织出版社出版发行

地址：北京市朝阳区百子湾东里A407号　邮政编码：100124

邮购电话：010—67004461　传真：010—87155801

http：//www.c-textilep.com

E-mail：faxing@c-textilep.com

北京兰星球彩色印刷有限公司印刷　各地新华书店经销

2014年3月第1版　2024年4月第18次印刷

开本：710×1000　1/16　印张：19

字数：252千字　定价：85.00元

前言

现实生活中，很多人都会羡慕那些说话可以滔滔不绝、舌绽莲花的人，似乎这样的人在人际交往中总是扮演着积极的角色，他们才是真正能够在交际场上自由穿梭、在生活的浪潮中自在驰骋的人。由此可见，能说会道在我们的生活中是何等的重要。尤其对于现代人来说，拥有傲人的口才可以让你在这个沟通无处不在的时代脱颖而出，在自己的一方天地中施展才华、站稳脚跟。

当然，并不是说讲话可以滔滔不绝、口若悬河就是口才好，口才并不能简单地用能说能聊来替代，讲话也有很多方面的技巧。比如，有的人诙谐幽默，三言两语就能打动他人；还有的人通过积极引导暗示的话就能轻松达到自己的目的。善于说话的人不一定说得很多，但是，他说过的一句话都能够恰到好处。

拥有高超的说话技巧，不仅可以给人留下深刻的印象，还可以让很多不了解你的人了解你，让了解你的人重新认识你。要知道语言往往是内心情感或者思想意识的一种表达，人们不仅可以通过语言说出自己的内心，也可以通过语言看到他人的内心。口才更是一个人内在涵养的体现，没有强大的内在和足够丰富的知识很难拥有出众的口才，所以口才也体现一个人的学识和气度。

日常交际中，我们的一言一语也经常和心理联系起来。我们说的话往往表达的是心声，我们的某些言辞，常常是为了说服别人，因而想要掌握真正有用的说话技巧，还需要把说话和心理学结合起来，运用一些心理策略来做到有效地影响他人、达成所愿的目的。那些善说的人能将话说到点子上，就是因为他能够通过语言来影响他人的心理，说出对方想听的，解除对方的担心，消除对方的顾虑。所以说，心理学与说话技巧的完美结合才是我们与他人进行良好沟通的那把金钥匙。

可以说，本书就是一本实用的说话技巧的教程。在本书里，我们将从诸多细小的方面来阐述如何通过说话影响他人心理，教给读者面对不同的人、事、物该怎样说话，怎样把话说好。使我们在人际交往中变得更加圆融。如果能在本书的指导下，将这些技巧亲身运用到实际社交中，你一定会受益匪浅，令自己在社交场上如鱼得水！

编著者

2013年8月

上篇：懂心理才能会说话

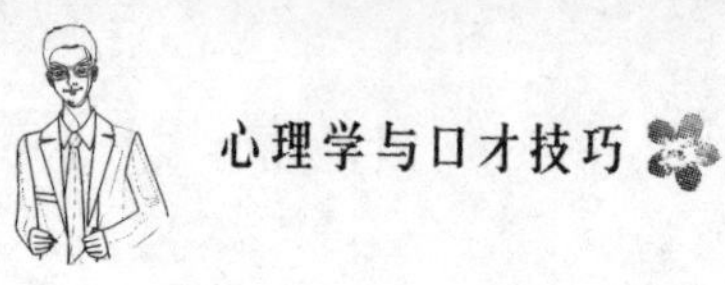

下篇：不同场合的说话策略

上篇

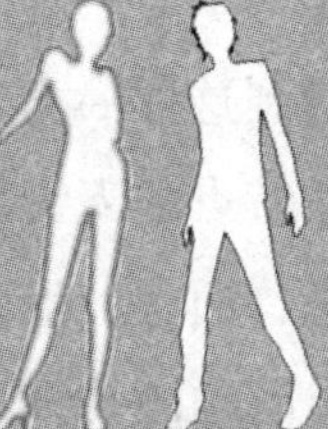

懂心理才能会说话

第01章 由嘴窥心，说话与心理的紧密关系

说话慢条斯理的人温和理性

在现实生活中，我们经常遇到这样一类人：他们说话比较慢，而且，很有逻辑性、条理性。有这样说话特点的人大多见于长者，他们给人的感觉很温和，永远一副不温不火的状态，而且，他们在分析某些问题的时候，理性大于感性，能够恰到好处地指出问题的关键之处。其实，一个人的说话方式能直接反映出其性情特点。一个人说话慢，那表示他正在思考或整理头脑中的信息，自然会放慢说话的速度。在说话的过程中，他呈现在人们面前的形象自然是温文尔雅、做事有条理。相反，在生活中，有些人说话总是一副急躁的样子，第一句话尚未说话，舌头已经开始打转，第二句话也快出来了，这样的人说话没有条理，在他身上自然体现不出温和与理性来，而如此急躁性子的人，他们经常会做一些缺乏思考的糊涂事。

一个人说话有条理就注定他说话的速度不能太快，因为他还要花时间将自己想要说的话整理整理，把自己的信息编排一下次序再说出来，这样可以体现他有很强的目的性和逻辑性。说话速度不能太快，他自然是一字一句说清楚，速度慢了下来，言语自然就有了温和的味道，因为我们从来没见过一个说诂像机关枪的人会表现出温和的姿态。因此，如果你想成为一个温和而理性的人，那么，在说话之前，你需要知道自己的目的是什么，或者先想好了再说话，以免言多必失。说话慢而有条理的人，无论他们说话的时间是长是短，他们都可以轻松应对，而且，在整个说话过程中能保持思路清晰，条理分明。

在一所驾校里，平日经常听到学员们讨论最多的话题并不是自己学到了什么技能，更多的是“我们教练特别凶、我们教练总骂人”之类的抱怨。其实，教练在教授技能时很辛苦，不仅风吹日晒，而且，还要不停地纠正学员的动作。但是，为什么教练如此的辛苦换来的却不是更多学员的理解呢？原来，这个教练是一个不够温和的人，我们来看看他是怎么说话的。

众所周知，驾驶技术不像其他技能，掌握熟练的操作技巧是保证自己和他人生命安全的第一步。因此，教练在教授时都十分认真，不敢马虎，可纠正了几遍之后，发现学员的动作还是不对，他就会急躁，情急之下一嗓子就吼出来了：“你脑子是不是进水了？”“你练的那是什么东西？”而通常在这时候，教练不仅要教给学员怎么做，同时要观察学员做的怎样，所以，他说话常常缺乏条理性，张口就是：“抓着方向盘别放手……脚踩刹车……”这时，学员就会迷糊：“教练，我到底该怎么办呢？”

一个人说话速度快的时候，他的内心就会陷入急躁的状态，这时，他已经丧失了理性的思考，想到哪句就说哪句。可想而知，说出来的话往往是缺少思考的。其实，说话慢而有条理性，还有一个好处就是能让对方更好地接受自己所说的话。比如，教练这样说话：“今天练得不错，要是油门踩得再轻一点就更好了”、“没问题，你考试时就这么做肯定能过，不要紧张”……几句温和的话一说，学员的腿也不抖了，方向盘也能抓得更稳了，会更有效地掌握动作要领。

大清早，小王就急匆匆地跑进办公室，呼吸尚未平复，他就开口说：“大事，出大事了，不好了……”正在办公室里闲聊的同事纷纷追问：“小王，出啥事了？”“出啥事了，你倒是说啊”。小王上句不接下句地说：“经理……秘书说……咱们部门……反正要完了……”这样一说，同事们更着急了：“到底啥事情，你倒是说清楚啊”“就是啊，一句不接一句的，我们也不清楚到底出了什么事情啊”“什么完了”。

这时，走在小王后面的小李也进了办公室，大家纷纷围了上去，问道：“小李，你知道出了什么事情吗？”小李不慌不忙地喝了一口水，慢条斯理地说道：“没什么大事，经理的秘书刚刚告诉我们，由于我们部门上个月业绩不怎么样，可能会暂时停掉我们部门的工作，但是，这只是一个预设，还没有决定呢，所以，你们不要着急。”听到小李这样一说，大家都明白了。

小王说话急促，速度较快，结果，大家都没听清楚他在说什么，而小李不慌不忙，慢条斯理，如此的说话方式既显温和，又很有条理，让大家听了就心中有底了。“温和”有两层含义，一是指说话的方式温和，二是指所说的内容温和。说话方式温和，自然是指开口说话的时候，以温和、安详、委婉的语调和语气说话，既是如此的语调，那自然是速度较慢的说话方式。另外，所说的内容温和，是指所说的内容真实可靠、实事求是，有逻辑、有条理。如此看来，那些说话慢而有条理的人，他们性情大多是温和而理性的。

心理点拨

1.说话没条理，做事没逻辑

在许多场合，尤其是公司开会的时候，我们经常会看到这样的现象：上面的人唠唠叨叨讲了很长的话，下面的听众却如坠云里雾里。正在大家猜想到底是什么意思的时候，说话者却说：“以上很简单地发表个人的一点点看法，请各位多多指教。”这时，听众席则传出一阵议论声：“说了大半天，还说这是简单？”“简直是浪费了我的时间，说话没条理，想到哪里就说到哪里”。

说话者的说话方式令人生厌，原因之一就是其说话缺乏条理性，他没有整理出自己说话的重点，让人听了不知道他在说什么。而说话缺乏条理的人，他们做事往往也缺乏条理，而且，经常会把事情搞砸。

2.缺乏条理的说话者的性情

那些说话缺乏条理的说话者，他们缺乏理性逻辑思考能力，喜欢以自我为中心，别人的想法和建议，他大都听不进去，但自己又拿不出适当的逻辑理论。他们在做事时根本不懂为别人着想，只是一味地按照自己的想法去做，不为自己的言行负责，不懂得顾及别人的感受。

言少而幽默者往往充满智慧

在生活中，我们经常会被这样人所吸引：他平时看起来沉默寡言，没有多少话，但是，一开口就博得满堂彩，因为他说话很幽默、很风趣。这些话语不多但懂得幽默的人，他们往往是充满智慧的。一个人的智慧决定其幽默风趣的说话方式，而幽默的语言风格更使一个人绽放出智慧的色彩。幽默是智慧的迸发，是善良的表达，更是人际交往的润滑剂，而不可否认的是，幽默的智慧让一个人看上去更显睿智。一个充满智慧的人，不一定懂得幽默，但一个言语不多却幽默的人，他无疑是充满智慧的。在平日生活中，有朋友做错了事情，你不妨幽默一下："来！谁怕谁，乌龟怕铁锤，蟑螂怕拖鞋。大家一起来！让我们想想看，有什么方法可以解决这个问题！"一下子就将紧张的气氛瓦解了，这时，幽默代表着一个人的危机处理能力以及智慧的反应，它使得一个人的形象更显睿智的魅力。

众所周知，在美国政坛中，每个政客都需要接受幽默的训练，以图在演讲与辩论中抓住听众的心，同时，展现自己的睿智。甚至，在美国，人们有这样一种潜意识：在美国政界，一个不具备幽默感的人是不配从政的。

汉武帝晚年很希望自己能长生不老。有一天，他与侍臣东方朔闲聊："相书上说，一个人鼻子下面的人中越长，寿命就越长；人中长一寸，能活一百岁。不知是真是假？"东方朔听了这话，知道皇上又在做长生不老之梦，脸上露出一丝讥讽的笑意。皇上见东方朔似有讥讽之意，喝道："你居然敢笑话我？"

东方朔毕恭毕敬地回答："我怎么敢笑话皇上呢？我是在笑彭祖的脸太难看了。"汉武帝问："你为什么笑彭祖呢？"东方朔说："据说彭祖活了八百岁，如果真像皇上所说，人中长一寸就活一百岁，彭祖的人中就该有八寸长了，那么，他的脸岂不是太难看了吗？"汉武帝听了，不禁哈哈大笑起来。

在这个故事里，东方朔以幽默的语言，用笑彭祖的办法来劝皇帝。整个批驳言语不多，机智幽默，风趣诙谐，令怒不可遏的皇帝转怒为喜，并且愉

快地接受东方朔的看法。由此可见，幽默具有一种特性，一种引发喜悦、以愉快的方式娱人的特性，它更是一种有效的说服方法。

心理点拨

在日常生活中，那些言语不多，说话幽默的人到底有哪些智慧呢？

1.幽默者有较高的观察力和想象力

幽默说话具有反应迅速的特点，那么，幽默者必须是思维敏捷、能言善辩。幽默者只有具备了较高的观察力、想象力，才能对生活中或身边的人和事观察细致入微，才能在说话过程中灵活地运用比喻、夸张等方式说出幽默的话语。

2.幽默者有较高文化修养和语言表达能力

一个人如果语言修养高、文化知识丰富，说明他了解和掌握了有关古今中外、天南海北、历史典故、风土人情等各种各样的知识，再加上丰富的词汇、灵活多样的语言表达方式，这样讲起话来就会得心应手，自然就容易活泼、生动有趣。

3.幽默者具有高尚的情趣和乐观的信念

一般来说，幽默的语言是建立在一个人有较高的思想境界和较高的涵养上。如果他心胸狭窄、思想颓废，那么，他是不会幽默的。恩格斯曾经说："幽默是表明人对自己事业具有信心并且表明自己占有优势的标志。"因此，幽默永远是属于那些拥有热情的人，属于那些生活的强者。

说话唯唯诺诺的人内心胆怯

唯唯诺诺是形容一个人很没有主见，心中没有主意，总是一味地顺从，恭顺听话的样子。然而，在我们身边的朋友中、同事中，有的人就习惯用这样的态度说话。在他们嘴里好像从来不会说出"不"，总是"好"、"是的"，面对别人的提问，他从来都是只点头不摇头，好像他凡事都听别人的。其实，就日常交际来说，那些习惯于这种态度说话的人是不会受到大家

欢迎的。或许，有人会觉得这样的人是一个很好的聊天对象，他从来不反对自己的意见或想法，但是，如果你习惯于对着一个木偶说话，那么你应该知道跟这样的人交流是一件多么痛苦的事情。难道他们真的没有自己的主见吗？当然不是，每一个人都有自己的想法，他之所以说话唯唯诺诺是源于心中的胆怯，其实他们就是内心胆怯的人。

在他们身上总是残留着这样的影子：说话异常小心，害怕自己的言语会遭到对方的反对；不管你的装扮是多么离谱，但如果你硬是需要他来评论，他总是会说“我觉得这身挺好的”，结果弄得你很无语；从来不说自己的意见，百分之一百认为对方的话就是正确的。虽然，我们讨厌那种凡事都喜欢争个高下的人，但是，这样说话总是唯唯诺诺的人会更加令我们讨厌。因为和这样的人交流，总是让我们觉得很累，我们根本不知道他的真实想法是什么，所以也就不知道该怎么样和他说话。大量事实证明，这样的人无论是在工作还是生活，都将遭遇很大的障碍，他们无法展现出自己的能力，换句话说，他们不敢展现自我。

老李是公司的老员工，辛辛苦苦工作几年了，职位却一直没有变。在平时的工作中，他认真负责，与身边的同事相处得也比较和睦，对上司更是敬重有加，不过，进入公司快十年了，许多比他晚进公司的同事都得到了晋升，只有他还在原地踏步。同事戏谑地问他：“对你的工作挺满意吧？”他总是乐呵呵地回答：“是的。”在与同事相处中，遇到不同意见的双方，老李会对这位说：“是，你说得对。”回过头，他对那位也说：“对，你说得没错。”这样没有立场的说话态度，让同事感到很扫兴。

实际上，老李并没有发现自己没有得到重用的原因就在于自己说话有唯唯诺诺的习惯，不管是和上司说话，还是和办公室的同事说话，他从来都是“是是是”、“好好好”，就不会说反对的意见。刚开始同事接触他时，以为他这样说话是由于陌生的关系，不想得罪人。时间长了，与同事都熟络了起来，他还是这样的说话习惯，同事就觉得很讨厌了，而且，总觉得他这个人比较“虚伪”，不愿意与之交往。上司觉得老李没有自己的想法，只会一味地顺从，这样的人对公司将不会有很大的帮助，于是就一直没有重用他。

虽然，上司喜欢下属服从自己的命令，但是下属一味地服从自己的命令也会让上司感到厌烦。毕竟在很多时候，上司更希望自己的下属能够积极地发挥主观能动性，为自己出谋划策。假如只是唯唯诺诺地附和上司，即使发现上司的错也不说，这样就很容易造成不必要的损失，于是，像老李这样的下属将不会被得到重用。

那些说话唯唯诺诺的人就像是“装在套子里的人”，他们把自己包裹起来，让人们看不到其真实的面目，他总是以一副永远顺从的样子出现在人们面前。即使谦虚是一种美德，但唯唯诺诺却不是谦虚，只是呈现出内心的胆怯，只会让对方觉得说话者太胆小，同时，也会给对方留下没个性、没主见的印象。

心理点拨

说话总是唯唯诺诺的人，他们内心的“恐惧点”在哪里呢？下面我们来一一分解。

1.童年时期的阴影

有的孩子从小就接受父母“军事化”的教育。比如，从小就经常受到父亲的责备，无论做对做错都要挨打，必须无条件服从父母的管束。长大之后，他就自觉地认为别人的话都是对的，自己想的都是错的，别人让他去做什么就去做什么。然而，他们潜意识里却不太相信别人，说话时需要不时地看对方的眼神。因此，他最终养成了说话唯唯诺诺的习惯，其内心的胆怯是源于童年时期的阴影。

2.对自己的不自信

说话总是唯唯诺诺的人，内心胆怯是源于自己的不自信。他们内心其实并不想也并不愿附和，只是害怕自己作出这样的行为之后对方就会讨厌自己，所以，他想要讨好所有人，逼自己放弃想法，逼自己说出言不由衷的话，久而久之就养成了习惯。

3.城府很深

有的人习惯于在上司面前说话唯唯诺诺的姿态，而且，他在同事面前也伪

装成“老好人”，谁也不得罪，这样的人其实内心也胆怯，但其原因却在于害怕人们发现他心中不可告人的秘密，所以，他们需要带着伪装面具而生活，这样的人有很深的城府，大有在忍耐之后作出一番大行为来，需要谨慎对待。

喜欢谩骂和抱怨的人内心空虚

在日常生活中，人们习惯于通过语言去表达自己内心的情绪和情感，而且，这种语言的心理表现形式时而隐晦，令人难以察觉；有时候却表现得异常激烈，比如随意谩骂滋事。不管人们以哪种形式表现出来，其实这都是一种心理暗示。人际交往中，人们通常都会求和，以此促使交流的顺利进行。但是，在这其中，也有不少人喜欢用粗俗的语言到处谩骂，甚至随意滋事，这样的人是出于何种心理呢？其实，谩骂滋事者并不是真的与他人有什么深仇大恨，或者对他人深恶痛绝。可能的原因就在于只是借此机会发泄自己的不满心理，他们有可能在之前因为心理需求得不到满足而产生了不满情绪。于是，偶然的导火线引发了一场谩骂，等到其心理不满宣泄完毕，他也就没事了。当心理需求没有得到满足的时候，其心里呈现一种空虚状态，他总想“整”出点事情，急欲想宣泄自己的情绪，在这样的心理基础之上，谩骂滋事这样的行为就产生了。

在现代这个社会，到处充满了激烈的竞争，每个人都在一定程度上承受着生活、工作带来的压力，有的时候不满情绪在时间的堆积中达到了崩溃的边缘。心理学认为，有了情绪就需要发泄出来，否则会给身心带来一定的危害。当然，每个人采取的发泄方式不一样，有的人可能会大哭一场，有的人可能会化悲愤为力量，而谩骂滋事不过是一种过于激烈的方式。其实，那些心中有了不满情绪，习惯于通过谩骂滋事这样的激烈的方式来发泄的人，只是表明其内心是空虚的。

女朋友带着自己的行李走了，没有告别，只是写了这样一句话“我们分手吧，我走了，你自己好好保重”。连“分手”都感觉是被通知的，小华觉得心里太憋屈了。早上强忍着痛苦去上班，却由于不小心出了差错，又被上司训斥了一顿。坐在回家的公交车上，小华感觉看谁都不顺眼，想着一个人回到空荡荡的屋子，心里百般不是滋味。情感上的受挫，工作上的不顺，让小华心里的不满一点点累积起来，今天，他觉得自己的情绪已经到达边缘了。

为了女朋友，来到陌生的城市，连个说话的朋友都没有，内心的空虚与伤痛的折磨让他极度疲惫。他想闭着眼睛睡会儿，可是没想到一个急刹车，站在旁边的那位男士一下子倒在自己的身上，小华立即骂了起来："搞什么嘛，没有长眼睛吗？"男士立即道歉："对不起。""说对不起有用的话，要警察干什么，真是……"接着，小华又用家乡话骂了起来。"穿得挺像样的，没想到这么没有素质"、"唉，现在的年轻人啊……"周围的人纷纷议论起来，小华满脸怒气，大声喝道："司机，停车，我要下车……"司机怕他闹出点事来，就近停车，小华气哼哼地下了车，临走时还又骂了一句。

这样的情景想来是每天都可以看见的，一些打扮得体的人因为拥挤或被踩了脚就大吵大闹，骂人的粗俗程度令人难以想象，而且，声音高得整个车子上的人都能听见。谩骂者语言粗俗，与他们的形象相去甚远，甚至有的人还会因为点点小事而大打出手。为什么他们会在公众场合毫不顾及形象而大吵大闹呢？其实，他们之所以做出如此"出格"的行为是源于心理的不满，谩骂滋事只不过是发泄情绪的一种表象而已。

那些喜欢谩骂滋事的人，其内心是空虚的，他们在心理上常常会感到焦躁不安，但却没有办法消除，只好积压在心里。生活中的小事不过是导火线，于是，他们就借题发挥，趁机发泄出自己内心不满的情绪。而且，他们所采取的激烈方式是不分时间、地点、对象的，也不考虑后果。

心理点拨

1.源于生活、工作的压力

其实，谩骂滋事者有这样的心理是源于生活、工作上的压力。在平时的生活中，他们没有合适的渠道去发泄自己的情绪，长期的积累使得他们心理

极度空虚，于是就借生活中的小事而与他人大动干戈。当然，谩骂滋事这样的发泄方式是不合适的，是不提倡的。

2.缺乏自信心

通常情况下，人们对于心中的不满情绪都会找到合适的发泄途径，比如与朋友聊天，或者转移注意力，等等。而有的人选择谩骂滋事这样激烈的行为，这主要是因为他们缺乏自信心，不敢或不好意思告诉朋友，也没有能力找到合适的发泄途径，只好发泄到无辜对象身上了。

3.源于自己的经历

有的人由于儿时的经历或记忆，使得他们的内心非常阴暗，他们怀疑社会，怀疑别人。心理学家认为，在潜意识里谩骂别人是骗子的人，可能自己就有骗人的经历。从心理上分析，很有可能他们有过类似的经历，比如受过骗、上过当。

总爱问三问四的人敏感多疑

在我们身边，有些人的性格都比较敏感、多疑，常常对一些事情“打破沙锅问到底”。对此，心理专家认为，敏感的性格并非一定是坏事，事实上，许多职业都会受益于敏感的特质，比如侦探工作、刑侦工作，从事这样工作的人能更细致地发现一些蛛丝马迹。不过，心理专家也提出了警告，过于敏感、猜忌，就有可能是一种病态。如果把多疑的特质带进人际关系之中，有可能会给自己的人际关系带来摩擦与冲突，同时，也给自己带来一定的困扰。在很多时候，一个人过于多疑、敏感的性格将会直接影响其幸福生活，而且，还会影响其工作。多疑的人所表现出来的最大特点，就是喜欢问三问四，而且，不达到自己的目的绝不罢休。怀疑是其心理的根源，他越是怀疑，就越忍不住发问；而越问下去，他的疑心就更加严重。如此循环反复，搞得被猜疑的对象十分愤怒、生气，因为每一个人在毫无理由的情况下被人怀疑，这绝对是不好受的事情，他有可能为此而断绝彼此之间的关系，

毕竟，人最后的尊严底线是不能轻易触碰的。

娜娜和阿美是一对好姐妹，大学毕业后进入了同一家公司，就职于同一个部门。娜娜性格活泼开朗，待人热情，而阿美性格比较安静，性格敏感多疑。进入公司半年了，娜娜晋升为经理助理，而阿美虽然工作没有那么顺利，却情场得意。有一天，阿美偷偷告诉娜娜，自己正在和隔壁部门经理交往，幸福感溢于言表，不过，阿美再三叮嘱娜娜不许说出去。原来，两人刚进公司的时候，上司就警告“不准办公室恋爱，否则其中一人必须主动离职”。娜娜笑着点点头：“这么幸福的事情，我怎么会告诉别人呢，你呀，就这么不相信我。”

可是，就在两个月以后，这事情还是被总经理知道了，阿美为了男朋友的事业，只好主动离职。然而，伤心的阿美心中一直很怀疑这是娜娜说出去的，娜娜个性活泼，什么话题都爱聊，而且，就在出事前一天，同事亲眼看到了娜娜进了总经理的办公室。阿美忍着伤痛问娜娜：“听同事说，昨天你去总经理办公室了？”“是啊，我是去交一份文件。”娜娜回答道。“你有没有跟总经理说什么啊？”阿美继续追问，“说什么，我能说什么，我交了文件就出来了啊。”娜娜满脸疑惑，不过，阿美眼里却满是怀疑，“难道你在怀疑我去说的吗？”明白过来的娜娜开口询问，“不是你，能是谁呢？整个公司，这事情只有你知道。”阿美句句都是刺，两人多年的情谊也随之破碎。不过，阿美在事后得知，原来这件事是总经理无意中看见的，可是，和娜娜的这段友谊却无法挽回了。

阿美性格中敏感多疑的特质，使得她想弄清楚娜娜到底在前一天跟总经理说了什么。于是，不住地追问，即使娜娜回答“只是交文件”，她心理的疑虑还是没有消除，反而愈加固执地认为这事情就是娜娜说出了。最终，由于自己的多疑，使得她失去了这段难得的友谊。

每天丈夫回到家，小雨习惯性地问：“今天都跟谁在一起啊？”如果丈夫回答是“朋友”，小雨会问：“哪个朋友？”因为丈夫所有的朋友，她都认识。如果丈夫回答是“客户”，那她就着急了：“什么客户？男的还是女的？”接下来，小雨的问题更加犀利而尖锐，“都聊些什么啊？”“吃饭能

吃到这么晚才回来？”“在哪个餐馆吃的？”“你送那个女客户回家了？”这些问题令丈夫头痛不已，而小雨也在这样的追问过程中变得面容憔悴。小雨和丈夫结婚一年多，两人感情很好，工作也都很稳定，收入也不错，在朋友眼里是典型的郎才女貌。但令小雨苦恼的是，她总是不由自主地怀疑丈夫有外遇，虽然她知道丈夫很爱自己，但这样的担心和怀疑总是没有任何理由的出现，而且与日俱增，致使她和丈夫几乎天天吵架。

小雨问三问四的行为是多疑的直接表现，其实，对于夫妻之间的感情来说，小雨需要改变这种多疑心态，且认识到产生多疑的真正原因。通常情况下，夫妻双方之间产生的误会往往是缺乏感情上的交流所致的，如果能够坦诚相待，经常聊天谈心，就会消除猜疑和误会。当然，也有不少女人在多疑的路上越行越远，越追问越怀疑，不信任带来的危害性是巨大的，最终，她们亲手断送了自己的感情与婚姻。

心理点拨

那些喜欢问三问四的人是出于何种心理呢？

1.缺乏安全感

多疑的人由于性格使然，他并不是针对所怀疑的对象，而是怀疑一些，怀疑这个社会，怀疑身边的人，究其根源，其内心缺乏安全感。内心的不安让他觉得随时都可能被他人欺骗，或者自己现在所获得的幸福与成功很快就会被失去。于是，他们总是怀疑身边的人，忍不住对一些普通问题问三问四。

2.缺乏自信

一些多疑的人都有这样的心理历程，怀疑的心里促使其追问，越追问越怀疑，深陷纠结心理不可自拔。于是，他们明知道这些事情是不可能发生的，但还是忍不住要追问下去，以求自己心安。实际上，他们怀疑他人的心理已经远远超过了自己的自信，不自信是其产生疑心的一大原因。

第02章 开口见心，心口结合的说话技巧

把第一句话说好，轻松打开对方心门

萍水相逢的两个人，要想在短时间内撞溅出心灵上的火花，达到共鸣，说好第一句话是关键。第一句话是初次见面时打开对方心扉的金钥匙，也是让素不相识的人一见如故的关键所在。

在交际中，有的人经常能用一句话就抓住对方的心理，让对方有了继续交谈下去的兴趣，对其产生知音般的好感，从而愿意将谈话继续下去。一句话能够让双方倾心和投机，就会开创一个融洽、热烈的交谈局面，并将这种气氛从主观意识中愿意维持下去，就能顺理成章地达到沟通和交流的目的。能够拥有这种本领的人，他一定有着吸引他人的魅力。他的交际面也会越来越大。

心理点拨

漂亮的第一句话能够给人亲热、友善、贴心的感觉。常见的方式有如下几种。

1.攀亲傍友拉近双方的距离

三国时期，为了联合抗曹，鲁肃和诸葛亮进行了一次会谈。在两个人见面的时候，鲁肃第一句话就说道："我，子瑜友也。"诸葛亮的哥哥诸葛瑾字子瑜，是孙权帐下的谋士，和鲁肃是好朋友。鲁肃这句话字数不多，却很快拉近了双方的心理距离，让诸葛亮对他产生了信任感。鲁肃这种初次见

面就攀亲的谈话方式在生活中是十分常见的方式，它能够很快地就在两个陌生人之间搭起一座互相沟通的桥梁，让对方在顷刻之间就产生一见如故的感觉，从而给对方留下深刻的印象。任何一个人都不可能离开人群而独自生活，只要彼此都留意，不难发现双方存在的那层“亲戚”关系。

比如“你是山东大学1996年毕业的，我是1998年毕业的，你还是我的学长呢”“原来您是河北人啊，我老家是承德的，咱们两个可是老乡”，这样的谈话方式会让对方感到亲切，很自然地把你当成了自家人，接下来就会和你进行深入而愉快的交谈了。

2.表示敬仰的话能给人贴心的感觉

每个人都希望别人关心自己，当你在和陌生人谈话的时候能够以对方为中心，以对方的特长和成就为话题，就能够引起对方的兴趣，获得对方的好感。对对方表示敬重和仰慕，属于热情有礼貌的表现。当然，用敬仰的方式并不是指一味地奉承和言不由衷，而是要掌握好分寸，做到恰到好处，不能够给人以虚情假意的感觉，说话的内容和方法也要因人因地而异，灵活掌握。例如：“我在画展上看到过您的艺术品，收获很大，没想到今天竟然能在这里看到艺术家的风采，真是三生有幸啊。”

3.问候式的谈话给人亲切的感觉

交际其实很简单，和陌生人相处更是如此，通过一句简单的问候，表现出自己的热情、涵养和风度，让对方乐意和你进行交谈。

小赵经常坐火车回家探亲，每次探亲十几个小时的旅途总是十分愉快。因为他经常主动和周围的人打招呼交谈，“您好，您也是回家探亲吧”，或者“您好，能不能把您的杂志借我看一下”，这样就与原本陌生的人聊了起来。别人眼里的枯燥路途，却成了小赵结交新朋友的一种方式，在和一些旅客们分手的时候互相留下电话，经常保持联系。

面对陌生人并没有任何值得害怕的地方，可怕的是羞怯和内向的性格导致结交新朋友机会的丧失。只要是能够主动积极地同对方聊天，就能够得到共鸣。有时候我们觉得那些攀亲戚、问候式的话可能是“废话”，但正是这些“废话”的存在，才能开创一个良好的交谈局面，更容易地拉近彼此间的距离，为建立深厚的友谊而打下良好的基础。初次见面，只要是第一句话抓住了对方的心，也就抓住了结交朋友的一个重要机会，让它成为人与人之间一见如故的敲门砖。

提高语言表达技巧要有正确的方法

好口才是建立在深厚的学识基础之上的，如果失去了这个基础，那么，要想达到口吐莲花的水平恐怕就是缘木求鱼了。准确的表达、幽默机智的应答和缜密的逻辑思维都离不开头脑中广博的知识。换句话说，任何的妙语连珠只不过是表面性的技巧而已，个人的内涵才是最重要的东西。如果我们只停留在表面技巧的追求上，未免就显得舍本逐末了。

俗话说，十年树木，百年树人。要想成为一个说话的高手，并不容易，这需要经过个人长期不懈的努力才能够形成。要想在交际场合游刃有余，应付自如，就应该从平常的一点一滴做起。

心理点拨

提高语言表达技巧我们不妨从以下几个方面来入手：

1.关注生活，加强生活积累

如果生活在封闭的圈子当中，就会孤陋寡闻，与世界隔绝，也会和周围的人以及环境失去联系。一个没有生活积累的人和别人说话的时候往往会因为所谈话题与社会现实脱节而让人感到枯燥无味，对他也失去了兴趣。而丰富的生活积累有利于人与人之间的交际，所以我们应关注生活点滴，找到更多与人交际的话题。

2.注重阅读，增加知识含量

从很大的程度上来讲，口才是“满腹经纶”“博古通今”等词的另一种称谓。拥有了丰富的知识，在和别人的谈话中就不会因为无知而自卑，谈

吐间就会很自然地引经据典、旁征博引，所表达的内容也会十分高雅。假如胸无点墨，在陌生人面前也好，老朋友面前也罢，只有闷头静听的份，也就无法得到别人的关注。因此，在日常的生活中，要多注意阅读，注重知识的积累，看一些历史、哲学、文学、政治、美学之类的书，提高一下个人的修养，让自己达到“腹有诗书气自华”的境界。当你有了充足的知识储备之后，就会有充分的底气站在别人面前进行较高层次的谈论了。

3.紧跟时尚，顺应时代的潮流

时尚是一个时期内比较流行的生活方式和文化理念，它以各种物质的形式表现，表达了时下人们的思想认识和价值观念，也体现了绝大部分人的精神需求。假如一个人和时尚脱离，就意味着被时代所抛弃，他也无法在交际生活中和别人产生共同的话题。一个不懂时尚的人在和别人的交谈过程中，他所说出的内容会因为缺乏时尚元素而显得乏味，他所受到的欢迎程度也必将大大降低。我们要想成为不被别人冷落的人就要紧跟时尚，比如了解短时间内所流行的服装款式、电影类型、前沿杂志、热门话题等。这样就能够走在时代的最前沿，不至于被社会大潮抛在后面。紧跟时尚的生活方式和精神状态，不仅仅能够让你享受到一个特定时期的文化气息，更能让你在交际场合中不至于处在边缘的位置，同时，为你有一个良好的交际圈子打下坚实的基础。

4.关心政治，了解时事

我们处在一个与世界交流越来越频繁的时代里，报刊、电视、互联网传递着世界各地的政治事件和时事新闻。如果连续几天不上网、不看报、不看电视，就会有一种被世界抛弃了的感觉。当别人谈及六方会谈的时候，你只能在一边竖起耳朵稀里糊涂地听着。政治和时事和我们息息相关，如果一个人紧闭房门，两耳不闻窗外事的话，显得既缺少知识又没有趣味，会遭到别人下意识的排斥和嘲笑。

我们应该知道，流利的表达，缜密的思维，从容的谈吐，其来源是头脑之中日积月累所形成的广博知识。要想提升自己的表达能力，绝不能去追求技巧上的细枝末叶，而是要用知识去武装头脑，提高学识修养。只有从根本

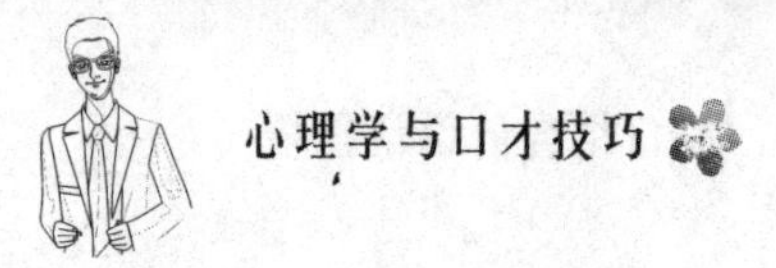

上提升了自己，才能够厚积薄发，让自己的谈吐增色。

交谈不要以自己为中心，要让对方做主角

人际交往过程中，每个人都想得到别人的信任和欣赏，这种信任和欣赏必须是建立在沟通和交流之上的，也就是说必须要寻找到和别人谈论的话题，利于友好的沟通，话题聊的投机是获得别人好感最好的捷径。谈论的话题范围很广，最应该注意的一点就是不要始终围绕自己展开谈论，讲话要想较快切入话题，主要看谈话对方的情况，话题适当的要多围绕对方谈论。

尤拉是一家公司的经理秘书，工作业务能力很强，经理对她很赞赏，可是她在公司的人缘却不是很好，同事都不喜欢和她交流，原因是她总是喜欢说自己的事情，大家听多了也都觉得很厌烦，平时除了工作上的事情交流之外，很少和她交流其他的事情。

前几天，公司新调来了一位女经理，女经理把尤拉叫到办公室，想从尤拉这里了解一些下属员工的工作情况，可是尤拉都是在说关于自己的工作情况和取得的业绩，女经理强调了她一次，让她谈谈其他员工的工作情况，她对女经理说："其他人的情况我不是很清楚，每次都是他们听我说我自己的工作情况，他们的情况我也没有问过。"女经理说："作为经理秘书，要比经理更加了解员工的工作情况，这是你必须完成的最基本的工作，你总是把话题围绕在自己身上，会让别人对你反感，大家不愿意和你交流关于他们自己的事情，别人都不喜欢和你交流那你的工作要如何更好地完成下去，在以后的工作里要多围绕别人的事情作为你们谈论的话题，这样的话有利于你的工作，也能让你在公司赢得好人缘。"尤拉点了点头。

尤拉的工作能力很强，但在同事之中没有好人缘，别人都不喜欢和她交流，女经理的话直接点出了尤拉的错误，告诫了她在与别人交谈过程中如果总是围绕自己展开话题的话，不利于完成工作也不会赢得好人缘，想要给别人留下好印象，就要改变自己的谈话话题。

心理点拨

在交际中想要找到和别人谈论的话题，需要主动的了解对方，围绕对方展开彼此之间的话题。心理学家总结出下面这几种方法，只要你明白了、学会了，话题不要始终围绕自己，你便可以轻松地找到和别人交谈的话题，让对方对你充满好感。

1.问候法

问候法往往需要你自己比较主动，问候法中带有请教、问候等内容，你的问候会让对方感到亲切，对方会有问必答，这样便可以直接从他的答话中寻找到和对方谈论的话题。这种方法一般适用于对长辈或者上司。

2.了解法

这种方法与问候法相似，但有所不同，适用于平级和对下级、晚辈，多询问他的生活环境和其他情况，对他的工作和生活都有所了解，从了解的情况中寻找与对方之间的话题。

3.闲聊法

在与朋友之间相聚的过程中，闲聊人生、社会等大家共同关心的话题，从大家的反应中得到共同感兴趣的话题。

4.恭维法

这种方法适用于陌生人之间。知道对方从事的职业，便可以从他的专业、机遇、发展前景等话题入手，人人都爱听好话，对方不会拒绝你的恭维，同时也可以使对方自然而然的谈论自己的事情。从这个角度出发，也会很快地和陌生人轻松沟通，尽快地熟络。

现代人拥有太多的交际应酬，太多的利益纷争，所以在为人处事中必须要有自己的一套心理策略，让自己在社会中站稳脚，同时得到别人的赏识。话题不要始终围绕自己便是不可缺少的心理策略之一，给予对方说自己事情的机会，给予对方谈论话题的兴趣，倾听对方的谈论，这样才能让彼此友好的交流，自己也会在对方的心里留下好印象。

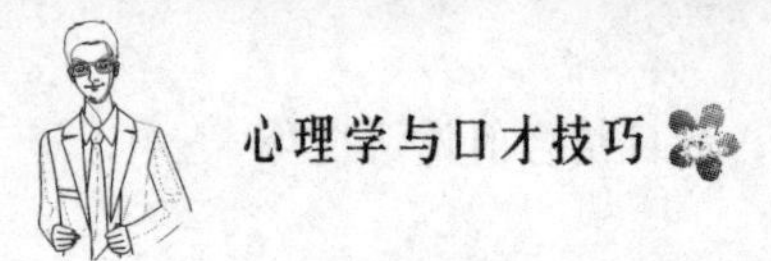

开口就要表示出对他人的尊重

现代人都很重视语言表达在心理和技巧上的训练，多加训练可以让自己放下心理包袱，能够和陌生人愉快的谈话。人们都想使与对方的谈话有意义，有收获，那我们的注意力就应该适时地从自己一方转移到对方身上，努力察觉到对方的优点、特长，围绕对方最在行的事情提问，打开对方的话匣子，让对方感觉到你能够发现他的专长，和他有共同语言，从而让对方对你抛出的话题充满兴趣，对你充满好印象，其实这便是和对方可以最快熟络的捷径。

心理点拨

如果你和对方第一次见面，互相之间很陌生，在不了解对方性格和兴趣爱好的情况下，怎样才能够知道对方最在行的事情是什么呢？心理学家曾经总结过几种方法，这几种方法可以帮你迅速地抓住对方的专长，与陌生人投入交流。

1.要懂得判定对方的性格。假设你刚向对方介绍完自己，讲完几句友好的话之后，你停下来给对方介绍自己的机会，而这个时候对方好像并不愿意主动的介绍自己，他的反应却是沉默不语。对方的一言不发顿时会让你感觉到自己很无趣，很尴尬，对方把讲话的机会原封不动地抛回给你，倘若这时你因尴尬的局面而不继续引导和了解对方，你就会失去和对方交际的机会。这种情形下，切记不要让他的沉默惹恼了你。其实很多表面安静的人都有足够的知识和能力进行良好的谈话，但在尚未找到开口的好理由之前，他们宁可不说话，这时你必须寻找对方最在行的事情，让对方对你的话题充满兴趣。在这种情况下，我们最好是尽量慢慢的讲话，从对方的态度上观察对方感兴趣的话题，如果你多次的问题让对方开口了，则说明你已经找到了对方在最在行的事情上感兴趣的话题，打开了对方的话匣子。

2.如果对方是你的同事或者是一般朋友，双方都清楚各自的工作能力和

生活爱好，你想要和对方进一步增进感情，最直接的方法便是延长和对方谈话的时间，提高对方和你谈话的热情，假如你实在不知道自己应该如何引导话题，那就从同事工作的能力上寻找话题。比如对方比自己的写作文采好，这便是对方比你在行的事情，你可以夸奖对方的文采，也可以和对方探讨一些文学方面的知道，这是对方在行的事情，对方谈论起来也能够得心应手，自己在你面前也会拥有成就感，所以对方一定会积极配合你的话题的。对于朋友，可以从平时生活娱乐方面寻找话题，比如大家在K歌时，朋友唱得很棒，也可以夸奖朋友的歌喉，和朋友谈一些唱歌技巧的话题，在这个话题上，相信朋友一定不会拒绝和你长时间谈论的。

世界上有各种性格、各种能力的人，我们会面对形形色色的人群，和各类型的人打交道，谈话是和对方建立友好关系的前提，如果你在平时生活中细心的察觉对方最在行的事情，把对方在行的事情归于你和他交谈时的话题，让对方松懈下来，同时自己也会倍感轻松，对方的滔滔不绝，你全神贯注地倾听，让对方感觉到你对他的尊重，让对方对你另眼相看，当对方不间断的和你谈话时，你便达成了自己的目的。对方已经对你有足够的信任，你就已经在结交新朋友和享受有结果的谈话途中的心理策略上迈出一大步了。

真诚并自然的夸奖他人

卡耐基曾说过：“当我们想要改变别人时，为什么不用赞美来代替责备呢？纵然部属只有一点点进步，我们也应该赞美他，因为，那才能激励别人不断地改进自己。”赞美他人，绝对算得上是一件好事，但绝不是一件容易的事。我们在赞美别人的时候，需要审时度势，还需要掌握一些方法，否则，即使你是真诚的，也会将好事变成坏事。

不同的人在赞美别人的时候，会用到不同的方法。有的人喜欢采取直接的赞美方式，“你真是太漂亮了”；有的人喜欢使用比较意外的方式，“今天的菜格外美味，你的厨艺越来越好了”；有的人喜欢背着别人的面赞美他

人，等到这话传到了当事人的耳朵里，却没想到效果是出奇的好。如何才能使赞美发挥出应有的效果，如何才能通过赞美来打动他人，这就需要我们在赞美他人时讲究一定的方法，方法对了，赞美的效果就会出来了，那时，你还会担心打动不了人心吗？

小王在与同事聊天的时候，随意说了几句上司的好话："张经理这个人真不错，处事比较公正，我来公司一年多了，他在各方面对我的帮助都挺大的，能够有这样的上司，真是我的幸运。"没过多久，这几句话就传到张经理的耳朵里，令经理心中既欣慰又感动，就连那位同事在向经理传达这几句话的时候，都忍不住夸赞一番："小王这人真不错，心胸开阔，难得啊。"

年底分发奖金的时候，小王觉得自己这一年表现很不错，想争取一下。为此，他敲开了张经理的门，经理满脸热情："小王，有什么事吗？"小王有些不好意思："张经理，又来麻烦您，真是不好意思，年底发奖金的时候，我想争取一下，您看我合格不？"张经理笑了起来："这事啊，好说，我老早就觉得你这小伙子不错，放心，这件事我一定放在心里。"

有时候，在背后说人家的好话，赞美几句的功效比当面说似乎更有效果，小王那看似随意的几句话却是有意策划的，这样，自己在张经理心中的形象一下子就提高了，办事自然就容易多了。其实，背后赞美他人比当面恭维的效果好得多，如果当面赞美，有可能会被认为这是拍马屁，同时，对方脸上也会挂不住，会觉得赞美不够真诚。那么，趁着对方不在场的时候，赞美几句，总有一天，这话会传到对方耳朵里，他心里自然是美滋滋的，这样一来，打动人心的目的也达到了。

有记者曾问史考伯："你的老板为什么愿意一年付你超过100万的薪金，你到底有什么本事？"史考伯回答说："我对钢铁懂得并不多，我的最大本事是我能使员工鼓舞起来，而鼓舞员工的最好方法，就是表现真诚的赞赏和鼓励。"原来，史考伯就是凭着赞美他人，而达到了年薪100万的高薪。不难想象，史考伯先生一定是精通了赞美的方法，否则，怎么能将赞美发挥出那样大的作用呢？

心理点拨

下面，我们就列举几种简单的方法，仅供参考借鉴。

1.出人意料的赞美

赞美来得比较突然，也会令人惊喜。比如，丈夫下班回家后，见妻子已经做好了饭菜，不妨称赞妻子几句，妻子本来看似应该的行为，却受到了丈夫的赞美，作为妻子来说，心情是愉悦的。而且，在生活中，如果你赞美的内容出乎意料，也会打动对方的。

2.直接的赞美方法

在生活中，我们常见的赞美方法就是直接赞美，比如下属与上司、老师对学生、长辈对晚辈，等等，这样直接的赞美方法比较及时、直接，能够很好地鼓舞他人。如果你发现对方身上有什么特点，不妨直接告诉他“你最近工作业绩不错，快破了上个月的销售纪录了，继续努力”。

3.夸张的赞美方法

夸张的赞美方法又称为激情的赞美方法，拿破仑曾这样赞美他的妻子：“从来没有哪个女人像你这样受到如此忠贞、如此火热、如此情意缠绵的爱。”在这里，赞美可以使你获得爱情，同时，还可以缓和矛盾。那些无法掩饰的赞美之情，使得我们的另一半十分的受用和满足。

4.间接的赞美方法

有直接的赞美方法，就有间接的赞美方法。在日常生活中，如果我们想赞美一个人，不便当面说出或没有适当的机会向他说出的时候，你可以在他的朋友或家人面前，适当地赞美一番，而且，这样赞美收到的效果将会更好。比如，当着下属的面赞美另一位员工“我觉得小王挺不错的，工作很认真，踏实能干，我很欣赏他”，等到这些话传到了员工耳朵里，他肯定会加倍努力工作来表达内心的感激。

要把赞美的话说得特别一点

心理学家认为：人类最迫切的需求是：被肯定。在生活中，被人赞美是一件令人喜悦的事情，恰如其分的赞美，能使人感受到人际间的理解和温馨，能够打动他人，有效地增进赞美者与被赞美者之间的心灵交流。一个人若是学会了赞美，往往使他能够受益无穷。在日常交际中，我们经常感受到赞美的魔力，不仅能打动他人，也使自己获得了友情和帮助。人总是对自己最感兴趣，认为自己最重要，希望被人赞美，那么，在与他人的交往过程中，我们应该遵循一个原则：尊重他人，肯定他人，并真诚地赞美他人。不过，就赞美而言，也是需要一定的技巧的。我们对他人的赞美不能太笼统，而是需要针对性。

在生活中，我们经常听到“你这个人真是太好了”，虽然，这听上去就是一句赞美的话语，但是，具体好在哪里呢？赞美者却没能说清楚，给人一种虚假的赞美，如此的赞美，不仅不能打动人心，反而令人生厌。因此，在赞美他人的同时，我们需要有针对性地赞美，比如，对男人你可以夸他帅气，对漂亮的女人你可以赞美她的打扮，对一个母亲你可以赞美她的孩子可爱，对上司你可以夸夸他的领导力。

王先生和夫人带着一位翻译同一位外商洽谈生意，外商见到夫人后，便对着王先生夸赞道：“你的夫人真是太漂亮了！”王先生客气地说：“哪里，哪里。”翻译听到这话，心想可碰到难题了，这“哪里、哪里”怎么翻译呢，最后，他翻译成了：“Where，Where？”外商听了，心中感到疑惑，心想，说你夫人漂亮就是漂亮呗，还非要问具体漂亮在哪里？于是，外商笑着回答说：“你的夫人眼睛漂亮，身材好，气质好……”说完，大家都哈哈大笑了起来。

这个有趣的故事告诉我们，在赞美他人的时候，一定要在心里问自己“哪里、哪里”，对方漂亮在哪里，好在哪里，这样，你的赞美由于有了针对性而打动对方，甚至，有可能会产生神奇的效果。我们要明白，当我们赞美对方“真好”“真漂亮”的时候，他内心深处就立即会有一种心理期待，

很想听听下文，到底“好在哪里”“漂亮在哪里”，这时，如果没有针对性的表述，对方该是多么失望啊。

这天，公司的职员小路心情特别好，她觉得公司特别温馨，觉得每个同事都很可爱，甚至，她主动承担了上司布置下来的工作任务。可能她自己都说不清楚这到底是为了什么，这不仅仅是因为她今天穿了新的裙子，更因为她在刚走进公司门口的时候碰到了同事小娜，虽然，她们平时话不多，但是，小娜看见穿着新裙子的小路，脱口就说：“哇，你的裙子真漂亮！款式很适合你。”可能，小娜也没想到自己一句最普通的赞美，会给小路带来好心情。

对于漂亮的女同事，就需要赞美其装扮，因为漂亮的外表是她们最在意的部分。小娜如此有针对性的赞美，自然会打动小路的心，而且，还给小路带来了一天的好心情。一般情况下，太笼统、太宽泛的赞美会给人一种虚情假意的感觉，而有针对性的赞美能让对方感觉到你是发自内心的赞美，当然，这样的赞美能很好地打动对方。

心理点拨

那么，如何能做到有针对性的赞美呢？

1.赞美对方的某个动作或行为

在生活中，泛泛的赞美很快就让我们词穷了，除了真好，真棒，你是最棒的，超不过10个词，然后就没什么可说了。对于不同场合来说，怎么才能做到有针对性地赞美他人呢？就是要具体化。比如，你见到一个同事，不说你漂亮，而是说“今天的发型让你神采奕奕”，这样，对方是不是会更高兴呢？因此，那些空泛的赞美不如说出最让你满意的某个动作或者行为。

2.区别不同类型的人不千篇一律

在赞美他人的时候，我们还需要针对不同类型的人作出恰当的赞美。比如，见到一个孩子，你不能说潇洒，而是聪明、可爱、懂事；见到漂亮的女人，就应该赞美其漂亮；见到男人就应该赞美其潇洒帅气。如果你对他们没有针对性的赞美，对方定会觉得你是虚情假意，又怎会被你打动呢？

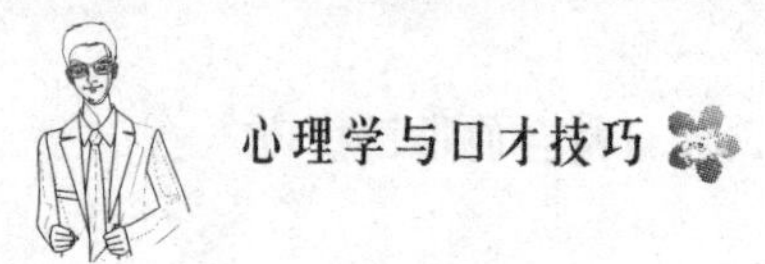

第03章 真诚交心，与陌生人一聊如故

初次见面，大方地介绍自己

人都说一回生、两回熟。“两回”不难，难就难在头“一回”。难在哪儿呢？难在面对的是陌生人，不知该从什么话说起，不知该说什么话，不知该说的话会不会让人听了感觉不悦……也就是说，面对陌生人，最难的就是如何通过自我介绍，给对方留下初次的好印象。而如果我们懂得从抓住对方的心理，用一番别具特色的语言，定是能打动对方的。

出入社交场合，免不了要自我介绍一番。很多人觉得这很容易：“您好，我叫××，唱二人转的，很高兴认识你。”这不就结了？如果一个陌生人这样和你说话，像这样平淡无奇的介绍，下次见面时，你十有八九会忘记对方的名字，甚至压根儿忘掉这个人。忘记别人是谁可能会尴尬，不被人记住才最可悲。

一次非正式聚会中，一位老师将两个初出茅庐的大学毕业生引见给某作家认识。男生A这样介绍自己：“您好，我叫××，今年刚毕业，正在找工作。”这位作家一听，当时有点愣，可能是头一次听人这么介绍自己，只好接话说：“是吗？那加油啊，祝你早日找到满意的工作。”

而女生B的介绍则完全不同，她介绍自己的方式是拉近距离形成对比：“你好，听说你是一位作家。”这位作家赶紧谦虚地说：“哪里算作家，就是随便写写。”女生B笑吟吟地说：“我也是，不过我更喜欢画画，我是一名美院毕业的学生。”很快，女生B和这位作家产生了两个共同的话题——写字和画画。等到聊得比较热烈之后，女生B自然地提到找工作的事，而这位作家则表示可以引荐她认识在美术馆和画廊工作的朋友，一切都显得那么自然。

很明显，男生A的自我介绍是不得要领的，首先，他和这位作家完全不熟，在作家对他的性格和特长一无所知的情况下，他传达给作家一个他正在找工作的信息，属于无效信号。还会使作家感觉此人不懂礼数。而女生B的自我介绍则注重从拉近与陌生人的距离开始，以攻心为主，一句句话都说到作家心里了，自然赢得了作家的好感，成功得到作家的指点也自然是水到渠成的事。

心理点拨

那么，与陌生人初次见面的过程中，该怎样大方地介绍自己，才能给对方留下个好印象呢？

1.巧妙地介绍自己的名字。

与人初次见面时，想让对方记住自己，最简单的办法就是让对方记住自己的名字。比如，你可以对自己的名字做一个简单并容易被别人记住的介绍：“我姓接，接二连三的接，认识我，您会有接二连三的好运！”

2.自我介绍要摆脱陌生人情结

其实每个人跟陌生人交谈时内心都会不安，一定要自己先放下陌生人情结。面对陌生人不需要特意装模作样，不过也要表现出你的诚意。只有这样，才能显出你的大方和热情，而不至于扭捏作态，才会让对方觉得你是一个有良好的交际品质的人，从而愿意与你进一步交往。

3.解读现场的气氛与对方的心态

自我介绍自不可太过冗长，有时候只需要简短的一两句话，因为吸引别人的也许正是开篇的某个亮点。同时，我们在介绍自己的时候，要避免谈论会让人讨厌的话题，不要一个人一直发表高见，也要学习倾听别人说话。解读现场的气氛，看准时机再发言。

4.保持谦虚低调

我们在自我介绍的时候，除了突出自己的亮点，自我介绍还是谦虚低调为好，免得让别人留下此人爱吹的第一印象。

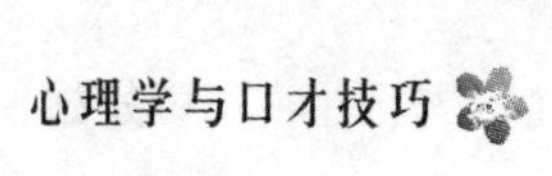

单位突然请了一名资深顾问，这名顾问看似成熟，却令单位小叶很不满。虽然是第一次见面，但这位顾问却突然问小叶：“我叫××，你有男朋友吗？一定没有吧？你看起来好严肃呀！”还一直问小叶：“喂，你叫什么来着？”小叶心想，就算比别人资深，也要顾好自己在别人眼里的第一印象吧！不仅对小叶，单位其他同事也对这位成熟男士印象不好。

很明显，这位新来的顾问，因为说话太过招摇，而让同事产生了不好的印象。

和这位资深顾问不同的是，新来的小唐的自我介绍就很好：

小唐第一天上班，她的工作就是负责接电话，但是对方好像听不懂她在说些什么，她表现得很紧张，用手捂着话筒对我说：“李姐，我是新来的小唐，早上也没跟你介绍一下，真对不起。客人好像不懂我在说什么，我刚来对业务也不太熟，你能帮我跟他说说吗？”

原本还觉得新来的小姑娘不懂事的老职员李姐一下子怒意全无了，她心想：看她的样子虽然很可笑，不过如此认真的态度倒是让人颇有好感，让别人也乐意帮她，比一些不懂装懂而误事的人强多了。

总之，自我介绍是一门学问。自我介绍的每一句话都要说到对方心里去，散发出你的交际品质，让对方觉得你是一个有个人风格的人，对你产生良好的印象，也就成功达到了攻克“陌生人心理堡垒”的目的。

巧妙表现共同点，令其与你一见如故

与陌生人谈话是口语交际中的一大难关，处理得好，可以一见如故，相见恨晚；处理得不好，只能导致四目相对，局促无言。

人与人之间在性情和志趣上不仅存在着差异，而且也有相同之处。从心理学角度看，相同则相通，共同的兴趣和爱好能将人拧在一起，共同的目标和志向能使人走到一块。所以，我们在与陌生人交谈的时候，能不能让对方产生一见如故的感觉，关键就在于双方是否能在相同之处产生“共鸣”。只

有这样，才能操纵陌生人的心理，与陌生人迅速熟络并建立友谊。

在一个旅店中就发生过这样一幕：

旅客甲放下旅行包，稍拭风尘，冲了一杯浓茶，边品边问旁边的旅客乙："师傅来了好久？"

"比这位客人先来一刻。"旅客乙指着正在看书的另一位旅客并冷漠地说。

"听口音您不是苏北人啊？"

"噢，山东枣庄人！"

"啊，枣庄是个好地方啊！我在小学时看《铁道游击队》连环画就知道了。三年前去了一趟枣庄，还颇有兴致地玩了一遭呢。"听了这话，那位枣庄客人马上来了兴趣，二人从枣庄和铁道游击队谈开了，那亲热，不知底细的人恐怕要以为他们是一道来的呢。

接着就是互赠名片，一起进餐，睡觉前双方居然还在各自身边带来的合同上签了字：枣庄客人订了苏南某人造革厂的一批风桶；苏南客人从枣庄客人那里弄到一批价格比较合理的议价煤。

在这场交谈中，旅客甲与旅客乙的相识，交谈与成功，就在于他们找到了对"枣庄""铁道游击队"都熟悉这个共同点。而正是因为这个共同点，让这一对陌生人产生了心理共鸣，产生一见如故的感觉。

从这一事例中，我们发现，要想打动陌生人的心，就必须抓住双方的相似点说话，让对方从心里把你当自己人。

心理点拨

为此，我们可以从以下几个方面寻找共同点，针对不同的共同点，采取不同的表达方式：

1.以话试探，寻找共同点

为了打破陌生人见面沉默的局面，开口讲话是首要的。有人以招呼开场，询问对方籍贯、身份，从中获取信息；有人通过听说话口音、言辞，侦察对方情况；有的以动作开场，边帮对方做某些急需帮助的事，边以话试探；

有的甚至借火吸烟，也可以发现对方特点，找到话题。这些试探的方法，都能迅速找出与对方的共同点，然后围绕着共同点迅速和陌生人展开话题。

2.听人介绍，猜度共同点

你去朋友家串门，遇到有陌生人在座，作为对于二者都很熟悉的主人，会马上出面为双方介绍，说明双方与主人的关系，各自的身份，工作单位，甚至个性特点，爱好等，细心人从介绍中马上就可发现对方与自己有什么共同之处。而这个共同处，就是你打开陌生人心扉的突破口。你要迅速抓住这个突破口，展开交谈。这当中重要的是在听介绍时要仔细地分析认识对方，发现共同点后再在交谈中延伸，不断地发现新的共同关心的话题。

3.揣摩谈话，探索共同点

为了发现陌生人同自己的共同点，可以在需要交际的人同别人谈话时留心分析、揣摩，也可以在对方和自己交谈时揣摩对方的话语，从中发现共同点。比如，你发现有人和你讲共同的家乡话，你可以以此为突破口，以乡音带动对方的谈话兴趣，使陌生的路人变为熟人，甚至发展成为朋友。

4.察言观色，寻找共同点

一个人的心理状态、精神追求、生活爱好等，都或多或少地要在他们的表情、服饰、谈吐、举止中有所表现，只要你善于观察，就会发现你们的共同点。当然，这察言观色发现的东西，还要同自己的情趣爱好相结合，自己对此也有兴趣，打破沉寂的气氛才有可能。否则，即使发现了共同点，也还会无话可讲，或讲一两句就“卡壳”，打动对方更是无从谈起。

另外，我们在与陌生人说话的时候，还要懂得求大同存小异，把相互间相左的性格特点放在交谈的次要位置。譬如，交际的双方都有文学爱好，喜欢写文章，但双方却存在着较大的个性差异。这种情况，就要选择前者作为交际的出发点，以共同的爱好来产生“共鸣”。若丢弃了共同的爱好而在不同的个性上去互相指责或计较，就会使本该合得来的双方变得“合不来”。

总之，我们应该多看到别人与自己的共同点，而不应该去计较与自己不同的方面。只有这样，才能跟人“合群”，才能叩开对方心灵的大门！

言语谦逊，让他人感到尊重

与陌生人初次见面，如果能说话谦逊，用三言两语恰到好处地表达你对对方的友好情意，或肯定其成就，或赞扬其品质，就会顷刻间暖其心田，感其肺腑，就会使对方有油然而生、一见如故、欣逢知己之感。初次见面时交谈达到这种程度会为日后的深入交往做好铺垫。

我们都有这样的心理：初次与人接触，如果对方态度和蔼，平易近人，我们会一下子觉得对方是个容易相处的人，并产生与其亲近的愿望；而如果对方说话傲慢无礼，在对方开口之际，我们就会给其“判了死刑”，不愿与之交往下去。人人都有这样的心理。因此，我们在与陌生人说话的时候，一定要注意自己的态度，说出的话要让对方有尊重感，才能融化陌生人之间的“冰门”，迅速进入对方的内心世界，掌控其内心。

美国爱荷华州达文波特市，有一个极具人情味的服务项目——全天候电话聊天。每个月有近两百名孤单寂寞者使用这个电话。主持这个电话的专家们都能用一种谦和的态度，很快消除同别人的距离感，他们最得人心的是第一句话：“今天我也和你一样感到孤独、寂寞、凄凉。”这句话表达的是对孤单寂寞者的充分理解之情，因而产生了强烈的共鸣作用，难怪许多人听后都会掏出知心话向主持人倾诉。

下面是一个真实的推销故事：

刘先生是一家天然食品公司的推销员。虽然很少有人买他的产品，可他还是一如既往地向每位客户介绍产品。这天，他向一位大姐推销，可是对方同样没有兴趣。刘先生正琢磨着怎么向对方告辞时，突然看到阳台上摆着一盆美丽的盆栽，很别致。于是刘先生不禁称赞说：“好漂亮的盆栽啊！平常似乎很少见到。”

“确实很罕见。这是前几年我从非洲带回来的。它的美，在于那种优雅的风情。”大姐从容地解释道。

“的确如此。会不会很贵呢？”刘先生接着问道。

“很昂贵。这盆盆栽就要1000元呢！”大姐从容地接着说。

"什么？1000元……"刘先生故作惊讶地问道。

刘先生心里想："纯天然芦荟精也不过800元，大概有希望成交。"于是慢慢把话题转入重点："每天都要浇水吗？"

"是的，每天都要很细心养育。"

"那么，这盆花也算是家中的一分子喽？"

这位大姐觉得刘先生真是有心人，于是开始和刘先生讲述怎么培育这类植物。过了一会儿，刘先生很自然地把刚才心里所想的事情提出来："大姐，您这么喜欢植物，您一定对植物很有研究，您是一个高雅的人。同时您肯定也知道植物带给人类的种种好处，带给您温馨、健康和喜悦。我们的天然食品正是从植物里提取的精华，是纯粹的绿色食品。大姐，我觉得您可以购买一点试试！"

结果对方竟爽快地答应下来。她一边打开钱包，一边还说道："即使是我丈夫，也不愿听我唠唠叨叨讲这么多，而你却愿意听我说，甚至能够理解我这番话。希望您有时间再来听我讲述植物好吗？"

这一结果出人意料，但并非在情理之外。刘先生之所以能让这位大姐购买自己的产品，可以说是归功于他说话时谦虚的态度。可见，只要你用谦和的态度，以话语诱导陌生人，让别人产生一种被尊重感和优越感，你是能成功攻克对方的心理防线的，你要办的事情也往往会柳暗花明，甚至在你毫无思想准备的情况下骤然成功。

心理点拨

那么，和陌生人说话的时候，该怎样表现我们的谦逊呢？

1 不要试图打断对方的谈话

很多时候，当你的意见与对方出现分歧时，你也许很想打断他。不要那样做，那样做很危险。当他有许多话急着要说的时候，他不会理你的。因此，你要耐心地听着，抱着一种开阔的心胸，诚恳地鼓励他充分地说出自己的看法。

当对方说完以后，你再表达自己的意见，这样，对方会明显有一种被尊重的感觉。同样，对方也会以尊重来回馈你。

2.说话时不过分掩饰自己

有时候，我们不想让对方看透自己，觉得对方发现自己的弱点是个糟糕的后果，可是，这样做的结果是你束缚了自己，也不可能畅所欲言、自由表现。但谦虚并不是虚伪，没有人喜欢与虚伪的人交往。为此，我们要把真实的性格展现给对方。对方会佩服于你的坦诚相见。具备坦诚这一交际品质的人往往更容易俘获人心。

3.用提出问题的方式补充你的意见

虚心请教是让别人产生优越感也是体现自己谦逊态度的重要方式。所以你可以问对方："关于我的看法，你有什么意见？"

4.尽量让别人有说话机会

即使是一对一的个别谈话也应如此，你可以向对方说："让我听听你的经验。""关于这个问题，你有什么意见？"

用这样的方式引发对方的思考，创造他说话的机会。而且，你也可能会因为让他有了说话的机会，而引发他对你的好感。

说话谦逊，才会让人听起来更悦耳舒服。我们要想成功操纵陌生人的心理，这是必备的一项说话技能！

多说令对方感到愉悦的话

在某些沉闷的环境里，很多人不愿意开口跟陌生人说一句话，那是出于一种防备和自尊心理，在这种时候，你应该想到如何去激起说话对象的某种情绪的办法，让他慢慢开始滔滔不绝。而这就需要我们多说些积极的话语。因为通常来说，人们在快与不快这两种情绪中，会下意识地选择快乐的情绪。

举个很简单的例子：设想你正在乘着火车，你已坐了很久了，而前面还有很长的一段路程。你想与他人讲讲话，而如果你对对方说："真是一条又

长又讨厌的旅程，你是否也有这种感觉？”“是的，真讨厌。”对方肯定会这样回答。而接下来，你会发现，无论你说什么，他对你的回应都会是草草应付。这是为什么呢，因为你的开场已经给他带来了不快的情绪。

心理点拨

那么，什么是积极的语言呢？积极的语言就是能促进彼此交谈，增深彼此友情的带有积极意义的语言，比如说，说话要真诚等。

1.说话要真诚

语言既可以成为建立和谐人际关系的最强有力的工具，也可以成为刺伤别人的利刃。由于说话态度不同，如果没有发自内心的关怀的心情，即使用再多华丽的语言，也会被对方看穿。所以满怀真诚是最重要的。

2.不要说对方不爱听的话

使语言不成为“利刃”的最低条件是什么呢？那就是不要说对方不想听的话题。

对此，我们应慎选话题，这样一些话题不宜提及：不谈对方深以为憾的缺点和弱点；不谈上司、同事以及一些朋友们的坏话；不谈人家的隐私；不谈不景气、手头紧之类的话；不谈一些荒诞离奇、黄色淫秽的事情；不询问妇女的年龄、婚否、家庭财产等事情；不说个人恩怨和牢骚；不说一些尚未明辨的隐衷是非；避开令人不愉快的疾病详情，忌夸自己的成就和得意之处。这些都是对方敏感的话题，也是禁忌的话题。不说对方敏感的话题是建立和谐人际关系的准则。

3.对方的优点或值得夸奖的地方要马上夸奖

夸奖陌生人，要比赞扬熟人难，因为彼此还不熟识。对此，我们需要细心观察，找出其赞扬之语。比如，从对方的穿着、打扮、配饰开始：“您今天穿的西服颜色真漂亮！”可是，却不能阿谀奉承或溜须拍马，因为对方明白，既是初次见面，你就说出这么多的恭维话，必定感觉得到你是在溜须拍马，而对你非常反感。所以，一定要说出真情实感。

4.用有积极意义的语言应对

比如，当你和陌生人说话时，对方对你的态度突然间冷淡下来，这时与其一个人冥思苦想："难道我说了什么伤感情的话？"不如直接试着问对方："我是不是说了什么失礼的话？如果有的话请您原谅。"这样一说，即使对方真的有什么不满，心有不悦的话，也会烟消云散。因为你的坦诚已经让他原谅了你。

总之，与陌生人说话，多说积极地话语，令对方感到振奋开心，这对于我们成功操纵对方心理，打开交际局面是大有帮助的，这也是我们必备的一项说话本领！

在陌生人面前，表现得单纯一些

我们每个人都知道这个道理：金无足赤，人无完人。生活中，我们发现，那些"趋于完美""毫无瑕疵"的人并没有太多的朋友，越是苛求完美，人际关系也越差，因为这些人虽然优秀，但不可爱。在与陌生人交谈的过程中也是如此，那些表现得十分完美的人，人们往往敬而远之；而相反，适度表达缺陷，可以赢得关注。而实际上，一丁点瑕疵根本遮掩不了你本人的光辉。之所以如此说，是因为坦率地暴露缺点，反而使人对你正直、诚实的作风留下深刻的印象，而这种诚实、正直往往转变成别人对你的信赖，自然你也就大受其益了。

举个很简单的例子，每当百货公司举办"瑕疵品贱卖会"，必然造成人潮涌动的盛况，甚至连大拍卖也比不上它的吸引力。为什么"瑕疵品"能如此地激起人们的购买欲呢？这是因为世上本没有十全十美的东西，你把自己的商品吹嘘的天花乱坠，完美无瑕，会给人一种虚假的感觉。而如果你适当的暴露一点无伤大雅的缺点，反而能给人一种诚实的感觉，让人易于信任。

有研究结果表明：对于一个德才俱佳的人来说，适当地暴露自己一些小小的缺点，不但不会形象受损，而且会使人们更加喜欢他。这就是社会心理学中的“暴露缺点效应。”“自我暴露会让别人喜欢你”，美国社会心理学家西迪尼·朱亚德通过一系列实践得出了这个结论。

社会心理学家对“暴露缺点效应”的解释是，一个人适当地暴露自己一些小的缺点，至少可以达到两个目的：

（1）可使人们感到他也是个普通人，因而会觉得他是比较容易效和相处的。试想，谁愿意和一个“完美”的人相处呢？那样只会觉得压抑、恐慌和自卑。

（2）可使人们感到他的真诚和对人的信任，因而会觉得他是可敬可爱的人。这正如一位先哲所说的那样：“一个人往往因为有些小小的缺点，而显得更加可敬可爱。”

1991年9月19日，杨澜应邀主持第九届大众电视“金鹰奖”颁奖文艺晚会，在报幕退场时，不小心被台阶绊了一下，“扑通”一声滚倒在地，这意外的洋相，使场内顿时一片哗然。然而杨澜一跃而起，笑容可掬地说：“真是人有失足、马有失蹄呀，我刚才狮子滚绣球的节目滚得还不够熟练吧？看来这次演出的台阶不那么好下哩，但台上的节目很精彩。不信，瞧他们的。”话音刚落，全场观众为她机敏的反应爆出热烈掌声，有的观众还大声喊：“广州欢迎你！”

显然，这一跤，非但没有摔倒杨澜的形象，反而更让广州人民领略了身为著名主持的可爱。虽然，杨澜并不是主动的自我暴露，而是偶然摔了一跤。但从观众的表现中，我们发现，人们更喜欢与那些有点小缺陷的人交往，更愿意亲近他们。

所谓“自我暴露”，就是把自己私人性的方面显示给他人或者把有关自我的内层信息传给对方，让别人最大限度地了解自己。在现实生活中，善于自我暴露的人是自信的，因为把自我向别人紧紧封闭，本身就是一种示弱。

人与人交往，本身就是一个由陌生到熟悉的过程。良好的人际关系是在自我暴露逐渐增加的过程中发展起来的。随着信任程度和接纳程度的提高，交往的双方会越来越多地暴露自己。因此，自我暴露的广度和深度是人际关系深度的一个敏感的“探测器”。

心理点拨

那么，我们在与陌生人说话、“自我暴露”时，该注意什么呢？

1.把握“度”的问题

因为，“过多地暴露”或者“和盘托出”都会存在风险，那有可能导致对方顺着你的思路去评价你，最终导致的结果是让对方远离你，因为和人们不喜欢“完美”的人一样，他们也不喜欢全身满是缺点的人。因此，提倡“自我暴露”，并不是让你去不看对象、不分场合、不问情由地“胡暴乱露”一通，我们不妨选择暴露那些不会影响到整体形象的“小事件”或者“小缺点”“小毛病”等，正因为这些小瑕疵的存在，我们会显得更真实，更可爱！

2.要遵循相互性原则

这时的“相互性原则”的含义是：“自我暴露”必须缓慢到相当温和的程度，缓慢到足以使双方都不致感到惊讶的速度。如果过早地涉及太多的个人亲密关系，反而会引起对方强烈的排斥情绪，引起焦虑和自卫反应。

总之，与陌生人说话，只有让对方产生如“这个人有点小缺点，但是其他方面挑不出毛病来，是个相当不错的人”类似的想法，并将这种想法深深植入他的心中！

第04章 绣口锦心，温言巧语打动人心

谈吐优雅举止不粗鄙

一个不修边幅，举止粗鲁、满嘴齐东野语的人，给人留下的印象是粗鄙和野蛮，交谈之中多数是话不投机半句多，往往没说上几句话就会让别人产生厌恶的情绪，甚至连和他互道寒暄的表面文章也懒得去做。而一个衣装考究，仪表堂堂，谈吐间优雅从容，哪怕是开个玩笑都带有含蓄的幽默感的人，所体现出的涵养气质就会把对方征服，更愿意倾听他，并且觉得受益匪浅。

孔子说："无友不如己者。"鼓励人们和优秀的人士交往，获得个人境界的提升。人们都愿意和有气质有内涵的人成为朋友，而对粗鲁的人却是厌恶到了极点。因此，在交际场中，我们要学会运用正确的讲话方式，每一个词汇，讲话时的姿势、表情都要做到优雅大方，这样才能获得别人的好感。

优雅的谈吐举止，措辞的技巧和先天的条件没有丝毫的联系，主要来源于后天不懈的努力和追求，谈吐优雅不是一朝一夕之功，而是要在日积月累之中才能完成。要想做到文质彬彬谈吐优雅，并不是装腔作势就能解决问题，刻意模仿好修养人士的外形而不注意内心文化修养的提升，最终不过是邯郸学步，东施效颦，适得其反。

心理点拨

因此，在日常生活中，我们要注意这方面知识的学习和技能的培训，大致说来，练就优雅的口才主要有以下几种方式。

1.在生活中加强知识沉淀

俗话说“厚积薄发”。一个人收缩自如的谈话能力绝不仅仅是技巧性的问题，而是在经过了对生活的思考、学习和研究之后才有的结果。因此，在生活中，你不能忽视学习的重要性，需要每天为自己充电，对于所见所闻要观察思考表面和内在的东西，从中提炼思考能力和概括能力，并以此来作为提升自己的一个有效途径。只有这样，你才能在张开口的时候不至于心虚，避免让别人对你皱起眉头，甚至转身离开。

2.表情自然，举止得体

与人相识，第一印象是最重要的。在见面的时候，双方都需要自我介绍一番，自我介绍的过程，也正是展现一个人修养品质的过程。一定要做到举止优雅、仪表大方，表情自然而又不失亲切真诚的微笑。在自我介绍的时候，万万不能毫无自信唯唯诺诺，更不能面红耳赤，双手不知道放在什么地方，两眼只知道盯着脚尖，这样会有失风度。在自我介绍的时候，我们可以将手放在胸前，语气自然、表情从容，语速不急不缓，语音清晰优美，这样才能获得别人较高的评价。

3.充满自信，切忌自大

与别人交谈的过程中，每个人都想获得对方的认可和重视，这就需要一个有效的自我推销和包装方法。推销自己的前提是做到自信，只有自信的心态才会使人发挥出正常的状态。因此，我们不妨用闲聊的方式，来展示自己的特长以及才华，比如将自己的能力穿插在个人经历的讲述中去，用谦逊的语气来陈述，让别人了解你的同时又不会觉得你是在自吹自擂。假如用自我炫耀的口气大肆渲染个人能力的话，给人的印象是自高自大，别人就会对你失去信任感，因此，你一定要注意谈话的方式和掌握适度的原则，给人留下自信、谦虚而又不卑不亢的深刻印象。

4.措辞要谨慎

与人交往的过程中，难免要在事业以及对社会现象的认识上有一定的交流。措辞的问题至关重要。比如在谈论社会现象的时候，万万不能运用一些“道德沦丧”“世风日下”等偏激因素太浓的词语，以免给人带来愤世嫉俗的错误印象。在交际中讲究温文尔雅，但并不是华而不实的夸夸其谈，满口子曰诗云，炫耀一个人的见多识广博学多才，而是要有礼有节，既不能说出粗俗的话，更不能像掉进书袋，否则的话，就会弄巧成拙，让别人不屑与你进行更进一步的交谈。

声音也可以做“美容”

我们在谈吐中的每一句话，既向别人传递了信息，又表达了个人的思想观点。因此，要想达到我们预期的目的，不仅要在语言的组织形式上下一番工夫，更需要在声音上进行必要的处理。因为往往很多时候，一个精辟的见解，经过严密的思维和美妙的辞藻表达出来并不能产生理想中的效果，既不能让别人对我们所要表达的信息有一个完整的把握，又无法让别人对我们的思想有一个正确的了解。造成这种现象的原因，就是因为我们在说话的时候音质出现了缺陷。如果音质上面出现了缺陷，就会让我们的口才大打折扣。因此，我们应该对自己的声音做一下必要的“美容”。

无论是男性还是女性，说话的声音都是十分重要的。一个音色柔美动听的女人，很容易被周围的人所接受；一个说话充满磁性的男中音，远比声音纤细毫无阳刚之气的男声有魅力。电视上的播音员，从外表上来看不是最出众的，但是他们的声音却是出类拔萃的，也由此得到了观众的认可和喜爱。

有很多人羡慕别人完美的音质，觉得他们的声音是自然天成。其实，那些声音中充满了美感的人，并非是在口才上有着高人一等的天赋，而是经过了不断的努力才取得了成就。就好像我们常常为了拥有健美的身材而刻意锻炼自己是一样的，为了一个美妙的声音我们也应该付出一定的努力。

心理点拨

为了能够达到理想中的声音效果，我们不妨从以下几个方面入手。

1.选择适合的音调

同样的话用不同样的语调来表达，所取得的效果是不一样的。一般情况下，不急不缓的速度，中等的声音更能给人一种亲切自然和自信的感觉；过高的声音、过快的语速就会显得说话的人性格过于急躁，心无城府，过于幼稚和偏执，会让人产生厌恶的情绪；说话的声音过低，语速缓慢，这样的人可能是没有自信，优柔寡断，看待事情比较悲观，处理事情畏首畏尾，放不开手脚，能够让人产生审美的疲劳。一个人的语调反映出一个人的内心世界、情感和态度，因此，在谈论一个话题的时候，要保持说话的语调与内容相符合。比如在讲述故事的时候可以选择娓娓道来的形式，表达决心的时候可以气运丹田让声音显得浑厚而又响亮。要想做到音调合适，还需注意以下细节：说话干脆利落，不拖泥带水。劝说他人的时候要诚恳委婉，不能用命令的口吻。传递信息的时候，要准确完善，不能遗漏和误传。发起倡导的时候适当提高分贝，使语言增加力度。

2.把握说话的音量

影响人的交谈或思考的环境声音称为噪声。在生活中，一个人说话的声音过大，就会让人产生反感，认为此人可能是装腔作势或者是色厉内荏。但是音量太小的声音也未必能够引起人们的喜欢，听起来过于费劲，又让人可怜，觉得此人是一个怯弱的人。由于听者所处的远近不同，谈话者所处的环境各异，因此要注意找到与不同场合相适应的音量，以让人听得清楚而又不产生厌烦情绪为原则。

3.做到声情并茂

古人说生于情发于声，就是强调说话时要注意感情的因素，声音只是传递的工具，它的源头却是人的内心的情感。声音、语调、词汇等元素都是为感情服务的。如果声音失去了感情的依托，就会变得空洞僵持，犹如失去了水源的枯木，毫无生气可言，因此在说话的时候，要注意用感情去感染和打动听众，只有充满感情的文章才是好文章，同样充满感情的谈话才是成功的谈话。

让语言成为你的“第二张脸”

很多伟大人物是因为口才而名垂青史、万古流芳的，一个个的成语故事记载了他们的妙语连珠和谈吐不凡，成为了中华民族文化基因。比如自荐的毛遂，出使楚国不辱使命的晏婴，舌战群儒的诸葛亮等。一个个的人物形象和他们的口才连接在一起，成为我们的一个历史图腾，千百年来，被一代代的人们传诵和学习。

语言是一门高深的艺术，是表达思想感情的有效形式。深得这种艺术精髓的人，绝不会勉强别人、压制别人，更不会绑架别人的思维，而是巧妙地将别人的思想与自己的言论相接轨，准确、贴切、生动地表达和沟通，让别人对他充满欣赏和崇拜之情。

语言是人的第二张脸，深邃的思想、精辟的见解、睿智的话语会给人留下风流倜傥的印象，而肤浅的思维、庸俗的观念、轻佻的言谈则会留下粗俗不堪的印象。我们在生活之中经常强调要注意自己的形象，而形象之中最大的组成部分则是我们的语言和讲话方式。因此，我们要用广博的知识，优雅的谈吐来作为自己的第二张脸，来提升个人的魅力。

心理点拨

那么，该怎么样让口才成为自己的第二张脸呢？我们可以从以下几个方面入手：

1.谈吐文明

文质彬彬是我们中华民族对一个人提出的基本要求。因此，在说话的时候，我们要避免粗话脏话。现在，有很多的人把粗鲁的语言当成豪爽，交际场合中谈论一些不雅的下流段子，以此来吸引眼球。这样自然会引来别人的目光，但那些眼光中所带有的感情成分绝对没有一个是赞赏的，绝大部分人会对这样的人嗤之以鼻，认为和这样的人交往是对自己人格的侮辱，品位的降低。哪怕你有着侠义心肠，喜欢助人为乐，平日里乐善好施，但是因为一

句粗俗的话就会抹杀你全部的优点，在别人的眼里，你会成为一个地地道道的山野村夫。因此，在说话的过程中，我们要避免脏话粗话，多使用文明用语。在条件许可的情况下，可以引用一些真理性的语言，来显示个人的修养。

2.禁用鼻音

很多人由于长期形成的坏习惯，在和别人交谈或者是发表意见的时候，经常会发出“嗯”“喔”“哼”“切”之类的声音。这些话虽然不是粗话脏话，但会给人一种漫不经心的感觉，感情细腻的人甚至会认为这种发音是对别人人格的不尊重，或者表现了你对交谈者的不重视而对你产生反感。

3.谨慎使用流行语

或许是娱乐电视节目看得过多，上网时间太长的原因，越来越多的人在谈话中都夹杂了一些流行语。用“哇塞”表示惊讶，用“噢耶”表示兴奋，要么就是用“偶”“东东”“囧”“潮”等词语代替固有的语言。讲这些话的人自以为跟上了时代的步伐，走进了先进者之列，而实际上却并非这样。在校的孩子用这些流行语言可以证明充满活力，但是走上社会开始频繁交际的成年人再说这些词就显得不合时宜，要么让人觉得是在装嫩，要么让人觉得脑残，还没有摆脱幼稚的阶段。年过而立的人讲这些流行语，会显得不伦不类，有失身份。

4.有修养

有修养的人在谈话的时候都会掌握分寸，懂得礼数，用词规范清雅，不会因为和别人的意见相左而去争辩和驳斥，不会为了满足自己的好奇心、猎奇欲而谈论别人的私生活，更不会用言语去揭别人的伤疤，让人无地自容，下不了台阶。哪怕别人有了错误也不会用教训的口气去指责，而是委婉地进行劝说。当别人在言谈之中无意侵犯自己的时候，也不会以牙还牙地进行报复。在交际场合，有修养的人能够做到知礼节，知轻重。能够做到彬彬有礼，进退如仪。有修养的人因为能够达到高尚的境界，也就取得了别人的尊重。

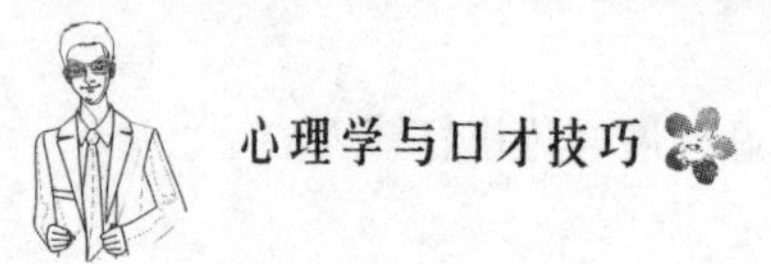

言语有度，避免触碰别人的“软肋”

这个世界上，每个人的人生经历和成长过程都有着和别人的不同之处。他们都有自己值得炫耀的经历和成就，自然也有着不愿让外人所知的隐私和伤痛，因此每个人都有敏感的话题和语言的“软肋”。当你在和别人进行谈话的时候，一定要注意对方的身份，尽最大限度了解他的性格和经历，掌握好谈话的分寸，以免在无意中侵入对方心灵的禁区，在伤害别人的时候也给自己带来不必要的麻烦。

俗话说“男不问薪水，女不问年龄”，其实不该问的何止是这些话题，包括对方的工作状况、家庭纠纷、事业进展以及计划等这些内容我们最好不要去打听，更没有必要为了满足个人的好奇心而给别人带来不快。我们应该知道，说话的时候要注意尊重对方的隐私，只有尊重对方的隐私，才能让人感觉到人格上受到了尊重。

当你想向对方询问一些话题的时候，最好不要脱口而出，而是要仔细地思考一下是否会涉及对方的隐私，如果因为这些话题给对方带来不快，就尽可能地去避免它，只有这样才能让对方很快地接受你，对你产生良好的印象，和你建立深厚的友谊。

心理点拨

一般来说，一个人的“语言软肋”包括以下几点：

1.生理的缺陷

任何一个男人都希望有一个魁梧的身躯和充满阳光的面孔；任何一个女人也都渴望拥有沉鱼落雁和倾国倾城的容颜。但是，上天往往不遂人愿，大部分人都会有这样那样的缺陷和不足，尽管这些属于客观的存在，但是爱美的心会让他们去刻意地回避这些话题。比如：发福的人忌讳别人说“肥”的评价，秃顶的人忌讳“光芒四射”的语言，身高不足的人忌讳“武大郎”的称呼，相貌平平的人忌讳“丑八怪”的评价，跛足者忌讳“地不平”的戏

讳，驼背者忌讳“忍辱负重”的玩笑话，等等。这些生理的缺陷往往就会成为一个人自卑的源泉，自卑的心态也就造成了他们把这些生理缺陷当成了语言的软肋。因此，当我们谈话的时候，应该注意别人的生理缺陷，不能用一些自以为无伤大雅的话来刺激对方，给他们带来心理上的伤害，使之对你产生厌烦和仇恨的心理。这不仅仅是口才技巧的问题，更是做人的道德要求。

2.不堪回首的往事

每个人的生命历程都会存在一些大大小小的挫折，在挫折之中有些人会作出一些违背心性的选择，这是很正常的现象。但是，经历过这些挫折的人，往往会因为当时的选择而成为心中永远放不下的思想包袱。他们对这一段的经历总是忌讳莫深，自然不愿意拿出来和人分享，更不愿意有人旧事重提。因此，当我们了解了一个人的过去之后，更应该进行选择性的谈话，回避对方的恋爱受挫、事业低谷等经历，免得给对方带来不快。

3.追悔莫及的错误

“人非圣贤，孰能无过”是一个很浅显的道理，不过每个人有着自己的是非评价标准，有时候会为了在别人看来十分微小的错误而不肯原谅自己，长时间抑郁寡欢。以至于想到自己曾经犯过的错误和无法挽回的损失而感到忏悔和自责，也就更不愿意让别人来提及这些追悔莫及的经历。当别人无意或有意地谈论到这些话题的时候，当事人就会面红耳赤，无地自容。

以别人的痛楚和忌讳为乐事的人，是缺乏修养和道德的，因此，我们应该尽量避免这类错误的发生，以免带来恶劣的影响。那么，我们怎样做才能不给别人带来伤害呢？我们不妨从以下几个方面着手，来取得良好的效果。

（1）出言谨慎。把对方的忌讳视为语言禁区，以免触到对方的伤痛。比如在官场失意人的面前慎言飞黄腾达，在感情受挫人的面前少提夫唱妇随的案例等，以免给对方的心理带来不快和压力。

（2）用词委婉。很多的忌讳是谈话者双方无法避免的，但是即使是在这种情况下也不要直来直往，而是要采用比较委婉的方法，尽量不要让对方显得难堪。比如，面对一个考研屡受挫折的人，你不能直冲冲地问：“考不上了怎么办？”不妨说：“假如你不想上研究生的话会怎样选择呢？”这样就会给对方以应有的尊重，接下来话题才能顺利进行。

（3）岔开话题。一个人说话再谨慎也不能避免冒犯别人的忌讳之处。当因为个人的失言而给别人带来不愉快的时候，不能着急地去解释，那样的话只会越描越黑，倒不如机制巧妙地岔开话题，让双方都能从尴尬的气氛中解脱出来。比如王某和赵某两个朋友聊天，谈及赵某的哥哥为什么年过而立还孑然一身的时候，赵某随口来了一句："他曾经谈过几个对象，但是因为女方嫌他个子太矮而告吹了。"刚说完，却记起了王某是也是矮个子的人，赵某便急中生智地说："其实，有资料表明，矮个比高个更精明，寿命也更长。就说我哥哥吧，他最近翻译出版了一部英国长篇小说，你是英语教师，正要请你指正呢！"赵某巧妙地把话题转开，在不动声色之间做到了亡羊补牢。

柔声细语比言辞凌厉更容易打动人

有人说女人是用水做的，所以女人说话都是轻言细语，这本身就是作为女人的特质。女人的心都会特别的柔软，她们的心思极敏感又显得很脆弱，很容易感动又很容易生气。于是，当她们碰到一些事情，已经触及到内心最柔软的部分时，看着那楚楚可怜的样子，谁都会心疼。女人们在求人办事的重要时刻，不妨适时地说几句柔软的话，甚至可以可怜兮兮地掉下几滴眼泪，就可以换来对方的同情心，使彼此之间在情感上靠近，并产生共鸣，这就为事情的成功奠定了基础。这种"柔情攻略"的求人办事之术尤其适用于女性，因为不管女性的内心多么强韧，她所展现在人前的形象永远是一副娇弱的样子，再加上说话时的柔软的声调，再是铁石心肠的人也会心软。

班级要到一家商店参加社会实践活动。第一次派了一个同学去联系，那个同学说话很不礼貌，开口闭口就谈市里有命令，你们应该接待我们，结果遭到了商店的拒绝。第二次又派了一个女同学去联系。女同学在经理办公室外面等到经理办完了事，才轻轻敲门，得到允许后进到屋里，她拿出介绍信，恳求说："叔叔，我们有件事想麻烦您和商店里的叔叔阿姨……请您大力支

持……谢谢您啦”。这一番话说得经理心里暖暖的，他当然不会再拒绝了。

在求人办事的过程中，利用话语来博得对方真切同情的说话技巧会给对方一种慰藉，一种体贴。像这种通过言语示弱来博得同情，其目的在于使整个话题重心不偏不倚，使对方获得一种心理上的满足，从而达到影响他人心理的目的，而自己的问题也可以圆满解决了。

顾客A挑选商品时间过长，女售货员让他慢慢挑，又去招待顾客B，顾客A怒气冲冲地指责道“你这是什么服务态度，你没看见我先来，他们后来吗？为什么扔下我不管了。”女售货员耐心地把话听完，慢条斯理地说道：“请原谅，我们店生意忙，对您服务不周到，让您久等了，我服务态度不好，欢迎您多提宝贵意见。”温温和和的一句话，把顾客A也说得不好意思了“我说话不好听，请您原谅。”

人们总是不由自主地同情弱者，不愿意袖手旁观置之于不顾，而比较容易答应弱者的请求。当对方不愿意帮忙或者正犹豫不决的时候，我们不妨开口就“装可怜”，激起对方的保护欲，一旦对方觉得你的说法真实可信，他很有可能就会作出让步，答应你的请求。求人办事，要放得下面子，做个可怜人，以情乞悯，以达到自己的目的。

约翰固执地爱上了商人的女儿柯尼亚，但柯尼亚始终拒绝正眼看他，因为他是个古怪可笑的驼子。这天，约翰找到柯尼亚，鼓足勇气问：“你相信姻缘天注定吗？”柯尼亚眼睛盯着天花板答了一句：“相信。”然后反问他，“你相信吗？”他回答：“我听说，每个男孩出生之前，上帝便会告诉他，将来要娶的是哪一个女孩。我出生的时候，未来的新娘便已经配给我了。上帝还告诉我，我的新娘是个驼子。我当即向上帝恳求‘上帝啊，一个驼背的妇女将是个悲剧，求你把驼背赐给我，再将美貌留给我的新娘’。”当时，柯尼亚看着约翰的眼睛，并被内心深处的某些记忆搅乱了。她把手伸向他，之后成了他最挚爱的妻子。

约翰通过柔情的话语赢得了爱情，他的话语触碰到了柯尼亚心中最柔软的位置。在日常生活中，只要我们能够运用合适的说话技巧，就很有可能达到自己的目的。

心理点拨

1.煽情需有度

虽然，“柔情攻略”这样的说话方式显得有点“煽情”，但是它却不失为是一种很好的说服对方给予帮助的方法。当然，如果你总是说一些有利于自己的话时，对方通常都会怀疑你所说的话，这时候不妨借他人之口，说自己之事，让别人来替你说话，这样来激发对方的同情心。

2.软刀子更扎人

充满感情的话语是能够打动人心的，假如一个娇弱的女人能够有感情地提出自己的诉求，甚至把自己当下的难堪情境说一说，对方多少都会因为同情而给予你帮助的。在求人办事的过程中，我们需要以一个弱者的姿态来赢得对方的同情。当然，这里所说的示弱并不是真的示弱，只不过是以话语来博得对方的同情，以达到自己的目的。俗话说：“软刀子更扎人。”这说的就是以话语来赚怜的说话技巧吧。

说话真诚，直入人心

曾经打败过拿破仑的库图佐夫，在给叶卡捷琳娜公主的信中说：“您问我靠什么魅力凝聚着社交界如云的朋友，我的回答是‘真实、真情和真诚’。”真诚，是说话成功的第一乐章，把话说得真诚，如此，话才足以动听，也才能够打动人心。白居易曾说：“动人心者莫先乎于情。”隐藏在话语里的至真至诚往往能使“快者掀髯，愤者扼腕，悲者掩泣，羡者色飞”。把话说得漂亮，并不在于华丽辞藻的堆砌，而是话语里蕴含的真意、诚意。说话如果只求外表漂亮，而缺乏了其中的真诚，那么，它所开出的只能是无果之花，或许，这能欺骗别人的耳朵，但却无法欺骗别人的心。对于经常出入交际场合的女人，如果要想打动他人的心，就必须先使自己动情。

在日常生活中，说话流利、滔滔不绝、一泻千里，虽然语言表达十分流畅优美，但若是缺少了其中的真意诚意，那就失去了所有的吸引力。如此的

说话就如同一束没有生命力的绢花，很美丽但不鲜活动人，缺少魅力。在说话过程中，我们首先应该想到的是如何把自己的真诚融入到语言中，如何把自己的心意传达给他人，因为只有当对方感受到你的真诚的时候，他才会打开心门，接受我们表达的看法，而彼此之间才会有继续交流的机会。毕竟，只有把话说得真诚，话才会动人，也才会打动人心。

当公司规模还比较小的时候，王姐作为公司的领导，她总是亲自出门推销产品。而每次碰到砍价比较厉害的对手的时候，她总是真诚地说："我的公司只是一家小作坊，这大热天的，工人们在炽热的铁板上加工制作产品，汗流浃背，他们该是多辛苦啊，但是，一想到客户，他们依旧努力工作，好不容易制造出了这些产品。为了回报这些辛苦的工人，我们还是按照正常的利润计算方法，你看如何？"

听了这样真诚的话，客户开怀大笑，说："许多来找我推销产品的人在讨价还价的时候，总是说出种种不同的理由，但是你说的很不一样，句句都是在情理之中。我也能理解，你和你手下的工人都不容易，好吧，我就按你开出的价格买下来好了。"

王姐的成功，在于真诚的说话态度，她的话语充满了情感，描述了工人工作的辛苦、创业的艰辛。从表面上看，语言本身并无矫饰，异常的淳朴，但是，正是语言的真诚、自然，唤起了他人内心深切的同情。恰恰是王姐通过语言表达出来的真诚，换来了对方真诚的合作。在生活中，人与人之间应该以真诚相待，不管是朋友还是老板，当你袒露了自己的真诚，相应地，你也将收获对方给予的真诚。

北宋词人晏殊以说话真诚著称。就在晏殊十四岁的时候，有一次参加殿试，宋真宗出了一道题。晏殊看到了试题之后，说："陛下，十天以前我已经做过这个题目了，就请陛下另外再出一个题目吧！"宋真宗见晏殊如此真诚，对他十分信任，并赐予了"同进士出身"。

晏殊在任职期间，其他大小官员都出去吃喝玩乐去了，他却在家里与朋友们闭门读书。有一次，宋真宗点名要晏殊担任辅佐太子，对此，许多大臣都很疑惑，怎么会点一个"同进士出身"的人呢？宋真宗说："近来大小官

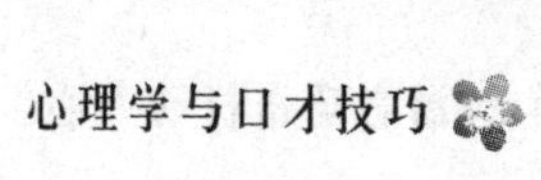

员经常出门吃喝玩乐，唯有晏殊与朋友们每天在家读书、书写文章，如此自我谨慎，难道不是最合适的人选吗？”晏殊听了，笑了，他向宋真宗谢恩，然后解释道：“其实我也是一个喜欢游玩的人，但因家里贫穷无法出去，如果我有钱，也早就溜出去玩了。”宋真宗听了，十分赞叹晏殊说话的真诚，对他也就更加信任了。

美国总统林肯曾说：“一滴蜂蜜要比一加仑胆汁能吸引更多的苍蝇。人也是如此，如果你想赢得人心，首先就要让他相信你是他最真诚的朋友。那样，就会像一滴蜂蜜吸引住他的心，也就是一条坦然大道，通往他的理性彼岸。”用真诚的话语打动人心，这本来就是最佳的沟通方式。

心理点拨

1.唯有真诚的语言才能打动人心

著名演说家李燕杰说：“在演说和一切艺术活动中，唯有真诚，才能使人怒；唯有真诚，才能使人怜；唯有真诚，才能使人信服。”生活中，与人交谈，贵在真诚。古人说得好：“功成理定何神速，速在推心置人腹。”在语言交流过程中，只要我们捧出一颗至真至诚的心，对方何以不感动呢？说话的最终是为了沟通，为了打动人心，话语中的真诚无非就是打开对方心灵之门的钥匙。用自己的心去弹拨对方之心，用自己的情去打动对方，如此，才能使听者闻其言，知其声，见其心。

2.语言的关键在于是否表达了真诚

其实，在语言交流过程中，语言的真诚，不论对说话者还是对听者来说，都是极为重要的。说话的魅力，不在于说得多么流畅，多么滔滔不绝，而在于是否善于表达真诚。有着较高语言修养的女人，不见得一定是口若悬河的人，而是善于表达自己真诚实意的人。在语言交流中，如果你能用得体的语言来表达你的真诚，你就很容易赢得他人的信任，与他人建立融洽的关系。那么，对方就有可能会喜欢听你说话，或者答应你提出的要求。而那些打动人心的真诚话语，才可以说是“一字千金”。

第05章
妙语寒暄，投其所好巧沟通

说好客套“场面话”，做一个知理懂礼的人

你是否有过这样的经验，当你偶然进入一个陌生的地方，那里有你熟悉和不熟悉的朋友，他们看见你来了，立即起身用几句客套话对你表示欢迎，然后请你坐下来寒暄几句。这样一来，双方的感觉都会不错，感情自然也会更进一步。“场面话”是交谈的润滑剂，它能在陌生人之间架起友谊的桥梁。由于两人初次见面，对彼此都不太了解，容易陷入无话可说的尴尬场面。这时我们不妨以一些“场面话”为开头，比如：“天气似乎热了点！”或者“最近忙些什么呢？”。虽然这些“场面话”大部分并不重要，然而，正是这些话才使初次见面者免于尴尬的沉默。而同时，最为重要的是，会不会说“场面话”是一个人懂不懂礼数的重要表现。从心理学的角度看，人们都喜欢与知晓礼数的人交谈。为此，说好客套场面话，是敲开陌生人心理大门的一个重要方面。

古典名著《红楼梦》中，就有许多经典的场面话。在《刘姥姥进大观园》一回中，刘姥姥找到周瑞的娘子时，两人就用了许多场面话来进行寒暄。

周瑞娘子迎出来问：“是哪位？”刘姥姥忙迎上来问道：“好呀，周嫂子！”周瑞娘子认了半天，方笑道：“刘姥姥，你好呀！你说说才几年呀，我就忘了。请家里来坐吧。”刘姥姥边走边笑道：“你老是贵人多忘事，哪里还记得我们呢。”来至房中，周瑞娘子命小丫头倒上茶来吃，在问些别后闲话后，又问姥姥：“今日是路过，还是特来的？”刘姥姥便说：“原是特来瞧瞧嫂子你，二则也请请姑太太的安。若可以领我见一见更好，若不能，便借嫂子转达致意罢了。”

在这段对话中，刘姥姥与周瑞娘子说的大部分都是场面话。刘姥姥通过一番场面话，让周瑞娘子觉得，刘姥姥虽然是个出身寒酸的人，但还是很懂礼数的。而同时，刘姥姥也化解了自己寒酸的身份，之后双方再聊起正题就显得亲切许多，自然，周瑞娘子也会给刘姥姥一个见主子的机会。一些本来不好开口的话，经过场面话的客套之后，听起来就舒服多了。因此，在交际过程中，一定要重视场面话的作用，特别是当你与陌生的人或不熟悉的人交往时，场面话无疑是清除距离障碍的第一把钥匙。

在交际过程中，经常使用客套话、场面话和寒暄语，可以消除陌生心理，促成彼此间的良好交往，正如培根说过的：“得体的客套和美好的仪容，都是交际艺术中不可缺少的。”所以，会交际的人应当像司机精通交规一样，熟悉和掌握好各种客套话。

心理点拨

一般来说，“场面话”有以下几种：

1.当面称赞人的话

诸如称赞小孩子可爱聪明，称赞女士的衣服大方漂亮，称赞某人教子有方……这种场面话所说的有的是实情，有的则与事实有相当的差距，听起来说起来虽然“违心”，但只要不太离谱，听的人十之八九都感到高兴，而且旁人越多他越高兴。因为事实上，每个人都愿意听赞美的话，尤其是赞美公开化的话，对方接受起来也更乐意。

2.当面答应人的话

和陌生人交往，如果对方希望你帮什么忙，即使你不能帮忙，也不能当面拒绝。因为场面会很难堪，而且会马上得罪人。你可以说这样一些场面话，诸如“我全力帮忙”“有什么问题尽管来找我”等。给足对方面子，不至于让他下不来台，他也会觉得你是个顾全大局的人。

另外，我们要记住一些特定场合下有针对性的客套话。比如在打扰别

人或者给对方添麻烦时，要真诚地说一声“对不起”“不好意思”，一旦没有了这句话，对方可能很长时间还对此事耿耿于怀；在求人办事后，要真诚地说声“谢谢”“拜托您了”，如果没有这句客套，对方会认为你求人的态度不够真诚或者认为你不懂礼节，对你的印象大打折扣；在作报告或者讲话时，可以先这样客套一下：“我的讲话水平不高，讲得不好，还请大家见谅”，“如果讲得不好，还望大家多多指正”……这类客套话表面上看似随口而出，实际上确实起到了表现自身涵养的作用。

下面是一些特定场合的客套话：

（1）初次见面说“久仰”，再别重逢说“久违”。

（2）等候客人说“恭候”，客人到来说“光临”。

（3）未及欢迎说“失迎”，起身作别说“告辞”。

（4）看望他人说“拜访”，请人勿送说“留步”。

（5）陪伴朋友说“奉陪”，中途告辞说“失陪”。

（6）求人帮忙说“劳驾”，求人方便说“借光”。

（7）请人解答说“请教”，盼人指点说“赐教”。

（8）麻烦别人说“打扰”，请人办事说“拜托”。

（9）向人祝贺说“恭喜”，赞赏他人说“高见”。

会说场面话的人，都是交际场中的老手，即使是陌生场合，不论遇到多高身份的人也不会冷场。可见，场面话的运用就像一把打开话匣子的钥匙，它可帮助你和陌生人顺利地谈话。因此，在与陌生人说话的时候，我们需要掌握一些“场面话”的说法，并在三言两语之间，就能轻松让对方为我们打开心门！

制造惺惺相惜的感觉，交谈更容易

同理心是指在人际交往中，能够体会对方的情绪和想法，理解对方的立场和感受，并站在对方的角度思考和处理问题的能力。换句话说，同理心就是站在对方立场思考的一种方式。在既定已经发生的事情中，把自己当成对

方，想象自己是由于何种心理导致了这样的情况发生。在整个心理过程中，由于自己先接纳了这种心理，所以也就接纳了对方的这种心理，最后谅解了这种行为和事情的发生，这与古人所说的“己所不欲，勿施于人”如出一辙。在人与人之间的沟通过程中，“同理心”始终扮演着重要的角色。利用同理心说话，就是我们站在对方的角度，同情、理解、关怀对方，接受对方的内在需求，并感同身受的予以满足。利用同理心说话，可以从对方言语的细微处体察对方的心理需求，从而通过语言表达出“惺惺相惜”的感觉，最终影响其心理。

保险员李小姐一进门便开门见山说明来意：“王先生，我这次是特地来请您和太太及孩子投人寿保险的。”可是，王先生却异常反感地说：“保险是骗人的勾当！”李小姐并没有生气，微笑着问道：“噢，这还是第一次听说，您能给我说说吗？”王先生说：“假如我和太太投保三千元，这三千元现在可买一部兼容电脑，二十年后再领回的三千元，恐怕连电视机都买不到了。”李小姐又好奇地问：“这是为什么呢？”王先生很快地回答：“一旦通货膨胀，物价上涨，即会造成货币贬值，钱就不经花了。”通过这样的问话，李小姐对王先生内心的忧虑已基本了解。

李小姐首先维护王先生的立场：“您的见解有一定的道理。假如物价急剧上涨二十年，三千元不要说黑白电视机都买不了，怕只够买两棵葱了。”王先生听到这里，心里很高兴，但接着精明的李小姐又给他解释了这几年物价改革的必要性及影响当前物价的各种因素，进一步分析我国政府绝对不会允许旧社会那样的通货膨胀的事情发生的道理，并指出以王先生的才能和实力，收入可望大幅度增加。说也奇怪，经李小姐这么一说，王先生开始面带笑容，相谈甚欢，当然，李小姐最终获得了成功。

李小姐成功的秘诀就在于利用同理心说话，站在对方的立场来思考，设身处地，洞悉对方的心理需求，再进行引导，影响对方心理，最终说服了王先生。由此可见，灵活地运用同理心说话能够有效地影响对方心理，站在对方的角度思考问题，与对方实现内心的对话，最终达到操纵其心理的目的。

卡耐基租用了某旅馆大礼堂讲课。一天，他突然接到通知，租金要提高

3倍。卡耐基前去与经理交涉。他说：“我接到通知，有点震惊，不过这不怪你。如果我是你，我也会这么做。因为你是旅馆的经理，你的职责是使旅馆尽可能盈利。”紧接着，卡耐基为他算了一笔账，将礼堂用于办舞会、晚会，当然会获大利。“但你撵走了我，也等于撵走了成千上万有文化的中层管理人员，而他们光顾贵旅社，是你花再多的钱也买不到的活广告。那么，哪样更有利呢？”经理被他说服了。

卡耐基所使用的心理策略“如果我是你，我也会这么做”，其实就是“同理心”。当他站在经理的角度时，经理心中已经降低了防备心理，然后，卡耐基抓住了经理的兴奋点，使经理心甘情愿地把情感的天平倾向了卡耐基这边。

心理点拨

那么，如何利用同理心说话，与对方惺惺相惜呢？

1.“你的话有一定的道理……”

当对方表露出与自己全然不同的想法时，你应该以同理心说话“你的话有一定的道理……”并通过语言分析强化对方想法的正确性，站在对方的角度，再进行积极引导，通过同理心产生的作用影响其心理，达到操控其心理的目的。

2.“如果我是你，我也会这样做”

汽车大王福特说：“假如有什么成功秘诀的话，就是设身处地替别人着想，了解别人的态度和观点。”于是，当对方说出了自己的决定时，我们应该强调对方这种做法的合情合理性，了解对方现在的心理矛盾，以感同身受影响其心理，再巧妙地说服对方。

3.“咱们都是一家人……”

当你仔细观察对方身上所具备的特征之后，你会发现在你们之间其实也有许多相同点，而我们需要的就是传递出“咱们都是一家人……”这样的信息，通过同理心来影响对方。比如“张先生，我也姓张，咱们五百年前可是

一家人啊”“王姐，您也是东北人啊，真是太巧了，我也是东北的”。

4.“同是天涯沦落人”

相同的经历会有相同的感受，相同的感受自然会惺惺相惜，我们要巧妙地利用同理心说话，比如“你以前在广东工作过？我早些年也在广州工作过”“李姐，咱们做女人真的是不容易啊，既要照顾家庭，又要照顾孩子，生活压力真大啊”，以此来影响其心理，达到说服对方的目的。

不经意的赞美之言，让对方悦耳及心

在社交活动中我们常常会与陌生人打交道，最易接近陌生人的方式就是赞美。学会赞美陌生人，有助于与陌生人缩短距离，以达到交往的目的，提高交往的效果。因为，从心理学的角度来说，在这大千世界中，每个人都很渴望别人的赞美。人的一生中，需要自我定位、自我欣赏、自我发现，更需要他人的肯定、鼓励和真诚的赞美。陌生人也是如此，如果能在初次见面中就能说出令对方悦耳的赞美之言，必定能让对方打开心扉。

心理学家威廉·杰尔士也说：“人性最深切的需求就是渴望其他人的欣赏。”也正是因为这样，赞美具有一种不可思议的推动力量。对一个人真诚的赞美，正如沙漠中的甘泉一样让人的心灵受到滋润。而当你赞美他人的时候，别人也就会在乎你存在的价值。与陌生人之间，关系就会越进一步。双方的关系也会融洽起来。

古人云：“好话一句三冬暖，恶语一句六月寒。”我们都知道，和陌生人说话，说好话跟说坏话的结果一定是不相同的，为什么有的人不去说赞美的话呢？这并不是因为他们不愿意赞美，而是因为他们还没有掌握赞美这门艺术。

心理点拨

赞美别人尤其是赞美陌生人并不是盲目的。那么，究竟怎样才能较好地把握住赞美陌生人的艺术呢？

1.在赞美陌生人之前，要对所赞美的对象有个初步的了解

古人云：言为心声。首先要观察对方的举止，倾听对方的言谈。根据其口音，判断对方是南方人还是北方人、家乡是哪里的等；通过其言谈，可以透露其职业的蛛丝马迹，每个人的言谈举止都会带有职业的特点；观其色，通过其表情可以观知其好恶，对什么较感兴趣。了解了这些，你对陌生人发赞美就不会毫无边际，而会通过自己的赞美引起对方的注意，激发其兴趣，达到你要赞美她（他）的目的。比如，“看您的穿着这么得体，一定是服装方面的行家里手，这件事我想听听您的高见。”这句话能使对方对你产生好感，觉得你很有礼貌。

2.真诚地赞美

无论是赞美熟人还是陌生人，真诚都是第一条原则。虚伪和做作是苍白无力的，唯有真诚地赞美才会春风拂面。虚情假意的赞美，往往被人认为是讽刺挖苦或者是溜须拍马，会让人感到恶心，被他人鄙视。俗话说：“心诚则灵。”要赞美陌生人，首先自己要做个有心人、细心人和热心人，了解被赞美对象的思想、生活、工作、学习情况，发现他们每一个细小的优点或长处，并进行及时的赞美，切忌虚情假意。

真诚地赞美来自内心深处，是心灵的感应，是对被赞美者的羡慕和钦佩，能使对方受到感染、发出共鸣的关键。

3.及时赞美

很多人做了好事或者获得了成功，都很想得到赞美，但是世界上任何事物无不以时间、地点、条件为转移。很多事情，只要时过境迁，就没有办法再追回了。所以，请记住，和陌生人说话，如果你突然发现了一些别人身上的优点，那么就不要再犹豫了，也不要羞怯，请立刻告诉他。这个是最能赢得别人好感的方法。

4.赞美有度

赞美陌生人也要掌握一定的原则，要保持恰当的距离，因为陌生人之间互不了解，有很多职业具有不同程度的保密性，所以称赞时，不要像对老朋友那样随意，否则，会引起对方的反感。

赞美时不要口无遮拦，要把握赞美的尺度，这样才能做到恰如其分。赞美不到位或者言过其词都会产生相反的效果。

总之，在与陌生人萍水相逢时，要把握好着眼点和契机，这时的赞美不可太具体、详细，内容要宽泛，要显得热情真诚，不要做作。究竟如何赞美，还要具体情况具体分析，若只是生搬硬套，不看对象只会造成事与愿违。真诚、得当、有度，才能使你的赞美成为敲门砖，才能触及对方的心理，与其迅速拉近距离，增进感情！

谨言慎行，不用语言的刀子伤人

中国有句古话“说者无心，听者有意”，你明明只是无心地说了一句话，却“有意”地伤害到了别人。轻则引起对方的反感，重则给自己引来灾祸。可见，说话是要注意分寸的。尤其是与陌生人说话，因为彼此不了解，如果不谨言慎行，很容易让对方产生不快的情绪。而从另一个角度说，与人说话，尤其是与陌生人说话，是要讲究水平的。让对方觉得你是得体的人，才会让对方从心底产生继续与你交往的意愿。《史记》记载了这样一个故事：

平原君赵胜的邻居是个瘸子。一天，平原君的小妾在临街的楼上，见到瘸子一瘸一拐地到井台去打水，大声讥笑了一番。这位身残志坚的仁兄心生不忿，于是找到赵胜反映这一情况，要求赵胜杀了这个小妾。见赵胜犹豫，此兄劝说道：“大家都认为平原君尊重士子而鄙贱女色，所以，士子们都不远千里来投奔您。我不过是有些残疾，却无端遭到你的小妾的讽刺、讥笑。所谓士可杀而不可辱，请你为我做主。否则旁人会认为您爱色而贱士，从而

离开您。”平原君这才恍然醒悟，终于毅然斩了这个说话没有分寸的小妾，并登门道歉。

故事里的小妾就是因为说话没有分寸才引来灾祸，历史上因一言不慎引来杀身之祸的人多不胜举，可见注意说话的分寸是件多么重要的事情。当然，我们与人交际，不注意说话的分寸不至于有如此严重的结果，但我们要赢得陌生人的好感，成功操纵陌生人的心理，必须过好这一关。

心理点拨

通过上面的故事，我们可以得知，如果你想在社交场合中成为一个受欢迎的人，就必须时刻提醒自己不要犯无心伤人的错误。而要做到这一点，你应该知道以下两点：

1.谈话的禁忌

我们要想在陌生人心理建立起良好的口碑，赢得好人缘，你必须知道下面几个谈话的禁忌，从而在谈话中避开这些暗礁：

（1）别把自己隐私拿出来大谈特谈。虽然说在与人交往时，适当的自我暴露可以拉近与对方的距离，但你的话题一直围绕着自己的隐私，就会引起对方反感，觉得你是一个没有分寸的人。

（2）不要询问别人的隐私。要记住：“男不问收入，女不问年龄”，不要触碰交往过程中的这个大忌讳。如果你在和陌生人谈话时问起这些，那么，你需要动一个大手术，因为问这些问题是无知和没分寸的表现。

（3）别总盯着别人的健康状况。有严重疾病的人，如癌症、肝炎等，通常不希望自己成为谈话的焦点对象。不要做个大嘴巴，对初次见面的人说：“听别人说，您一直在治疗肝病，是吗？”这样你会成为对方最想痛揍的人。

（4）让争议性的话题消失。除非你很清楚对方立场，否则应避免谈到具有争论性的敏感话题，如宗教、政治、党派等而引起双方抬杠或对立僵持的情况。

（5）不要随便评价别人。如果你实在忍不住要谈论谣言，去找你最贴心的朋友，不要拉着一个陌生人听你絮叨他完全不感兴趣的东西。没有人愿意第二次与一个造谣生事的人交往。

以上列出的忌讳，完全值得我和你重视，哪怕只是偶尔犯这样的错误，对方也会以为你是个没有分寸的人。

2.掌握说话的分寸

要让说话不失分寸，除了提高自己的文化素养和思想修养外，还必须注意以下几点：

（1）维护别人的自尊心。每个人都是有自尊的，那些有某些显而易见的缺陷的人，自尊心会反而更坚强。所以，说话时，一定要留意对方的敏感点，比如对方身材矮小，你就最好不要在谈话中提起身高的问题等。你避开这个话题，会让对方觉得你是个识大体的人，进而对你多了一份尊重。

（2）客观才能得人心。这里说的客观，就是尊重事实，实事求是地反映客观实际，应视场合、对象，注意表达方式。没有人喜欢与那些首次交往就主观臆测、信口开河的人交往。

（3）不要让自己过于兴奋。与陌生人说话，我们提倡的待人接物方式以热情温和为佳，态度保持宠辱不惊，切勿太过兴奋，以至于口不择言，伤害他人。

（4）注意语言的地域差异。不同地域存在不同的文化差异，在某些人看来是很平常的说话方式却很可能会影响到对方的情绪。因此，我们与陌生人说话的时候，最好仔细思量，用普通话和对方交流。

（5）善意很重要。所谓善意，也就是与人为善。说话的目的，就是要让对方了解自己的思想和感情。俗话说：良言一句三冬暖，恶语伤人六月寒。在人际交往中，如果把握好这个分寸，那么，你也就掌握了礼貌说话的真谛。

会说话，说好话，也是一门艺术。与陌生人说话，我们说的每一句话，都会给对方带来心理反应，反应效果如何就要靠自己把握。掌握好语言的分寸，你和对方的交往氛围将会保持和谐愉快，有助于感情的升温。

言多难免语失，巧妙挽回局面

在日常交际中，无论是凡人还是名人，都免不了随时发生一些言语失误。虽然，这其中的原因各有不同，但失言造成的后果却是极为相似的，有时会贻笑大方，有时会纠纷四起，有时甚至不堪收拾。当然，失言并不是有心的过错，不过，却是交际失误，那么，失言后该怎么办呢？千万不要觉得话既已经说出去了，就这样，不补救，不承认错误，这是极为错误的方法。失言后，我们应该谨慎、坦然地面对，虽是无心之过，但也要诚恳地承认自己的错误，以求得他人的认同。然后，再寻思一些方法进行补救，挽回失言带来的局面，这样才能最大限度地降低失言带来的严重后果。

有一次，纪晓岚光着膀子与几人在军机处聊天，正巧乾隆带着几个随从突然到访，其他人一见皇帝来了，连忙上前接驾，躲在后面的纪晓岚心想：如果自己就这样光着膀子接驾，岂不是亵渎了万岁？可能，皇帝并没有发现自己，还是先躲一下为好。于是，急忙之下，纪晓岚钻到了桌子底下藏了起来，其实，这一举动被乾隆看在眼里，他故意装作没看见，却在椅子上坐了下来。

纪晓岚在桌子底下缩成一团，大汗淋漓，却不敢出声，过去了很长时间，他没听见乾隆说话的声音，以为他走了，就问身边的同僚：“老头子走了没有？”这话被乾隆听见了，他厉声问道：“纪晓岚，你见驾不接，我且不怪罪于你，你叫我：‘老头子’是什么意思？你要一个字、一个字地给我说清楚，否则，别怪我无情！”

纪晓岚赶忙从桌子下钻出来，连称：“死罪！死罪！”接着，慢慢解释道：“万岁不要动怒，奴才所以称您为‘老头子’，的确是出于对您的尊敬。先说‘老’字，‘万寿无疆’称‘老’，我主是当今有道明君，天下臣民皆呼‘万岁’，故此称您为‘老’。”

乾隆听了，点点头，纪晓岚继续说道：“‘顶天立地’称为‘头’，我主是当今伟大人物，是天下万民之首，‘首’者，‘头’也。故此称您为‘头’。至于‘子’字嘛，意义更明显。我主乃紫微星下界，紫微星，天之子也，因此天下臣民都称您为天‘子’。”乾隆听了，笑了，这事就这样过去了。

对皇帝失言，这可是大事，弄得不好是要掉脑袋的。知道自己失言后，纪晓岚却不慌不忙，慢慢解释，补救自己的失言，在整个回答过程中，他言辞诚恳，态度谦逊，而且，又以灵敏的应变能力巧妙地圆场，这些都获得了乾隆皇帝的认同。

失言本是一时之过，却往往能一失足成千古恨。因此，在日常生活中，一旦自己失言了，哪怕你没有想到补救的办法，但是，只要你能承认自己的过失，诚恳地道歉，想必也能赢得他人的原谅。有的人在失言后不仅不追悔自己的过失，反而为自己辩解，这样就让人讨厌了，而你的言行也得不到对方的认同。

司马昭与阮籍正在上早朝，忽然有侍者前来向司马昭报告：“有人杀死了你的母亲！”放荡不羁的阮籍不假思索便说：“杀父亲也就罢了，怎么能杀母亲呢？”此言一出，满朝文武大哗，认为他“有悖孝道”。阮籍也意识到自己言语的失误，忙解释说：“我的意思是说，禽兽才知其母而不知其父。杀父就如同杀禽兽一般，杀母呢？就连禽兽也不如了。”一席话，竟使众人无可辩驳，而阮籍避免了杀身之祸。

在意识到自己失言后，阮籍及时补救了自己的言语失误，以借题发挥，巧妙地平息了众怒。采取一定的补救措施或者矫正之术，去避免言语失误带来的难堪局面，这是失言后首要做的工作，如此，也才能获得他人的认同。

心理点拨

1.坦率道歉

如果因为自己无心之说，而伤害了对方，或者造成了尴尬的局面，我们应该坦率地道歉，补救失误，我们可以会所：“说那样的话我深感遗憾，我愿意向你道歉。”以一份坦率的胸襟来面对自己的过失，以诚恳的态度赢得他人的认同。

2.及时补救

失足了可以再站起来，失蹄了可以重新振作，而我们失言后依然可以用语言进行弥补，只要我们懂得随机应变，就能弥补自己语言的过失。比如，将错话加在他人头上“这是某些人的观点，我认为正确的说法应该是……”又或者，将错就错，干脆重复肯定，然后巧妙地改变错话的含义，将本来的错误变成正确的说法。

第06章 言语及心，把话说到心坎儿里

关键时刻一语中的，让对方无言以对

中国有句俗语：“最后的赢家才是真正的赢家，要笑就要笑到最后。”这句话一点也不假。生活中，与人交往的过程中，只有手握底牌，才能出奇制胜。我们可能经常看到法官这样审查嫌疑人：刚开始嫌疑人总是否认自己的犯罪事实，但他没想到的是，正当自己为自己的罪行辩护的时候，法官却突然指出他言语间的漏洞或者拿出关键性证据。此时，他只好对自己的罪行供认不讳，和盘托出自己的罪行。同样，这一道理也可以运用到生活中的沟通场景中，如果对方否认某些事实，我们不妨在关键时刻一语中的，让对方无言以对。

我们来看一个这样的职场故事：

某公司新来一个员工小王，他似乎有点小偷小摸的坏毛病。

这天，大家都已经下班回家了，但小王还想在公司继续上会儿网。正巧，他看见经理办公室的门还开着，好奇心使他悄悄地进去看了一下。巧的是，办公桌的抽屉也没有上锁，里面放着厚厚的一叠钱。面对金钱的诱惑，小王心动了，于是，他就做了件顺手牵羊的事——拿走了几张百元大钞，并且，他很有自信地认为，没有人会发现。

但实际情况并不是如此，第二天一大早，经理就在办公室嚷嚷起来了：“你们谁偷了我办公室的钱？办公室怎么还有这样偷偷摸摸的人啊……”但没有一人承认。这时候，经理秘书想出了一个招儿。

他把大家招到会议室，然后说：“今天早上，清洁工周大姐来找过我，

说昨天有人进了经理的办公室……”后面的话，秘书并没有说，然后他接着说：“经理已经答应我，这件事不会追究，但希望这位同事能主动给经理发个邮件，经理不会公开这件事。”

会后，小王给经理发了邮件，并将钱转回到了经理的账上。经理一直夸自己的秘书是个“军师”的料子。

秘书让偷钱人小王不打自招的秘诀在于，他编造出了周大姐曾经看到这个嫌疑人的“作案过程”的虚假事实，然后假装一语中的，从而让小王乱了方寸，不打自招。并且，他采取了软硬兼施的措施，他给了对方“不再追究”的保证，在权衡利弊得失后，小王也只好承认偷钱的事实。

可见，当我们不知对手虚实的情况下，可以“使用”证人这张王牌投石问路。而在知晓事实的情况下，“证人”更能让对方心服口服。另外，当他人对我们产生质疑时，我们也可以采用这一心理策略：

客户：“请问我买的房子，大概什么时候可以收楼呀？”

销售员：“一般情况下，是签完合同，收到首期房款三个月之后。”

客户：“要这么长时间呀，一个月时间行不行呢？”

销售员：“如果要求一个月时间收楼的话，装修人员就要赶工。您都知道慢工出细活，赶工的时候，容易忙中出错，最后影响您房子的装修质量，那就划不来了。”

客户：“噢，是这样呀。那就按正常时间收楼吧。”

案例中的销售员运用的计策就是让客户晓以利害，给对方施加了心理压力，在权衡之下，客户接受销售员提出的“不”，同意按时收楼。

心理点拨

当然，在使用这一心理策略的时候，我们还需要注意：

1.把握时机，到顺风顺水的时候再说话

比如，在生意场上，在谈判中，有些时候你能清楚地感觉到事情正在越变越糟。你应该采取守势，退后一步，现在的情势不适合马上反击。很多人

在自己处于劣势的时候拼命地试图证明自己，其实不妨退守一步。记住，在你处在劣势的时候，不要急着马上反击，等一等机会总会到来，那时你才能出奇制胜。

2.胜者总是笑到最后，最后表态

你还应该在最后说话的时候尽力最大化你的优势，先观察你对手的动作，尽量让对手先表态，然后根据对方的心理变化适时地调整自己的策略。到最后的时候，一语中的，让对方心服口服。

重视最后几句话的影响力

近因效应是指人们识记一系列事物或某人的言论时对末尾部分的项目的记忆效果优于中间部分项目的现象。当你所传递的前后信息间隔时间越长的时候，近因效应就越明显，原因在于前面的信息在记忆中逐渐模糊，从而使近期信息在短时间记忆中更为突出。心理学认为，人的记忆受到“近因效应”的影响，在交往过程中，我们对他人最近、最新的认识占了主体地位，使过去的一些评价得以改变。换句话说，就是我们在说最后一句话或留下最后一个印象时，对方往往是记得最牢的。

在生活中我们经常都会经历这样的场面：两个朋友在一起愉快地聊天，可是，告别的时候，她居然说了一句很恶劣的话。那么，无论之前的畅谈是多么愉快，我们都会把最后一句话留在心里，并挥之不去，而且，这句话所造成的影响将波及彼此的关系。相反，本来对那个人的印象并不好，但分别时她居然说“认识你真高兴，我觉得今天你真漂亮，咱们下次再聊”，那么你会觉得以前不好的都随之而去，从此对她有了好的印象。其实，这些都是心理学上的近因效应在起作用。

曾国藩在最初和太平军的交锋中，一直处于劣势，于是在奏折中称自己“屡战屡败”。但他幕下的一个师爷看了说，不要这样写，而是将四个字的位置调动了一下，变成了“屡败屡战”。曾国藩恍然大悟，把奏折改了过来，交

了上去。结果一个“常败将军”的形象变成了败而不馁、坚韧不拔的形象。

其实，在这里我们不难看出，在整个说话过程中，最后一句话往往决定了整句话的基调。比如，上司对下属说“这个月总能超越上个月的销售额吧，虽然这个月销售出去的产品很少”，或者说“虽然这个月销售出去的产品很少，总能超越上个月的销售额吧”。其实，这两句话的意思是一样的，但就是因为语句排列的顺序不同，给对方的印象却是迥然不同的。前者给对方留下悲观的印象，后者给对方留下乐观、积极的印象。相比较而言，后者传递的言语暗示会更容易影响其心理。

谈判过程中，虽然张先生一再表现出合作的诚意，但对方公司负责人就是不为所动，甚至言辞犀利地拒绝：“我觉得你们公司不合适做咱们的合作伙伴，您现在提出的一些要求都是毫无作用的。”张先生遗憾之余，还是面带微笑说：“谢谢贵公司能在百忙之中抽出时间与我公司会谈，以后我还会为咱们的合作继续努力。”说完了，还亲自把对方谈判代表送到宾馆门口。次日，张先生却意外接到了该公司的邀请电话。

张先生利用告别时“近因效应”挽回了合作伙伴，促成了谈判的成功。工作中的洽谈并不是一两次就能完成，即便双方已经达成了协议，但毕竟是合作伙伴，说不定以后还能遇到。

心理点拨

收尾最后一句话给未来做好铺垫，同时，给对方留一个好的印象，这都是十分重要的。

1.“今天真的很愉快”

即使在谈话即将结束的时候，我们也要向对方传递友好的信息，否则有可能你无意的一句话就毁掉了前面的整个沟通。比如“今天真的很愉快”“我觉得你是个很不错的聊天伙伴，下次有空再过来玩”“谢谢你今天的盛情招待，我过得十分愉快”等，给对方留下好的印象，有利于进一步接触或者下一次合作。

2.简洁有力的告别语

在结束整个谈话的时候，告别语不宜过多，如果你总是絮絮叨叨“今天我真高兴，没想到你会邀请我到你家来，这真是我的荣幸啊……那我走了啊，哎，你就别送了”，这样对方会觉得你很啰唆，之前对你好印象都会消失不见；相反，如果你用简洁有力语言告别“今天过得很愉快，谢谢你，再见”，对方会觉得你是一个做事果断的人，对你更有好感了。

3.“你能给我这份工作吗”

一般情况下，参加面试结束时很少会注意最后一句话，其实在大多数情况下，最后一句简单的话会收到意想不到的效果。我们可以在最后一句话传递期待的心理：“你能给我这份工作吗？”“我最晚什么时候能得到回音？”“如果因为种种原因你没有在最后期限通知我，我可以联系你吗？”你所传达的期待心理，会使他人对你的印象大大改观，最后一句话有效地影响了其心理，或许你最后就得到这份工作了。

以己度人，挖掘对方欲望点

投射效应是指将自己的特点归因到对方身上的倾向，即以己度人，认为自己具有某种特性，对方也一定会有与自己相同的特性，于是，他们把自己的感情、意志、特性投射到对方身上并强加于人的一种认知障碍。比如，一个善良的人认为对方也是善良的，一个敏感多疑的人，则往往会认为别人都是不怀好意的。投射效应使我们对他人的知觉产生失真，我们在对他人形成印象时，有一种强烈的倾向就是假定对方与自己有相同之处，但实际上对方所具备的特性却是全然不同的。由于投射效应更倾向于以自己是什么样的人来知觉他人，而不是按照被观察者的真实情况进行知觉，因而，投射效应是一种严重的认知心理偏差，它会给正常的人际交往带来严重的负面效应。所以，在日常交际中，我们需要克服这样的心理，善于从言谈比较中挖掘对方的欲望点，继而影响其心理。

1964年，刚从海军学校毕业的吉米·卡特，遇到了海军上将里·科弗将军。当将军让他谈谈自己的事情的时候，吉米·卡特为了获得里·科弗将军的喜欢，骄傲地谈起了自己在海军学院的成绩，他说自己在全校820名毕业生中，名列58名。他自认为将军听了他的成绩后一定会对他刮目相看，没想到将军却没有任何反应地问道："你尽力了吗？为什么不是第一名？"这句话让吉米·卡特不知道如何回答。

吉米·卡特与将军的对话验证了错误投射现象带来的负面影响，心理学研究发现，在日常生活中，人们总是不自觉地把自己的心理特征强加在对方的身上，认为自己是这样想的，对方也应该有同样的想法，并试图通过这样的想法去影响他人，最终却适得其反。

投射效应主要有两种表现形式：一是感情投射，也就是认为对方的喜好与自己有相同之处，继而按照自己的思维方式，试图来影响其心理；二是缺乏客观性的认知，他会以自己的价值判断去过度地赞扬喜欢的人，或者贬低厌恶的人。其实，投射效应告诉了我们一个道理，即每个人的心理都是不同的，我们不要己心度人，需要在言谈比较中挖掘出对方的欲望点，准确投射，这样才能有效地影响对方心理。

心理专家认为，人与人之间内心深处所想的事情，是彼此完全不同的两个状态，每个人都有自己的欲望点。这就是需要我们在日常交际中，善于用语言挖掘出对方的欲望点，懂得他人的心理，再以自己的语言来影响其心理。在这里，心理专家的言外之意就是指要想对他人心理施加影响，只有挖掘出对方的欲望点，懂得他人心思之后，才更容易施加影响。

心理点拨

1.自己的喜好无法正确衡量别人

俗话说："物以类聚，人以群分。"这就是人们心理活动的一种折射，在投射效应的驱使下，人们的行为常常有失偏颇，继而不能更好地影响他人心理。比如，你自己很喜欢吃西餐，并不代表对方就会喜欢吃西餐。因此，我们在交际中不要以自己的喜好来衡量别人，这样造成的结果只会适得其反。

2.通过言语比较洞悉其心理

如果自己喜欢吃火锅，你可以试着询问："你觉得火锅怎么样？"假如对方回答："火锅还行吧，我倒觉得牛排挺不错的。"通过言语比较，对方所中意的应该是牛排而不是火锅；假如对方回答："我最喜欢火锅了。"那么，他的喜好应该和你差不多。

3.利用惯性思维

税务员假装不相信，问道："唉，据我所知你没有这个肚量。"店主有点生气："什么！我没有那个肚量，这算什么呀！自从今年来，我哪个月不卖个两万多呀。""那好，你先把这几个月所漏的税额补交了吧！"税务员说道。这里，税务员所使用的就是惯性思维，利用其欲望点洞悉其心理。

悉心聆听，把话说到心坎里

沟通是双方通过语言或非语言来交流思想感情的过程，因此，在沟通过程中，我们不仅需要说话，也需要适当的聆听。是否能够通过语言来影响其心理，就决定于你是否悉心聆听了。良好的聆听会为你捕捉到许多有效的信息，而这些信息将决定于你是否能够成功地操控他人心理。说话是一个传递信息的过程，把话说到位，不仅关系到是否准确表达自己的思想，而且还在于自己的思想是否被对方所接受并产生共鸣。换句话说，把话说好，关键在于把话说到对方心坎上，以此影响其心理。那么，如何把话说到对方心坎儿上呢？这就需要我们善于通过聆听来洞悉对方的心理需求，再利用语言将自己的思想传递给对方，满足其心理需求，达到影响他人心理的目的。

有一天，车上的乘客很多，而这时又上来了一位抱小孩的妇女。电车售票员小丽像往常一样对乘客们说："哪位同志给这位抱小孩的女同志让个座儿。"但她连喊了两次，却无人响应。小丽并没有着急，缓缓地站了起来，用期待的眼神看了看靠窗口的几位小伙子，提高了嗓音："抱小孩的那位女

同志，请您往里走，靠窗坐的几位小伙子都想给您让座儿，可就是没有看见您。”话音刚落，“呼啦”一声，几位小伙子都不约而同地站了起来让座。这位女同志坐下以后，光顾喘气定神，忘记对让座的小伙子道谢，小伙子面露不悦的神色。小丽看在眼里，心中明白，她忙中偷闲，逗着小孩子说：“小朋友，叔叔给你让了座儿，你还不谢谢叔叔。”一语提醒那位妇女，连忙拍着孩子说：“快谢谢叔叔，快谢谢叔叔。”那小伙子听到“谢谢叔叔”时，连声说：“不客气。”

小丽不过说了最简单的几句话，却产生了这么大的魔力，秘诀就在于她能够通过察言观色聆听出他人的心理需求，这里的聆听并不只是单纯地“听对方的言语”，还需要“聆听”对方的非语言暗示。小丽通过“聆听”对方的非语言暗示，了解到对方的心理需求，恰到好处地说出几句话，句句都在对方心坎儿上。

19世纪，在奥地利的维也纳，妇女们喜欢戴一种高高耸起的帽子。她们进剧场看戏也不愿将帽子脱下，以致后排的观众被挡住视线。这些后排的观众纷纷去找剧场经理提意见，于是，经理就上台请在座的女观众脱帽，然而说了半天妇女们也不予理睬。最后经理又补充了一句话：“那么，这样吧，年纪大一点的女士可以照顾，不必脱帽。”这句话一出，全剧场的女士竟齐刷刷地把帽子脱了下来。

虽然，妇女们并没有发表任何意见，但她们的行为却透露出这样的信息“戴着高高耸起的帽子是为了使自己变得年轻美丽”，剧场经理“聆听”出了她们的心理需求，针对其心理，说出这样的话“年纪大一点的女士可以照顾，不必脱帽”，暗示出“如果你觉得自己年纪比较大，那就别脱帽吧”，一句话说到了妇女们的心坎儿上，她们纷纷脱下了自己的帽子，因为谁也不想承认自己年纪大。

心理点拨

在沟通过程中，我们需要积极地聆听，让对方尽可能地传递出更多有效

的信息，以听出对方的兴趣点，这样我们才有机会把话说到对方心坎儿上，从而影响其心理，最终赢得对方的信任。

1.表示理解

有时候，即使我们不能认同对方的做法，也需要表示出理解，“您说得很有道理，我非常理解您”“谢谢您，如果我站在您的位置，也会有与您一样的想法”。话说到了对方心坎儿上，他会不自觉地受你影响。

2.维护对方的自尊心

美国著名的哲学家詹姆斯曾经说过：“人类天性的至深本质就是渴求为人所重视。”当对方的表述有些偏颇的时候，我们需要维护对方的自尊心，尽量以委婉的表达方式传递这样的信息“您说得非常有道理，但我相信，每个企业，毕竟都有它存在的理由。”

3.具体而新颖的赞美

每个人都渴望别人的赞美与认同，当我们察觉出对方有这方面的心理需求的时候，需要给予具体而新颖的赞美之词，比如“您的声音真的非常好听”“听您说话，我就知道您是这方面的专家”“跟您谈话我觉得自己增长了不少见识，谢谢您了”。这些恰到好处的赞美会触动对方内心，继而赢得对方的信任，最终达到影响对方心理的目的。

触碰对方“软肋”，令对方信服

软肋原指胸腔的肋骨，这一部位容易被他人攻击，后来用作形容事物的缺陷、弱点等容易发生问题或遭受破坏的地方，同时，也指一个人的痛处、小辫子、脆弱点，等等。事实上，每个人都有致命的弱点，有可能是贪图金钱，有可能是刚愎自用，有可能是曾经的痛处。假如我们能够在沟通时用言语适当地触碰对方的这些“软肋”，他就会因为心理防线被瓦解而降服于你。“软肋”是一个很好的利用工具，任何人都不想自己的软肋被击中，一旦最薄弱的地方都击垮了，那他还有什么不能答应的呢？当然，“软肋”这

样的地方并不是随便触碰的，需要拿捏好一个“度”，适当地触碰会令其心理发生变化，相反，稍微过分，对方就有可能会逼急而“跳墙”。

某广告公司策划了一次宣传活动，为了给宣传活动造势，他们打算请一位明星来代言。但是，明明已经签订了合约的经纪人却以档期已满为理由拒绝出席此次宣传活动，眼看宣传活动马上就开始了，广告公司不得不放出狠话：“如果现在咱们不能达成协议，新闻界就会坚持把整件事情的内幕刊登出来，到了那个地步，我也不知道怎么样才能合法地把新闻压制下去，对此，你有什么高见呢？”

利用对方的“软肋”给予适当的压力，这会令对方更容易作出决定，他会在压力之下不得不答应你的请求。如果我们想影响他人的心理，我们必须首先了解对方这个人。最关键在于了解其软肋所在，在他们心中有何种欲念，有怎么样的性格特征。然后，我们再根据对方的对方的性格，寻求其弱点，用他们的喜好去引诱他们，这样我们就可以支配其意志，达到影响其心理的目的。

20世纪80年代，我国曾与SIAP公司的商务代表、技术代表关于在我国兴办化肥厂的有关事项进行谈判。双方都非常重视这个建设项目，双方完成了可行性研究报告，经有关人员的反复论证，选择了具有优越港口条件的秦皇岛市作为建厂地点。可行性研究报告刚刚结束，科威特石油化学公司得知此消息，便立即表态，愿参与此项目，与中方合资办厂，并派出了谈判代表。

可是，出乎意料，谈判一开始，对方听了我方介绍完该项目的前期工作，就断然表示：“厂址选在秦皇岛不合适，你们所做的一切工作都是毫无用处的，要从头开始！”这话无异于晴空霹雳，一时难以提出反驳意见，谈判陷入僵局气。我方一代表却猛地起身发言：“我们为了建设这个化肥厂，安置了……看来这事项要无限地拖延下去了，那我们也只好把这块地让出去！对不起，我还有别的事情需要料理，我宣布退出谈判，今天下午我等候你们最后的决定！”三十分钟后，情势急转直下，对方表态：“快请代表先生回来，我们强烈要求迅速征用秦皇岛的土地！”

谈判最终取得成功的秘诀在于，我方代表抓住了对方的“软肋”，他不愿意真正地舍弃秦皇岛这个占据优势的地理位置，当我方代表说“那我们只好把这块地让出去了”的时候，一下子击中了对方的要害，令其不得不降服于自己。

心理点拨

在人际交往中，我们要善于抓住对方的“弱点”，即软肋。在某些时候，只要抓住了对方的这些弱点，就会使他们不得不听命于你的安排。当然，当我们想办法抓住对方软肋的时候，还应该避免对方抓住自己的软肋。

1.用语言巧妙暗示

即使你清楚对方的软肋在哪里，也不要直接说出来，而是通过语言巧妙暗示，否则有可能会激怒对方，比如“你也知道，如果我把这些照片交给你夫人或者你的上司，后果肯定……”暗示对方你已经抓住了“软肋”，逼其就范。

2.“如果你不怎么样，那么后果将会很严重”

既然已经抓住了对方的软肋，就要向对方施加一定的压力，这样才会有效地影响对方心理。换句话说，你应该说清楚如若不答应将产生什么样的后果，比如“如果你不及时采取行动，到时候我可控制不了失态的蔓延”，施加一定的压力，达到操控其心理的目的。

3.孤注一掷，发出最后警告

有时候，对方希望通过威胁来达到自己的目的，但事实上，他并不能真正地割舍那部分利益。面对对方这样的心理，我们应该将计就计，孤注一掷，发出最后警告“那我们实在没有办法，看来只好与下面一家公司签约了，今天我有事先告辞了，希望你尽快给我答复”。如此将计就计，他难道还不降服吗?

第07章
慧语仁心，用沟通消除隔阂

说话委婉也要让人听得懂

古人云："言有尽而意无穷，余意尽在不言中。"在日常交际中，我们需要做到言语委婉，当然，更需要通俗易懂，这样才能达到良好的沟通。言语委婉，就是将那些重要的、该说的部分故意隐藏起来，或者故意说得不明显，却让对方明白自己所表达的思想感情；通俗易懂，也就是我们要注意自己使用的语言，简单易懂，说话的目的在于得到他人的理解，而对方是靠自己的听觉来理解我们的话语的，如果我们在说话的时候，尽用些生僻、晦涩的语句，那么，对方就会觉得枯燥无味，不知所云。言语委婉而又通俗易懂，不仅仅是一种语言表达艺术，更是一种语言风格，它直接体现了驾驭语言的高明技巧，使之成为一种良好的沟通方式，真正消除了横在彼此之间的隔阂。

在日常生活中，有的话不便多说，或者不必直说，这时候就需要借助委婉的表达方式，有的人认为说话委婉就是故意布下迷阵，模模糊糊，让对方听不懂。其实，并不是这样，委婉的表达方式只不过是换了一种说法，比较间接，但你所说的言语应该是通俗易懂的，这样，即使你表达得比较含蓄，但对方还是能够清楚地明白其中隐含的意思，这样，双方的沟通才会更加顺畅。

有时候，我们需要向对方表达一些不好的意思，比如请求、批评等，这些话不容易说出口，而且，一旦这些话说得不好，还会得罪人，也为自己惹来了麻烦。这样，我们就可以灵活运用语言的多样化特点，把话说得委婉且通俗易懂，这样，不仅较好地传达了我们的意思，而且，更容易打动他人。

著名心血管病专家洪昭光教授在作报告时，运用了大量的群众易于接受、喜闻乐见的语言，通过生动有趣的故事和易学易记的“顺口溜”，让大家一听就懂，一懂就用，一用就灵。一般来说，作医学报告，都会有许多专业术语，比如，一天要摄取热量2200千卡、饱和脂肪酸8%、胆固醇少于300mg等，但你给老百姓讲这些，让人听了摸不着头脑，也没法操作。而洪昭光教授改用口诀“一、二、三、四、五，红、黄、绿、白、黑”就好记多了。其中的许多语言，让人听后难以忘怀。如“健康面前人人平等，遵循健康规律，你的身体就可能一生平安”，早已“润物细无声”地改变着人们的健康观念和生活方式。

据说，洪教授的报告，尽是场场爆满、听众如云，他的演讲稿更是十分抢手、火热得很，不论是高层领导、专家学者，还是基层群众、普通百姓，对他都十分欢迎，除了他拥有鲜明的医学观点外，其中很重要的就是他的语言通俗易懂、生动形象。

心理点拨

那么，在日常的语言表达中，如何才能做到说话委婉而又通俗易懂呢？

1.话在明，意在暗

面对朋友的盛情款待，你可以含蓄地说“谢谢，看这水果多新鲜啊，可惜我刚刚吃完饭，没有胃口吃了，真是太遗憾了”，这样主人听了心里会很受用，而你也表达了自己的含义。

2.正话反说

有时候，你可以说一些与本意完全相反的话语，让对方自己去领悟，从而接受你的建议。比如，领导征求意见，一位下属说：“我对你很有意见，你太不爱惜自己身体，工作起来太玩命，要知道，身体是革命的本钱啊。”

3.个性化的语言

语言生动有趣，最根本的要求就是尽可能使用自己的语言，不能老是去

套用别人的话，这样既具有个性，又有新鲜感。需要注意的是，要避免堆砌“时髦词”，或者把别人的东西生拼硬凑在一起，乍听起来挺“新鲜”，可是细细品味起来，似是而非，很不准确。

4.口语化的语言

有的人说话的时候像念文件，听起来像个老学究，让人昏昏欲睡。所以，讲话都应尽可能口语化。对此，应尽量用短句，少用很长的句子，尽可能地少修饰句子；善用口语词汇。

5.形象化的语言

我们在说话的时候要把一些抽象的、概念化的，或者较难理解的、枯燥无味的内容加以形象化处理，给人以较直观的感受。这样的讲话，通俗易懂，易于他人很好地接受。

说话别太刻薄，给他人留面子

中国人历来比较注重面子的价值，在官场上、酒桌上、社交场合，人们都把自己的面子看得比什么都重要，誓死捍卫自己的面子。“面子”这个古老的中文词汇在它诞生之初就有了非比寻常的意义，以至于我们很多人无法不重视它的存在。当人们在无法判断某人的才华能力或权力地位的时候，就会观察其是否能博得面子来判断其为人。于是乎，就诞生了这样一句话“交际场上，面子大过天”，大多数人明白这样的道理，自然也就懂得了在交流沟通时维护到他人的面子。

可是，对于某些人来说，他们偏偏不认这个死理，说话咄咄逼人，信口开河，丝毫不顾及别人的情面，以至于闯下大祸。在日常交际中，最忌讳的是沟通出了问题，本来只要见好就收，对方也就不再声张了，可有的人就是嘴巴闲不住，硬是多说了那么几句或一句，结果，扫了对方的面子，搅黄了整个沟通，而且，也得罪了对方，这简直是得不偿失。所以，在某些交际场合，你想表达什么观念或意见，尤其是涉及情面的事情，见好就收吧，别不留情面，否则，苦头只有你自己吃。

有一天，一位穷朋友从乡下来到京城皇宫门前求见明太祖。朱元璋听说是以前的老朋友，非常高兴，马上传他进殿。谁知这位穷朋友一见朱元璋端坐在宝座上，昔日的容貌并没有发生太大的变化，便忘乎所以地说："我主万岁！您还记得我吗？从前你我都替人家放牛，有一天我们在芦花荡里把偷来的豆子放在瓦罐里清煮。还没等煮熟，大家就抢着吃，甚至把罐子都打破了，撒了一地的豆子，汤也都泼在泥地上。你只顾满地抓豆子吃，不小心连红草叶子也送进嘴里，叶子梗在喉咙里，苦得你哭笑不得，还是我出的主意，叫你用青菜叶子吞下去，才把红草叶子带下肚里去……"这个人还想继续说下去，可朱元璋早就听得不耐烦了，嫌这个孩提时的朋友太不顾情面，于是大怒道："推出去斩了！推出去斩了！"

后来，这件事让另外一个穷朋友知道了，心想这个老兄也太莽撞了，对于曾经与朱元璋的旧情，只需见好就收，何必说了那么一大堆，反而扫了朱元璋的面子。于是，他心生一计，信心十足地去见他小时候的朋友，也就是当今的皇帝。这个穷朋友来到京城求见朱元璋，行过大礼，这个人便说："我皇万岁万万岁！当年微臣随驾扫荡泸州府，打破罐州城，汤元帅在逃，拿住了豆将军，红孩儿挡关，多亏了菜将军。"朱元璋一听，不禁大笑，他认出了眼前的这个是孩提时的朋友，心中更为此人巧妙地暗示他们小时候在一起玩耍的事而高兴，于是让他做了御林军总管，留在了自己的身边。

同是儿时朋友，所受到的待遇却是迥然不同。前者说话太莽撞，不懂得见好就收的道理，最终那位穷朋友非但没有讨到好处，反而赔上了自己的性命；而后者只是简单地聊了儿时的趣事，见好就收，其中还包含了对朱元璋的敬仰，最后他做了御林大将军。

心理点拨

1.给对方留面子，就是给自己面子

许多人不知道这样一个道理，你若是给了别人面子，其实就是给自己

面子。可能，在现阶段，对方的处境并不怎么样，但是，你也没必要赶尽杀绝，硬是要扫了他的面子。凡事多与人为善，今天你给对方留面子，日后他肯定会把这面子留给你。

2.避开对方过往的敏感旧事

隐私就是不可公开或不必公开的某些事情，有可能是缺陷，有可能是秘密。因此，我们在进行语言交流的过程中，需要避开彼此的隐私，即使无意中提到了那么一两句，也需要见好就收，别不留情面。

3.得饶人处且饶人

在生活中，有可能会出现这样的情况：对方无意之中犯下了错误，可你却总是揪着对方的错误不放，说话越来越过分，丝毫不顾及对方的情面。其实，不管对方是无意的还是有意，既然错误已经发生了，再说那么多的话也于事无补，所谓“得饶人处且饶人”，批评的话也见好就收吧，别不留情面，他日对方若有了出头之日，定会向你讨这旧耻雪恨。

话不在多，在理就行

那些会说话的人之所以会获得成功，并不在于他说了多少话，而在于他说的话在理。在日常生活中，我们常说“话不在多在理”，意思是，一个人说话不应该求多，而是求理，只要你说的话有道理，哪怕你只说了一句话，那也能达到很好的沟通效果；相反，如果你说的话根本没有道理，哪怕你说了上百句，也有可能达不到真正的沟通。

在生活中，我们经常看见有的人喋喋不休，滔滔不绝，可说来说去，都没有哪句话能占理，结果，可想而知，对方完全不想与你沟通，因为跟一个不讲理的人沟通简直就是出力不讨好，既没能达成一致的意见，反而伤了和气。而且，有的人根本就是无理取闹，由于说不过对方而恼羞成怒，结果，不管是不是在理都乱说一气，他这时的目的不在于沟通，而在于发泄怒气，当然，最终的结果是自己亲手建筑了彼此之间的“隔阂”。

有一次，王娟和几位朋友带着孩子在一起吃饭，席间谈到了早恋的话题。一个朋友的儿子已是初二的学生了，王娟便开玩笑地问那个孩子："你有没有女朋友？"没想到，那小伙子却很直白地回答："没有女朋友多让人瞧不起啊！"听到这话，王娟想到了自己正在上初一的儿子。

在回家路上，王娟琢磨着要与儿子好好沟通关于早恋的事情，她苦思冥想该怎么问这个问题，太直白了怕孩子受不了，太委婉了又不知道从哪里入手，结果，想了半天也没有想到什么好主意。

回到家后，王娟假装无意地和孩子聊起了学校的事情，她问道："你们班的学习风气怎么样？"孩子回答说："就那样呗！"王娟干脆进入了正题，问道："噢，是这样！那……那你们同学有没有因为搞对象而影响学习的？"孩子说："啊？有吧！具体我也不太清楚，人家搞又不告诉咱！"王娟故意开着玩笑，问道："噢，那……那……你有没有搞啊？"孩子轻松地回答说："没有，不用担心。"王娟不太相信，试探地问："那有没有女同学给你写字条啊？"孩子有点不耐烦了，说道："没有啊！怎么会有呢！你烦不烦啊，老问这个！"王娟也不知道该说什么好了，干脆和孩子讲起了大道理，什么早恋会很耽误学习的，而且，初恋成功的比率是很低的，你现在不成熟，所以现在看上的以后会不满意的。孩子很不情愿地点点头。一场谈话就这样艰难地结束了。

在整个谈话过程中，妈妈的话比较多，而孩子的回答总是三言两语。本来，当家长的是想告诉孩子一些道理，可是，由于话太多，虽然句句在理，但孩子也没能听进去，这样的沟通只能说是失败的。在生活中，经常出现这样的情况：父母说很多的话，但孩子却表示"我不懂你在说什么"，原来，在孩子看来，父母说的那些所谓的大道理其实都相当于废话，孩子根本就没能听进去。不妨试试简单地讲道理，话不在多，而在理，只要你说的话真的有道理，需要减少说话的内容，这样，对方更容易听进去。

心理点拨

1.话说得越多，效果却越小

很多人在表达自己意见的时候，很想把心中所有想说的话都说完，但是，他们常常忽略了这样一个问题，那就是话说得越多，效果却越差。对方在听你说话的时候，常常是能听进少量的几句，对于重复过多的大道理，他们很排斥，根本不想去听。结果，你在那里啰唆了一大堆，对方却什么也没听进去。

2.有理的话，三言两语即可

有道理的话，越短小越有效，通常是三言两句即可。当你向对方讲道理的时候，切记话不要太多，而需要有理。并不是每个人都不愿意听人讲道理，但是，如果你总是一而再再而三地重复那些老掉牙的事情，相信再好的耐心也被消磨殆尽了。因此，无论是我们向别人讲道理，还是表达自己的意见，需要记住“话不在多而在理”的道理。

语言的逻辑性和针对性对沟通很重要

在生活中，不少人做事做得十分漂亮，然而，让他们把自己的想法说一说，却总是说不清楚，或是词不达意，或是泛泛而谈。他一个人说得滔滔不绝、口若悬河，但是，对方却面面相觑、不知所云，这就是说话没有逻辑性和针对性。在日常交际中，我们说话要有逻辑性和针对性，做到一针见血、言简意赅，这样对方才能明白你到底说的是什么，也才不至于在你的话语中找到漏洞。古人语：“山不在高，有仙则名；水不在深，有龙则灵。”说话也是如此，话不在多，但一定要有逻辑、有针对性。在现代如此高速的生活节奏下，没有人愿意花太多的时间来听你的长篇大论，所以，我们在说话的时候，不要绕圈子，不要南辕北辙，而要把话说到点子上，有话则说，长话短说，无话不说，这样才能准确地传达自己的意见，使沟通顺畅地进行。

吴先生是广州某地区有名的房地产大亨，资产逾十亿。有一年他带着自己的团队从广州飞往某大城市，准备投资当地的房地产，寻找合作伙伴。

在经过一段时间的市场调研后，吴先生约了一家大型房地产企业的负责人进行谈判。当双方坐在了谈判桌前，那位负责人立即对自己公司作了较为详细的介绍，表现得精明能干，并且通晓市场行情，这令吴先生颇为欣赏。听了那位负责人对合资企业的宏伟计划后，吴先生似乎已经看到了合资企业的光辉前景。吴先生正准备签约的时候，那位负责人似乎还言犹未尽，他又颇为自豪地侃侃而谈："我们房地产公司拥有一千多名职工，去年共创利税五百多万元，实力绝对算是雄厚的……"

听到这里，吴先生显得有点不悦，心想：你公司一千多人才赚了几百万，就显得那么自豪和满意。这令吴先生感到非常失望，离自己预定的利润目标差距太大了。如果选择这样的负责人经营公司的话，就很难有较高的经济效益和利益。于是，吴先生当即决定终止合作谈判。

其实，如果那位负责人不说最后那句沾沾自喜的话，这次谈判也许就会以另一种结局告终。那位负责人最后几句不着边际、缺乏逻辑性和针对性、画蛇添足的话，不仅会让自身的缺点暴露无遗，而且令吴先生失去了合作的信心，最终撤回投资意向，仅仅因为几句话就失掉了一次大好的合作机会，实在是得不偿失。

在日常生活中，我们经常可以看到，有的人总是喋喋不休、滔滔不绝地高谈阔论，但由于其语言缺乏逻辑性和针对性，没有把话说到点子上，所以显得词不达意、语无伦次，让旁边的人听而生厌；还有的人说话毫无逻辑，一会说在这里，一会说到了那里，说什么话都不会经过仔细思考，显得很没分寸。其实，这样说话会事倍功半，不仅达不到沟通的目的，反而会给沟通带来阻碍。

心理点拨

那么，如何使自己的语言具有逻辑性和针对性呢？

1.说话要在理

一句话听上去是否有理，就看看这句话是否有逻辑性，一般而言，那些

有逻辑性的话语大多能清楚地表达一定的意见。而语言是否有逻辑性，就在于我们能不能清楚地将意思表达出来。因此，说话要有理，利用语言准确、清楚地表达自己的思想，这样，我们思维的逻辑性也要得到提高。

2.说话要有中心点

在生活中，我们经常听到一些人在说话的时候，一般会采用“一”“二”“三”，其实，这样分点叙述只是说话逻辑性的一个表象，并不能完全代表这个人说话有逻辑性。说话有逻辑，是表明你说话有一个中心，然后你所说的其他话都是围绕这个中心的，没有其他的枝叶。所以，说话之前应该把自己要说什么，先说什么后说什么，重点说什么，都要在脑子里快速地整理好，这样，时间长了，你说话就会观点清晰，富有逻辑性。

3.把话说到点子上

说话有针对性，也就是要将话说到点子上。在语言交际中，为了建立良好的交际关系，为了打动对方，话不在说得多，而在说到点子上。因此，我们在开口之前，应该让自己的舌头在嘴里转个几圈，把那些多余的废话转掉，说一些简单明了的话。做到一开口就往点子上说，千万不要东拉西扯，让对方不知所云。

用强大的语言感染力征服他人

在日常交际中，我们说话要表现出一定的气质，且极具感染力，这样才能更好地展现出我们自身的魅力与形象，也才能更好地打动对方。如果你的说话软绵绵，毫无生气，死气沉沉，那么，对方就对你的话失去了兴趣，也会对你说话水平感到质疑。我们在说话的时候，应该潇洒一些，使语言更富有生气，富有感染力，这才是语言表述中一个极为重要的方面。说话的目的是为了更好的沟通，要去调动对方的情绪，这样才能更好地打动对方。

在生活中，我们经常看到这样的场面：自己一个人在唱独角戏，对方却显得躁动不安。如果我们的说话换来的只是对方毫无反应的场面，那只能证明这次沟通的失败；相反，如果你的语言极富感染力，能够使对方喜笑颜开，那么，证明这次沟通是成功的。如何才能使语言有感染力呢？有时候，我们可以运用一些幽默的语言来调动对方的情绪，因为幽默的语言能够给别人带来快乐。如果我们在说话的过程中，使用一些幽默语言，就可以调动对方的情绪，还可以展现自己的语言魅力。

在2000年8月举行的南部非洲发展共同体首脑会议上，曼德拉一连串妙语连珠的幽默话语征服了上千名与会者。曼德拉作为南非前总统出席了开幕式，主要是为接受南共体授予他的“卡马勋章”。他走到讲台前说：“这个讲台是为总统们设立的。我这位退休老人今天上台讲话，抢了总统的镜头。我们的总统姆贝基一定很不高兴。”话音刚落，笑声四起。这时，主持人为他搬来一把椅子，请他坐下说话。他在谢过主持人后说：“我今年82岁，站着讲话不会双手颤抖得无法捧读讲稿，等到我百岁讲话时你再给我把椅子搬来。”会场里又是一阵笑声。曼德拉在笑声后开始正式发言。

讲到一半，他把讲稿的页次弄乱了，不得不来回翻看。他脱口而出：“我把讲稿页次弄乱了，你们要原谅一位老人。不过，我知道在座的一位总统，在一次发言时也把讲稿页次弄乱了，而他自己却不知道，照样往下念。”这时，整个会场哄堂大笑。“其实，讲稿不是我弄乱的，秘书是不应该犯这样一个错误的。”结束讲话前，他说：“感谢你们把用一位博茨瓦纳老人名字命名的勋章授予我这位老人。我现在退休在家，如果哪一天没钱花了，我就把这个勋章拿到大街上去卖。我肯定在座的一个人会出高价收购的，他就是我们的总统姆贝基。”这时，姆贝基情不自禁地笑出声来，连连拍手鼓掌，会场里掌声一片。

曼德拉幽默的语言调动了人们的情绪，打动了在场的观众，使得数万的观众心甘情愿为之鼓掌呐喊。

心理点拨

那么，在现实生活中，我们如何才能使自己的语言具有强大的感染力呢？

1.使用幽默的语言

幽默的语言可以为你的说话带来趣味性，那么，再枯燥的话题在加入了幽默的语言之后，都会变得有趣起来。而这恰恰增加了语言的感染力，吸引对方的注意力，能够专注地听自己讲话，以便达到更好的沟通效果。

2.选择合适的话题

几乎所有的人都会怀疑，自己选择的话题是否能提起对方的兴趣，其实，只有一个方法能让他感兴趣：点燃自己对话题的狂热，再感染对方，这样，就不怕吸引不了对方的兴趣了。

3.适当的真情流露

另外，说话的时候，需要全情投入，不要抑制自己的情感，真实情感的流露能为你的语言增添一定的感染力。

回避矛盾要懂得含蓄

含蓄地回避矛盾，这是一种战术，简单地说，就是当自己处于劣势的时候不便直接与对方抗衡，而采取你进我退，你退我进，如此巧妙地回避，躲过对方的进攻。而且，在日常交际中，我们在进行语言表达的时候，也常常会用到这样的口才心理策略。含蓄地回避矛盾，其实就是一种拖延战术，目的是为了找到沟通的最佳点，可以说是为了争取更多的时间来使沟通顺利进行。同时，回避了沟通中的矛盾，打开了轻松愉快的语境，这样，更能打动对方。

在沟通过程中，当对方采取言语攻击的时候，或者，沟通本身出现了障碍的时候，我们可以含蓄地回避矛盾，远离原来所谈的话题，巧妙地躲过彼此之间的矛盾，突破沟通的隔阂，让沟通得以顺利进行。有人说："说话要越短越好。"但是，大量事实证明，使用简短的语言并不是单刀直入地说，我们可以把话说得含蓄，巧妙回避矛盾，然后，一针见血地提出自己的意见，这样，将更容易打动对方。

在一次新闻界的餐会之中，美国总统艾森豪威尔应大家的要求站起来说话。他说："大家都知道，我不是善于言辞的人。小时候我曾经去拜访过一个农夫，我问这个农夫：'你的母牛是不是纯种的？'他说不知道，我又问：'这头牛每个星期可以挤出多少牛奶呢？'他也说不知道。最后，他被问烦了，就说：'你问我的我都不知道，反正这头牛很老实，只要有奶，它都会给你。'"艾森豪威尔笑了笑，对所有在场的新闻界人士说："我也像那头牛一样老实，反正有新闻，一定都会给大家。"这几句话让大家哄堂大笑，记者纷纷都明白过来。

艾森豪威尔在这里就使用了含蓄的语言表达方式，他并没有正面回答新闻记者的问题，而是兜着圈子告诉大家："你们没事就别紧追着我问，反正我有新闻一定会给你们的嘛！"而且，语言恰到好处地表达了自己对新闻媒体总是紧紧追问的反感，而且，含蓄而又幽默的表达方式令在场的人都忍俊不禁，为整个餐会营造了愉快的氛围。

在我们日常交际中，经常会或多或少地运用到这样的语言策略。比如说话绕圈子，绕道而行；用比喻、影射的方法举例说明；讲故事、寓言；找出彼此之间的关系；采用游击战术，不正面冲突，拖延时间，静观其变，等等。

心理点拨

那么，我们在回避矛盾的时候，应该注意哪些问题呢？

1.保持平和的心境

遭遇对方的言语攻击，我们需要做的就是不要激动，学会控制自己的情绪。在这时候保持平和的情绪，这对自己十分有利，一方面可以表现自己的涵养，另一方面保持平和的情绪，可以冷静、从容地思考出最佳的对策。

2.含蓄地表达

对他人无理的言语攻击，我们可以含蓄地表达自己的不满情绪，但不宜锋芒毕露，而是需要旁敲侧击，可使对方无小辫子可抓，这样的表达方式更有效果。

第08章 妙语解围，创造轻松的交往气氛

致歉要诚恳而巧妙，怨气才能化解

俗话说：“智者千虑，必有一失。”一个人再聪明，再能干，也总有失败犯错误的时候。著名军事家孙子曾说：“过也，人皆见之；更之，人皆仰之。”在日常生活中，我们都不可避免地会做错一些事情，但是，做错了事情并不可怕，只要能够及时认识到错误并改正错误，及时向对方诚恳地道歉，这样就会解开矛盾，缓解笼罩在彼此之间的怨气。与人交往，有可能会说错话，有可能会做错事，这就难免会得罪到他人，使原有和谐友好的人际关系有了裂痕。但是，在错误发生之后，如果我们能及时道歉，主动承担责任，一般情况下，是能够得到对方的原谅的。当然，假如你发现自己错了，却不愿意道歉，甚至处处找借口为自己辩解，这样的结果不仅得不到朋友的谅解，反而还会受到道德上的谴责。因此，我们不能小看了道歉的作用，而且，我们还需要学会有技巧地道歉，这样才能赢得对方的谅解。

从卡耐基家步行几分钟，就可以到达森林公园。因此，卡耐基常常带着一只叫雷斯的小猎狗到公园散步。因为他们在公园里很少碰到人，又因为这条狗友善而不伤人，所以卡耐基常常不替雷斯系狗链或戴口罩。

有一天，他们在公园遇见一位骑马的警察，警察严厉地说：“你为什么让你的狗跑来跑去而不给它系上链子或戴上口罩？你难道不知道这是违法吗？”“是的，我知道。”卡耐基低声地说，“不过，我认为它不至于在这儿咬人。”“你认为！你认为！法律是不管你怎么认为的。它可能在这里咬死松鼠，或咬伤小孩，这次我不追究，假如下次再被我碰上，你就必须跟法官解释了。”警察再次提出了警告。

卡耐基照办了，可是，他的雷斯不喜欢戴口罩，他也不喜欢这样做。一天下午，他和雷斯正在一座小坡上赛跑，突然，他看见那位警察大人正骑在一匹棕色的马上。卡耐基想，这下栽了！他决定不等警察开口就先发制人。他说："先生，这下你当场逮到我了。我有罪。你上星期警告过我，若是再带小狗出来而不给它戴口罩，你就要罚我。""好说，好说，"警察回答的声调很柔和，"我知道没有人的时候，谁都忍不住要带这样一条小狗出来溜达。""的确忍不住。"卡耐基说道，"但这是违法的。""哦，你大概把事情看得太严重了，"警察说，"我们这样吧，你只要让它跑过小山，到我看不到的地方，事情就算了。"

在这个案例中，卡耐基使用了一个口才心理策略，那就是先发制人，率先批评自己，这使对方有一种被尊重的感觉。因为，当卡耐基一个劲儿地责备自己的时候，警察已经呈现出宽容的态度。如果我们免不了会受到责备，为什么不自己先认错呢？至少，谴责自己总比挨别人批评好受得多。当你清楚地知道对方将准备责备你的时候，不妨先把对方责备你的话说出来，这样一来，对方一定会以宽大、谅解的态度来对待你。

心理点拨

诚恳而巧妙的道歉，能够挽救友谊危机，化解尴尬气氛，继而巩固友谊，推进新的人际关系的发展。不过，在这其中，道歉也是需要技巧的，比如，温斯顿·丘吉尔对亨利·杜鲁门的第一印象十分不好，后来他告诉杜鲁门，自己曾一度严重地低估了他。他仅用了一句高明的恭维话表示出了自己的歉意。

1.道歉用语

诚恳的道歉需要适宜的道歉用语，比如"对不起""请原谅""很抱歉""请你转告王先生，就说我对不起他""对不起，是我的错""我错怪你了""不好意思，给你添麻烦了"，等等。

2.把握道歉的最佳时机

当你发现自己说错了话或者做错了事情的时候，就需要及时地道歉，道歉是越及时越有效果，我们很难想象在几十年后才说“对不起”会发生什么事情。当然，道歉的最佳时机还应该选在双方都心平气和的时候，在对方情绪比较好的时候，他更容易接受你的道歉。

3.先批评自己

道歉并不是等对方的责备已经来了再道歉，这时候你已经激起了对方的怒火，因此，我们需要先发制人，率先批评自己，这样对方就不好意思再责备你了，而且，也会宽容地谅解你的错误言行。

4.巧借物传情

如果直接道歉不太适合，可以选择打个电话或写封致歉信，也可以请一位彼此信任的朋友或同事代为转达歉意。等对方心情平复之后，再登门致歉赔礼。

把僵局打破的往往只是几句话

在日常交际中，人们常常因固执己见而争论不休，因为一句不适当的话而冷场，或者因为突发状况而形成难堪情境，等等，各种原因都会造成僵持的局面，难以缓和的气氛横亘在交流双方之间，整个场面就如同冰山一般冷掉了。这时候，作为当事人或者局外人，需要适时地说几句话来打破僵局，化解尴尬的气氛，使交流得以正常地进行下去。其实，生活中难免发生一些猝不及防的意外事情，这会让当事人遭遇尴尬或不快，甚至引发了不必要的麻烦，轻则令人恼心，重则在心里结下疙瘩。在这时候，如果利用突发事件与语言之间的玄妙之处进行机智的解答，就会使当事人转忧为喜，也会使紧张的气氛得以缓解。峰回路转，只需要三言两句就打破了僵局，通过语言影响他人心理，为大家营造愉快的气氛。

有一次小娜和几个同事一起去参加省里的业务考试，当她们走进考场时，只见阿梅的桌子上钉有三颗大钉子，且凸出很高。不难想象，这不仅会刮衣服，同时也会影响答题的速度。阿梅一脸的怒气要求监考老师换桌子，可监考老师说："现在不能换，别违反考场纪律！"阿梅气得柳眉倒竖，连说："真倒霉，不考了。"小娜见了连忙说："有几颗钉子算什么！"阿梅说："你说得轻松，这可是三颗钉子，躲都躲不过去呢！"小娜说："你太幸运了，我还求之不得呢！"阿梅说："你别拿我开心了，这么倒霉的事要让你碰上，你还能说幸运？"小娜说："你知道这三颗钉子说明了什么吗？这叫板上钉钉！说明你今天的三科考试铁定都能过关。"阿梅听后马上转怒为喜："借你吉言，我要是三科都及格了就请你吃饭。"结果一个月后发布成绩，阿梅果然三科都顺利过关。

本来桌子上有三颗大钉子是令人生气的，更何况还需要坐在这里考试？这时候，小娜为了打破僵局，在阿梅气恼成怒的时候，将"板上钉钉"的俗语与考试联系了起来，积极的联想，冒出吉言"三科铁定都能过关"，这话正好说到了阿梅的心里。于是，僵化的气氛化解了，阿梅在小娜的吉言下获得了好成绩。

心理点拨

在日常交际中，如何利用三言两语打破僵局呢？

1.幽默解说

在交际场合，过于严肃和枯燥的气氛往往不被人们所接受，这时候就需要用幽默的语言把它变得灵活些、有趣些。有时候，一个敏感的问题就使整个场面僵掉了，甚至妨碍了正常交际的进行，这时候就可以通过幽默的解说将问题诙谐化解，打破僵局，使交际得以顺利进行。

2.强调问题的合理性

有时候对方可能是因为在特定的场合作出了不合时宜、不合情理的举动，这令旁人看起来很费解，导致了整个局面的僵持，这时候我们就需要自己找一个角度或借口，强调对方行为的合理性，这样就能打破僵局，缓

解气氛。

3.利用谐音巧解

有一个火车司机的车牌号码是“16444”，亲戚朋友都说这个数字不吉利，车主一下子无言以对，这时候，有人却说“大爷，你这个号码好，它们可以理解为‘多拉发发发’，只要你多拉货，就一定能发财”，利用谐音巧解，打破了僵持的局面。

4.逆向思维

面对突如其来的尴尬局面，当事人无可奈何的时候，我们可以跳出固定思维，从问题、事情的反面去思考，做出让双方都满意的解释，打破本来僵持的局面。

巧妙打圆场，帮他人夺回面子

中国人素来爱面子，尤其是在人际交往中，更是处处怕失了面子，这也是中国人的普遍心理。但人们在处理人际关系的时候，也会因经验或能力的不足而面临尴尬的局面，或与客户争吵，或被上司批评，或被同级嘲笑等，此时，他们都希望能保住面子，保持尊严。此时。如果我们能巧妙地打圆场，帮对方找到一个台阶，从而让他摆脱难堪的局面。那么，对方一定会从心底感激我们。

老诗人严阵和一位青年女作家访问美国，在一所博物馆广场散步时，恰巧有两位美国老人在旁休息，看见中国人来，他们很热情地迎上来交谈。其中一位老人为表达对中国人的感情，热烈地拥抱那位女作家，并亲吻了一下，女作家十分尴尬，不知所措。另一位老人也抱怨那老人说，中国人不习惯这样，那拥抱过女作家的老人像犯了错误似的呆立一旁。老诗人严阵赶快上前微笑着说：“呵，尊敬的老先生，你刚才吻的不是这位女士，而是中国，对吗？”那老人马上笑道：“对，对！我吻的是中国！”尴尬气氛在笑声中烟消云散了。

老诗人严阵的一句打圆场的话，解除了因错误亲吻而带来的尴尬。而从这个外国老人的角度看，他一定也从心里感激严阵给他的这个台阶。而所谓打圆场，是指交际人双方争吵或处于尴尬处境时，由第三者出面进行调解的一场方法。打圆场运用得好，有利于打破僵局，解决问题，还可以融洽气氛、消除误会、缓和矛盾、平息争端、联络感情。

可见，交际中遇到尴尬的场面时，做到审时度势，准确把握双方的心理，然后运用说话技巧，借助恰到好处的话语及时出面打圆场，化解尴尬，维护交际活动的正常进行，就显得十分重要和宝贵，也确实是十分必要和值得重视的。

心理点拨

那么，我们在交际中，怎样才能不失时机地打好圆场呢？

1.找个借口，给对方台阶下

有些人之所以在交际活动中陷入窘境，常常是因为他们在特定的场合做出了不合时宜或不合情理的事情，于是就进一步造成整个局面的尴尬和难堪。在这种情形下，最行之有效的打圆场的方法，莫过于换一个角度或找一个借口，以合情合理的解释来证明对方有悖常理的举动在此情此景中是正当的、无可厚非的和合理的，这样一来，对方的尴尬解除了，正常的人际关系也能得以继续下去了。而我们在无形中也多交了一个朋友。

2.侧面点拨

侧面点拨即不作直言相告，而是从侧面委婉地点拨对方，使其明白自己的不满，打消失当的念头。这一技巧通常借助于问句的形式表达出来。如：

小李与小王是一对好朋友，彼此都视对方为知己。有一次，本单位的青年小张对小李说：“小李，我总觉得小王这小子为人有点太认真了，简直到了顽固的地步，你说是不是？”小李一听小张的话顿生反感，心想：你这小子在背地里贬损我的好朋友缺德不缺德？但他又不好发作，于是假装一本正经地说：“小张，我先问你，我在背后和你议论我的好朋友，他要是知道了

会不会和我反目为仇？”小张一听这话，脸“刷”地红了，不吭声了。

这里，小李就使用了委婉点拨的技巧。面对小张的发问，他没有直接回答“是”还是“不是”，而是话题一转，给对方出了个难题，而这个难题又正好能起到点拨对方的作用，既暗示了“小王是我的好朋友，我是不会和你合伙议论他的”，又隐含了对小张背后议论、贬损小王的不满。同时，由于这种点拨较委婉含蓄，所以也不致让对方太难堪。

3.审时度势，让各方都满意

有时在某种场合中，当交际双方因彼此不满意对方的看法而争执不休时，很难说谁对谁错，作为调解者应该理解争执双方此时的心理和情绪，不要厚此薄彼，以免加深双方的差异，并对双方的优势和价值都予以肯定，在一定程度上来满足他们的自我实现心理，在这个基础上，再拿出双方都能接受的建设性意见，这样就容易为双方所接受。

4.转移话题，营造轻松气氛

当尴尬或僵局出现时，有些人由于情绪上的冲动，往往会在一些问题上互不相让。在打圆场时，不妨岔开他们的话题，转移他们的注意力。

在交际场合中，如果某个较为严肃、敏感的问题弄得交谈双方都很对立，甚至阻碍交谈正常顺利进行时，我们可以暂时让它回避一下，通过转移话题，用一些轻松、愉快的话题来活跃气氛，转移双方的注意力，或者通过幽默的话语将严肃的话题淡化，使原来僵持的场面重新活跃起来，从而缓和尴尬的局面。

如朋友之间为了某个问题争得面红耳赤，僵持不下时，可以适时说一句“要把这个问题争得明白，比国家足球队赢球还难”；或者说一个笑话，让双方的情绪平缓下来，在轻松的气氛中让尴尬消失殆尽，使交际活动得以顺利进行。

有时候当人们因固执己见而争执不休时，造成僵局难以缓和的原因往往已不是双方的看法本身，而是彼此的争胜情绪和较劲心理在作怪。实际上，对某一问题的看法本身常常并不是固定不变的常数，随着环境的变化和角度的转移，不同乃至对立的看法可能都是合理和正确的，因此，我们在打圆场时要抓住这一点，帮助争论双方换一个角度来看待争执点，灵活地分析问题，使他们认识到彼此看法的相对性和包容性，从而让双方停止无谓的争论。

总之，打圆场是一种语言艺术，但打圆场必须从善意的角度出发，以特定的话语去缓和紧张气氛，调节人际关系，而从我们自身来说，掌握交际双方的心理，运用说话技巧，帮人夺回面子，也可以使我们在交际场合左右逢遇。

缓和气氛，先让矛盾双方适度降温

人与人之间相处，常常因为利益、立场、观点、地位的不同而处于相互对立的位置上，这个时候说话难免会有中伤与被中伤的情况。而相互攻击、相互中伤的时候气氛难免会紧张，这个时候要学会使用语言上的一些技巧，使得气氛慢慢缓和，这样就能让双方避免感情用事使对话进入死胡同，从而使双方的关系不至于弄僵。

伊丽莎白和约翰是兄妹俩，在感恩节这一天，他们为了两星期前一件微不足道的小事吵了起来，而且升级为一场大战。现在，他们彼此见面都不说话，但伊丽莎白还是想和哥哥和解，于是伊丽莎白就主动给哥哥打电话说：

"哥哥，我是伊丽莎白，我想抱歉地对你说一声'对不起'，那天全是我的错。你知道，我一直很尊重你。那天我昏了头，想都没想就和你大吵大叫了起来，你能原谅我那天愚蠢的行为吗？"

约翰说："当然，伊丽莎白。那天也不全是你的错，我也感到很抱歉。"

你看，约翰已经知道了不全是妹妹的错。当伊丽莎白主动揽过所有的责任时，她就已经显示出了她的示弱、承诺和诚挚，这也就迫使哥哥约翰不得不检讨自己在这场争论中的责任。如果伊丽莎白将这场争论的部分责任归在约翰的身上，那极有可能激怒对方，并使两个人之间的冲突升级；而伊丽莎

白聪明的解决方式有效地解除了对方的戒备之心，并很快地缓和了双方紧张的气氛，使两人的关系顺利地走上了和平之路。

心理点拨

要打破僵局、缓和气氛并不是一件容易的事情，这要求其中一方不仅要具有智慧，而且还要有涵养和风度，不要怕被拒绝，想方设法与对方建立心理相容关系，缩小或消除双方之间在心理上的距离。具体做法如下：

1.揽过全部责任

为自己或为某种僵局承担起全部责任而不是指责对方，那你就掌握了迅速打开恢复双方关系大门的钥匙。

人们常犯的一个错误就是，总是随意地批评对方："你做的事情让我很失望……"或者"原本我就觉得那样做不对……"记住，不要因为他或你的任何行为而去责怪对方，不要刻意降低自己在错误中应该承担的责任。

向对方解释你所作所为的严重性，不要指望把双方的责任分得那么清。如果有必要，你可以有意识地夸大自己应该承担的那部分责任，你身上的责任越重，或你把自己的问题说得越严重，对方对你也就会越宽容。这样一来，紧张的气氛自然就会得到缓和，为矛盾的进一步解决营造了良好的氛围。

2.请求原谅

诚恳地请求对方原谅，让对方处在一个主动的位置上，这是你必须要做的弥补错误的一部分，这样才有可能巩固你和对方和平相处的战略。

3.主动示好

通过赠送对方一件或轻或重的私人礼品，你就向对方表明了立场：为了确保你们的良好友谊，你已经花费了许多的心思、时间和精力。

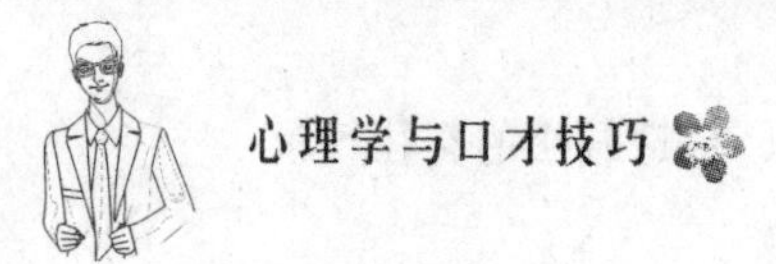

巧妙补救失言的四个技巧

“人有失足，马有失蹄。”在交际过程中，无论凡人名人，都免不了发生言语失误。虽然其中原因有别，但它造成的后果却是相似的，或贻笑大方，或纠纷四起，有时甚至不堪收场。

经验不足的人碰到这种情况，往往懊恼不已，心慌意乱，越发紧张，接下去的表现更为糟糕。如果我们能来个将错就错，借题发挥，把错话说“圆”，则可以轻松地摆脱窘境。言多语失时，最重要的就是要镇定自若、处变不惊，飞速地转动大脑思考弥补口误的方法。

心理点拨

在实际生活中，遇到失言的情况，有四个补救的小技巧可供参考：

1.改义法

这种方法就是在错话出口之后，能巧妙地将错话续接下去，最后达到纠错的目的。其高妙之处在于，能够不动声色地改变说话的情境，使听者不由自主地转移原先的思路，不自觉地顺着自己的思维走，随着自己的语言表达而产生情感波动。

在一次婚宴上，来宾争着向新人祝福。有一位女士激动地说道：“走过了恋爱的季节，就步入了婚姻的漫漫旅途，你们现在就好比是一对旧机车……”其实她本想说“新机车”，却一时口误，霎时举座哗然。这对新人的不满更是溢于言表，因为他们都是各自离异，历尽波折才牵手成功的，自然以为刚才之语隐含讥讽。那位女士发觉言语出错，连忙住口。她的本来意思是要将一对新人比做新机车，希望他们能够少些摩擦，多些谅解。但语既出口，若硬改过来，反而不美。她马上镇定下来，不慌不忙地补充了一句：“你们现在就好比是一对旧机车装上了新的发动机。”此言一出，举座称妙。继而，她又深情地说道：“愿你们以甜美的爱情为润滑油，开足马力，朝着幸福美满的生活飞奔吧！”餐厅顿时掌声雷动。

2.引申法

迅速将错误言辞引开，避免在错中纠缠。比如可以接着那句话之后说："我刚才那句话还应作如下补充……"然后根据当时的情境，作出相应的发挥，这样就可将错话抹掉。

一次，上海东方电视台著名节目主持人袁鸣应邀到海口市主持"狮子楼京剧团"建团庆典。由于去得匆忙，一上场，袁鸣就闹了个口误："现在我荣幸地向大家介绍光临狮子楼京剧建团庆典的各位来宾……今天参加庆典的有……海南师范学院党委书记南新燕小姐。"这时，台下缓缓站起一位白发苍苍的老教授！咦，小姐变成了老翁！全场沉寂之后是一片哄笑……

可袁鸣自有妙招："对不起，我这是望文生义了——不过，南教授的名字实在是太有诗意了。一见到南新燕三个字，我立刻想起两句诗：'旧时王谢堂前燕，飞人寻常百姓家。'这南飞的新燕是一幅多么美丽的图画！就像我们今天的情景：京剧一度是清末的宫廷艺术，是流行于我国北方的戏曲，但是现在已经从北方流传到南方，跨过琼州海峡，飞到海南……这又是一幅多么美妙的图画啊……"

话一说完，顿时掌声、欢呼声四起。

袁鸣"口误"引起哄笑，当然先要道歉，但道歉之后并没有"服输"，而顺便立意，快速完成了新的命题构思——浓墨重彩描绘了两幅画面：一是古诗之画，意在赞美老教授名字寓有诗意；二是现实之画，扣住京剧历史的话题，紧密联系"狮子楼京剧团"建团庆典的现场语境，天衣无缝，显示了一个主持人临场发挥的功力。

3.移植法

这种方法就是把错话移植到他人头上。比如说："这是某些人的观点，我认为正确的说法应该是……"这就把自己已出口的某句错误纠正过来了。对方虽有某种感觉，但是无法认定是你说错了。

赵峰是上海人，就读于复旦大学，本科毕业直升读硕士，硕士毕业以后找到了一个很不错的工作。一次，赵峰和小刘一起去吃饭，席间说到上海的交通问题，在上海土生土长的赵峰顺口发表评论："上海这几年交通恶化实

在是因为外地来的大学生太多，都说应该实行严格户口制度，二三流大学的家伙就不要再给他们机会了。”说完之后，他立刻意识到，小刘本人就是二流学校毕业，从四川到上海来发展的，于是他连忙补救道，“当然，这是少数人的说法，这种说法太片面了，任何学校都有优秀的毕业生，而上海市的建设与发展，也离不开在上海的各地的人共同努力。”

4.转移法

巧妙地转移话题和分散别人的注意力。说错了话，要学会巧妙地转移话题，化解尴尬场面。比如用幽默或玩笑的方式转移目标，把紧张的话题变成轻松的玩笑等，也可以巧妙地运用“挪移”手法，把别人的注意力吸引到其他方面。

一位老师普通话不过关，有一次上语文课，讲到某一问题要举例说明时，把“我有四个比方”说成了“我有四个屁放”，一时教室里像炸开了锅，学生笑得不可收拾。老师灵机一动，吟出一首打油诗：“四个屁放，大出洋相，各位同学，莫学我样，早日练好普通话，年轻潇洒又漂亮。”老师的机智幽默赢得了学生的热烈掌声。

这位老师四两拨千斤，一首打油诗，就把自己的口误，变成了对同学的激励，同学们在反思之余，自然就不会再把“四个屁放”当乐子了。

在社交中，发生口误在所难免，此时不管你是一味发窘还是拼命掩饰，都会使事情更为糟糕。这时候要稳住心神，以上面四个小技巧为基点，积极寻找适当的补救方法。但这关键是要看一个人的应变能力，应变能力反映一个人的机智和修养。当然，应变能力是以人生经验为基础的，只有多次实践，并总结经验，才能变得聪明老练。

第09章
巧言说服，让他人心服口服的策略

征服人心，以情动人

古人曰：“感人心者，莫先乎情。”在说服对方的过程中，在很大程度上，可以说是一种情感的征服。只有善于将情感注入话语中，动之以情，以情感动人，才能打动人心，从而征服人心。在日常交际中，感情是沟通的桥梁，要想办好事，说服对方，就必须跨越这座桥，才能打开对方的心扉，达到掌控对方心理的目的。当我们在与对方交谈的时候，应该推心置腹，动之以情，话语中流露诚意，使对方感到你并不是抱着任何目的，没有丝毫的不良企图，而是真心实意地流出真情。最后，以诚意柔化人心，达到打动对方，那说服对方就简单多了。

在一座城市，有位孤独的老人，他无儿无女又体弱多病，于是，他决定搬到养老院去住。在离开之前，他登出了广告出售自己的住宅。由于老人的住宅楼位于市中心最繁华的地段，许多商人听说了都登门求购，争相出高价，很快，住宅的价格从最开始的6万元上升到10万元。老人想着真的要离开这里了，心中却有诸多的留恋，家里的一切都是自己亲手布置的，它们陪着自己度过了几十年，彼此有了感情了。可是，又能怎么样呢？我不过是一个临死的老人，而它们需要换个主人了，老人心想着。

这天，一位衣着朴素的女人带着一个小孩敲开了他的门，女人说：“先生，我很想买这座住宅，可是我只有一万元。”旁边的一群商人笑了，说道：“一万元也跑到这里来凑热闹，你就买那个阳台吧！”老人微笑着说：“可是，我这房子的底价是6万元啊。”女人看起来并没有灰心，她真诚地

说："如果你肯把房子卖给我，以后，你可以照样住在这里，我们会陪你读报、喝茶、聊天，你的生活还是跟以前一样。"那个小孩抬起了稚嫩的小脸，一双灵动的大眼睛望着老人。

老人笑了，这不正是自己需要得到的吗？在商人惊诧的眼光里，老人将钥匙交给了这个女人。

有时候，能够促使办事成功的，往往不是金钱利益上的东西，而是发自内心的真情流露。朴实的女人虽然没有多少钱，但是，她却以自己的无价的真情买到了那套住宅。由此可见，能够打动人心的最佳方式是用语言的魅力感染人，说话满含柔情，攻略人心，因为每个人都是有感情的，"真情"二字可以融化一个人的铁石心肠，在情感的召唤下，他的心理已经被你所掌控了。

富兰克林年轻的时候，就被推选为宾夕法尼亚州议会的秘书。不过，在之前的一次长篇演讲中，富兰克林曾被一位新议员骂得狗血喷头。面对这样一位对手，该如何相处呢？富兰克林心想：如果以牙还牙，自己绝对不是这位议员的对手，而且，还有可能影响自己以后的事业前途。虽然，这位新议员对我的攻击让我感到生气，但是，他的确是一个有学问的人，以后肯定会成为一名有影响的人物，或许还能够帮助自己呢。不过，像他这样的人，绝对讨厌阿谀奉承的人，不如，我以真情来打动他，化敌为友吧。

这时，富兰克林无意中听说这位议员有几部珍贵的藏书，于是，他写了一封信，在信里诚恳地表示自己想借来阅读一下。那位议员收到了信，果真将书送来了。过了一个星期，富兰克林把书送还回去了，同时，写了一封信表示诚挚的谢意。

后来，两人又在会议室相遇的时候，议员竟然亲切地和富兰克林打招呼，交谈的语气也变得友好起来。他许诺，会在一切事情上支持富兰克林，就这样，两人成为了知心朋友。

富兰克林的真情攻略果然见效了，不仅化敌为友，同时，争取了一位在人生道路上帮助自己的人。其实，说话的轻柔与真情流露，往往会让别人认同于你。如果对方所思所想完全与你相悖，这时候，就需要"动之以情，

晓之以理”的策略了，不要用刚烈的态度去反驳对方，而是以柔情的方式去试探。这样，从表面上看你是顺从的，但是，实际上你却是想以柔情软化对方，最后，对方在真情的攻略下就真的软化了，顺了你的想法。

心理点拨

求人办事，我们就要懂得心理掌控术。

1.利用对方的“同情心”

每个人的内心都有最为柔软的一部分，也许，它是人性的弱点，但是却可以为你打开成功之门。据说，凶残的鳄鱼在吞噬猎物的时候，总是要留下一串串“同情”的眼泪，由此折射出鳄鱼的狡诈之处。我们在求人办事的时候，也要善于“利用”别人的同情心，触动对方柔软的内心，最终获得帮助。

2.用情打开对方的心门

钥匙为什么能打开一把坚实的大锁？因为它最了解大锁的心。其实，在现实生活中，每个人的心，就像是上了锁的大门，即使是再粗的铁棒也撬不开，只有真情才能把打开那把大锁，进入别人的心中，了解别人，达到掌控对方心理的目的。

权威效应，令其坚信不疑

权威效应，又被称为权威暗示效应，是指如果一个人地位高、有威信，就会受人敬重，而他所说的话以及所做的事情就很容易引起别人重视，并让他们相信其正确性，即“人微言轻、人贵言重”。“权威效应”的普遍存在，一方面在于满足了人们的崇拜心理，威信、权势对于每个人来说都是一种强大的吸引力，崇拜心理的作用使得他们对那些权威人士所说的话深信不疑；另一方面由于人们都有“安全心理”，人们总是认为权威人物才是

正确的楷模，听信他们的言论会使自己更具安全感，增加不会出错的“保险系数”。

美国心理学家们曾经做过一个实验：在给某大学心理学系的学生们讲课时，向学生介绍一位从外校请来的德语教师，说这位德语教师是从德国来的著名化学家。试验中这位“化学家”煞有其事地拿出了一个装有蒸馏水的瓶子，说这是他新发现的一种化学物质，有些气味，请在座的学生闻到气味时就举手，结果多数学生都举起了手。

本来那只是没有任何气味的蒸馏水，但由于“权威”的心理学家的语言暗示而让许多学生都认为它有气味。通过这个实验，直接体现了人们所具有的“安全心理”，同时，人们还有一种“认可心理”，也可以称为“崇拜心理”，他们总认为自己的言行要与权威人士保持一致性，自己只有相信权威人士的言论，才能得到各方面的认可。所以，这两种心理就诞生了权威效应。

在我们现实生活中，利用“权威效应”的实例很多，比如在广告时请权威名人赞赏某种产品，在辩论说理时引用权威人士的话作为论据，等等。相传，南朝的刘勰写出《文心雕龙》后由于无人重视，他想请当时的大文学家沈约审阅，但沈约却不予理睬。后来他装扮成卖书人，将作品送给沈约。没想到沈约阅后评价极高，于是《文心雕龙》成为中国文学评论的经典名著了。因此，在日常交际中，我们利用“权威效应”，这能够达到引导或改变对方态度和行为的目的，通过“权威言论”来影响其心理，操控其言行。

浙江某小企业在当地小有名气，为了扩大市场，该企业决定招募各省会城市的代理商。在谈判桌上，该企业经理十分谦虚地说：“我们虽是小企业，却得到了商界人士的青睐，上次我带着产品去香港参加展销会，就连李嘉诚对咱们的产品也赞不绝口。”对方一听李嘉诚的名字，想都没有想就签下了代理商的合约。

李嘉诚作为商业中的权威人士，如果他都大加赞赏某企业的产品，那自然是再好不过的“产品认证书”了。一般情况下，在某些方面有很深造

诣并取得瞩目成就的权威人士往往更容易让人信服，因为人们更愿意认同权威人士的言论。在绝大多数情况下，当某位权威人士发表观点时，大家很少去怀疑甚至反对。当然，在这时候，人们所相信的并不是某个人本身，而只是他的头衔，他们相信以他的地位、权势所说的话一定是真实的，值得相信的。

心理点拨

1.借用专家的话

很多健康专家认为，晚上身体往右侧睡才是最健康的睡姿。于是，当你在向朋友或家人证实这言论的真实性的时候，不妨可以这样说“健康专家都这么说，难道还有假？”比如，在每一只牙刷上面都会标明“牙医建议，三个月更换一只牙刷”。

2.借用位高权重人士的话

最近几年国家经济飞速发展，但物价也猛涨，对此，国家相关权威人士表示会抑制部分的经济泡沫。于是，在平日闲聊中，邻居大妈可能更愿意相信物价不跌反涨，你就可以搬出权威人士的话“央行行长都发话了，要出台一系列措施，抑制物价……”

3.借用各行业权威人士的话

在每个行业都有相应的权威人士，比如文学领域里的矛盾、鲁迅，艺术领域里的梵高、贝多芬，等等。当我们在强调语言是多么重要的时候，不妨搬出语言大师林语堂的言论“语言不是一般的工具，使用起来不同于其他工具”。

4.借用上司的言论婉拒对方

很多时候我们不知道该如何拒绝，可以借助上司的言论进行拒绝，比如“前几天经理刚宣布过，不准任何顾客进仓库，我怎么能带你去呢”，或者说“这件事我做不了主，我会把你的要求向领导反映一下，好吗”。

抓住对方在意的重点，令其情不自禁

在日常交际中，我们在与对方的交流沟通，实际上就是一场心理的较量。而且，彼此都带着各自在意的重点，以此来达成共识。如何才能打动对方呢？这需要我们仔细观察，从对方言语中抓住对方在意的重点，再以其在意的东西作为利诱，这样一来，对方肯定会心动，而不得不答应我们的请求。而且，我们在以其在意的东西作为利诱，如此来暗合对方的心理，这样会让对方感到很受尊重，在无形之中，也拉近了彼此的距离。有时候，对方在意的东西往往是他的把柄之一，有可能他会为了在意的重点而放弃之前所提出的条件，在此时，我们乘虚而入，对方就会在交流中败下阵来。

小娜是一位汽车节油推销员。这天，她约见了一位客户，这是一位拥有三辆机动车的店主。小娜想：对于这样一位客户来说，他最在意的应该是怎样能节约汽油费，以此来缩小店里每天的开销，以达到最大的盈利。

有了这样的想法，小娜一开口就礼貌地询问："先生，请教你一个所熟悉的问题，增加贵店利润的三大原则是什么？"客户好像很乐意回答这样的问题，他回答："第一，降低进价；第二，提高售价；第三，减少开销。"小娜立即抓住话题说下去："你说的句句是真言。特别是开销，那是无形中的损失。比如汽油费，一天节约20元，你想过多少吗？如果贵店有3辆车，一天节省60元，一个月就有1800元。坚持下去，10年可省21万元。如果能够节约而不节约，岂不等于把百元钞票一张张撕掉？如果把这一笔钱放在银行，以5分利计算，一年的利息就有1万多元，不知您高见如何，觉得有没有节油的必要呢？"听了小娜这样的分析，客户觉得自己应该解除这种恶劣情况，最终购买了节油产品。

如何节约汽油费，减少开支，对于拥有三辆汽车的店主来说，是值得考虑的问题。推销员小娜以此为突破口，在与客户交谈的过程中，一点点地将话题延伸到节油的问题上，引起客户的注意，再一点点用详细说明来博得客户的同意，使其欣然地购买了小娜推销的节油产品。

另外，在日常交际中，双方的沟通最忌讳彼此沉默不语，或者，自己在那里说得口若悬河，对方总是一副爱理不理的样子。那么，如何让对方开口说话呢？最好的办法就是善于发现对方比较在意的东西，比如兴趣爱好，从对方感兴趣的东西说起，这样才会使整个谈话过程变得愉悦而畅快。

心理点拨

那么，哪些才是对方在意的重点呢？

1.找到对方的利益所在点

就像案例中店主的利益所在一样，在每个人身上，他们都会有一定在意的关于利益的东西，有可能是金钱，有可能是名声，有可能是地位。那么，在沟通的过程中，我们要善于以对方在意的利益作为诱饵，以此达到打动对方的目的。

2.找到对方的兴趣所在

每个人都有自己的兴趣爱好，因此，在交流过程中，我们要想办法找到对方的兴趣点。可以在与对方交谈之前做好准备工作，了解对方有什么兴趣爱好；也可以通过自己的观察或提问来获得对方感兴趣的信息。

另外，为了获得更多有关对方的信息，更好地打动对方，我们需要让对方尽可能地多说话。所以，话题要先从对方的兴趣说起，这样顺势展开的话题会利于整个沟通的顺利进行。

“软”、“硬”两手准备，打动对方心

在人际交往中，我们经常会遇到性格不同的人，他们有的性格强硬，有的性格软弱，对于不同性格的人，须采用相应的心理策略，如此才能拿捏恰当，从而打动对方。比如，性格强硬的人，他们生性倔强，对于这样的人，他们是服软不服硬，这时，不妨放下自己的面子，以软弱的姿态请求于他，

相信事情必能办成，如果你执意不信，坚决硬碰硬，那最后吃苦头的是你自己；而对于那些性格软弱的人，他们常常犹豫不决，需要有人给他们出出主意，他们就是吃硬不吃软的主儿，这时，即便是作为女人的我们也要拿出强硬的作风出来，才能掌控整个局面。对此，在交际过程中，我们要看出对方是吃软还是吃硬，再出准备的心理招数，或以柔克刚，或软硬兼施。

俗话说："求神要看佛，说话要看人。"人上一百，形形色色，每个人都有自己的性情，每个人都有不同的心理。这时候，交际策略也需要因人而异，需要迎合对方的性情、心理特点，这样我们才能有效地掌握主动地位。否则，一味地强势或一味地软弱，只会使我们在交流中处于越来越被动的位置。所以，我们在与他人交流的时候，需要看准人下准药，如此这般，才能使自己在人际交往中如鱼得水、应对自如。

两千多年前，孔子的学生仲有问："听到了，就可以去干吗？"孔子回答："不能。"这时，另一个学生冉求也问了同样的问题："听到了，就可以去干吗？"孔子回答说："那当然，去干吧！"公西华听了，对于老师孔子的回答感到很疑惑，就询问孔子："这两个人问题相同，而你的回答却相反，我有点儿糊涂，想来请教。"孔子回答："求也退，故进之；由也兼人，故退之。"

孔子的意思就是，冉求平时做事喜欢退缩，所以我要给他壮壮胆；仲有好胜，胆大勇为，所以我要劝阻他，做事要你三思而后行。孔子诲人也不是千篇一律，更何况是与人交往呢？在交际场合，面对不同个性的人，更需要我们看准人，办对事，时而强势，时而退避三舍，这样，我们才能处于交际的主动地位。

战国时期著名的纵横家鬼谷子曾经说："与智者言依于传，与博者言依于辨，与贵者言依于势，与富者言依于豪，与贫者言依于川，与战者言依于谦，与勇者言依于敢，与愚者言依于锐。""说人主者，必与之言奇，说人臣者，必与之言私。"其实，与人相处也是一样的道理。对不同的人，采用不同的交际策略，做人要有弹性，这样，你的人际交往才会相应地收放自如。

贝尔那·拉弟埃是个著名的推销专家，当他被推荐到“空中汽车”公司时，他面临的第一项挑战就是向印度推销汽车。这是件棘手的事情，因为这笔交易已由印度政府初审，没有得到批准，能否重新寻找成功的机会，靠的便是特派员的谈判本领。拉弟埃作为特派员深知自己背负的重任，他稍做准备后就飞往了新德里。接待他的是印航主席拉尔少将。拉弟埃到印度后，对他的谈判对手讲的第一句话是：“正因为你，使我有机会在我生日这一天又回到了我的出生地。”

当然，拉弟埃那句开场白“正因为你，使我有机会在我生日这一天又回到了我的出生地”十分得体，语气之中透露出来的亲昵，使拉弟埃与拉尔少将之间的距离更近了一步。结果可想而知，拉弟埃的印度之行取得了成功。在这里，拉弟埃使用的就是“以柔克刚”的心理策略。

心理点拨

1.以情动人

充满感情的话语是能够打动人心的，如果你能够有感情地提出自己的诉求，甚至把自己当下的难堪情境说上一说，对方多少都会因为同情而给予你帮助的。

2.适当示弱

在求人办事的过程中，我们需要以一个弱者的姿态来赢得对方的同情。当然，这里所说的示弱并不是真的示弱，只不过是以话语来博得对方的同情，以达到自己的目的。俗话说：“软刀子更扎人”，这说的就是以话语来赚怜的说话技巧吧。

3.柔中带刚

当我们在求人办事之前，需要找准对方的“心理弱点”，这样我们才有“资本”说出柔中带刚的话语，比如“李警官，你也知道，今天的事情是我无意中看见的，有可能会无意中说出去，不过，相信你会妥善处理好这件事情的”。

4.强硬的姿态

在某些场合，为了达到说服对方的目的，我们需要适时运用强势的心理策略，以强硬的语言表达一种坚定的立场，迫使对方服从于我们。

让更多人参与，巧妙进行说服

生活中，当一个人说一句谎言，没有人相信，但是如果十个人说同样一个谎言，那么这个谎言也会成为真理。人有从众心理，害怕被孤立，总会在大多数人的身边才会有安全感。因此，当你没有办法说服对方的时候。不妨让更多的人参与进来，对对方进行说服。

上高二的小王不知道怎么了，突然间就不想上学了。爸爸妈妈问也不说。怎么劝也不听。就是一个理，上学没意思，不想上了。为了让孩子将来有个好前程。爸爸妈妈发动了一大帮子亲戚朋友轮番上阵，对小王进行游说。两天下来，小王改变了主意，乖乖地去了学校。

让更多的人参与进来，把一个理由说上十遍。听第一遍的时候觉得很可笑，听第二遍的时候也会很可笑，当听第五遍的时候觉得有道理，当听第十遍的时候觉得就是真理。让更多的人参与到你的攻心战中，不断对对方进行心理暗示，再加上人数的不断增多，对方越来越孤立。内心安全感的需要也会促使他更改主意。

那么，让更多的人参与到你的攻心战中，对对方进行游说时，要注意哪些方面的问题呢?

1.参与的人与对方关系要密切

在利用多人对对方进行说服的时候，一定要注意了，这些人和被说服者要有亲密的关系，这样他们所说的话才能起到作用。否则一群无关痛痒的人说了也不起作用，还会引起对方的反感。一般情况下，这些参与的人最好是长辈、亲戚和亲密的朋友。

2. 要确定参与人是站在你一边

在邀请人对对方进行说服时，还要注意，一定要确认这些人和你是一个阵营里的，持一个观点。否则说服就会起到反作用。所以，在邀请之前，一定要跟他们事先沟通，了解他们的想法和看法至关重要。

3.说服对方的时候不要一窝蜂

还要注意的是，说服的时候不要一窝蜂似的涌过去，这样10个人游说和1个人游说的效果是一样的。要选择不间断的前往，这样时间一长，对方就会动摇，就会被说服。

第10章 处变不惊，妙语应对他人不善

玩笑间抹去尴尬，谈笑间打破窘局

在社交场合中，往往会遇到令人发窘的尴尬问题，在这种时候我们要学会处乱不惊，寻找从狼狈的境地中解脱的办法，将自己的思想调整到自由、活跃的状态，用机智的语言来为尴尬的各方打圆场，打破窘迫的局面。

每个人都希望自己在社交场合中做到从容不迫，但是现实却和理想有着很大的距离。在具体的交际中，我们经常会遇到一些让我们措手不及的突发状况。这时候往往会让每一个在场的人都感到异常尴尬，下不了台。如果僵持在那里，只顾及自己不自在的话，别人也会和我们一样感到压抑，最终也会让气氛变得十分凝重，也会让原本可以顺利办成的事情僵持在那里。一个会说话的人能够巧妙地运用一句玩笑话抹去意外发生的尴尬，改变人们的处境和心情，营造出一份特有的气氛，让社交场合重新回到欢快和愉悦当中。

金亚楠和老板陪一位外商用餐。老板热情地请外商点菜，备受感动的外商在看了菜单之后，一时兴起，说了句中国话“tu tou si”，讲完之后又朝着老板笑了笑。谁知老板却火冒三丈，当即指着外商大骂：“你，洋鬼子死！”原来，外商在说“土豆丝”的时候因为发音不准被老板听成了“秃头死”，正好老板就是光头，外商的微笑也让老板误以为是嘲笑，因此就气冲冲地朝着外商大骂了起来。

当金亚楠告诉老板老外的真实意思时，老板顿时暗自后悔刚才的冲动。而外商对老板的斥骂感到不解，同时对他的粗鲁也面露愤怒。双方陷入了巨大的尴尬之中。

为了避免这次因误会而错失的机会，金亚楠便用英语向对方解释道："在我们中国有'打是亲，骂是爱'的俗语，刚才我们老总的行为其实是事先精心安排好的，他并不是要骂您，而是一种示好的方法。可能是因为您对中国文化不太了解的缘故，对他的举止感到不喜欢……"

外商听到之后，转怒为喜，笑着说："这实在是太有趣了，不过，我可不可以不死啊？我还以为你们老板不喜欢吃'秃头死'呢……"外商发出阵阵爽朗的笑声，而老板听到"秃头死"这三个字却总感到不舒服。

金亚楠便继续开玩笑说："我们老总很喜欢'秃头'，就是不喜欢'秃头死'啊！"

"哈哈，那就只喜欢'秃头'好了，'秃头'真的是很不错的！"外商继续哈哈大笑着，老板的脸色也缓和了许多。

面对突发性的事件，没有任何人能够作好事先的准备。而交际场合中尴尬窘迫的现象又是时常发生并且表现不一的，因此，在我们处理这些尴尬的事件时，一定不能拘泥于某个固定的模式，而是要善于分析和思考，从而作出具体的恰当的反应，只有这样才能化窘迫为谈笑，化尴尬为正常。

心理点拨

以下三种方法只是作为参考：

1.转移话题

在交际场合中，往往会遇到一些比较严肃的话题，交际的双方难以在这些事情上达成一致的意见，从而阻碍交谈的正常进行。那么在这个时候，就要刻意地去回避一下，将谈话转移到其他的话题上去，用一些轻松愉快的谈话内容来改变一下紧张的局面，转移双方的注意力。这样就能有意识地将意见分歧较大的话题淡化，让原来僵持的场面重新变得宽松愉悦起来，把给双方心理带来的负面影响降到最低的范围之内。

2.给对方寻找台阶

社交场合的窘困局面，并不仅仅是因为意见分歧较大的事情所导致，还

有的时候是因为一些人对客观时间地点环境因素的疏忽，讲出的话明显地不合时宜，从而造成了整个交际场合的难堪和尴尬。在这种事情出现的时候，对不合时宜的谈话内容进行大声的斥责只会让局面更加尴尬。最行之有效的方法，就是转化一下角度，将这一话题说下去，来为那些有悖常理的话进行合理的解释，寻找其立足的理由。这样一来，不仅有效地解除了尴尬局面，更能让对方对你充满感激，从而从心里愿意和你进行长久的交往。

3.善意曲解，消除误会

在交际场合中，交谈双方难免会因为一时的疏忽而说出一些不合时宜或者是带有歧义的话，从而让别人产生误解，心理上感到不愉快。在这个时候，直接的解释往往起不到太大的作用，倒不如采取故意曲解的方法，对那些不合时宜的话装作不知其意，而是顺着这个话题继续说下去，从善意的角度进行解释或者打圆场。这种看则无心实则刻意地去接话方法，会很快地将局面朝着有力的方向引导和转化。那些尴尬的局面也将会随着故意的曲解而不复存在。

为自己“开脱”，也是一种智慧

在遇到尴尬场面的时候，并不是每一次都能够有人出来为你打圆场，替你开脱。要想让自己摆脱窘迫的场面，就应该依靠你的聪明才智来为自己开脱。

生活千变万化，什么样子的怪问题都可能遇到，而对付这些怪问题的方法，就是作出迅速灵巧的变通，千万不可以被对方的问题困死陷于被动。当你被人刁难的时候，你可以给人似是而非，雾里看花的感觉，可以用“大约、最近、前后、方便的话”等词汇来解决这些问题，为自己开脱。

在一次巡游江南的时候，雍正皇帝和刘墨林来到苏州看到了一尊弥勒佛。雍正皇帝突然指着佛像问：“他为什么对着我笑呢？”这个问题有点难以回答，毕竟佛像见了谁都是一脸笑容可掬的样子，但是刘墨林又不能直说，否则就显得自己没水平。于是他就回答说皇帝是文殊菩萨转世，是当今

活佛，佛见佛故笑。刘墨林原以为雍正皇帝会为此开怀大笑的，不曾想，皇帝话锋一转又问他：“那么，为什么佛见了你也笑呢？”刘墨林不愧为大才子，十分机敏地回答道：“佛是在嘲笑臣成不了佛。”

刘墨林由于刚刚说了佛见佛笑，如果依然这样回答的话，那么他自己也就成了佛，有和皇帝平起平坐的意思，说不好会有诛九族的大罪，因此就把佛的笑说成了是对他的嘲笑，既巧妙地让自己开脱，又给皇帝戴了一顶大大的高帽。

在千变万化的生活中，我们会经常遇到让自己感到为难的问题，如果不去回答的话，显得自己没有礼貌，选择面对的话却有可能会给自己带来一些伤害，那么，就要学会巧妙地为自己开脱。

心理点拨

一般来说，为自己开脱的方式不外乎以下几点：

1.模糊回答

有些问题让你感到不好意思说出口的时候，你可以用模糊的语言来进行回答，这样既能不失礼数，又能很好地维护自己的面子。比如有一个目不识丁的人，有人问他：“你是否读过《十日谈》？”他就回答：“最近不曾”。其实这只不过是一种遁词罢了，实际上他根本就不曾知道有这么一本书。还有一次，别人问他是否看过《莎士比亚全集》，他就回答说“英文没读过。”这样就会给人一种误解，他比较了解莎士比亚的作品，能够读懂英文，但是时间太忙，只是看了别人的翻译，等以后抽时间再去读原汁原味的莎士比亚。此言一出，别人不禁对他肃然起敬。

2.暗示性语言回答

有时候别人向你问话的时候，你感觉如果直言相告可能会让他难以接受，如果不回答的话又说不过去，那么你就不妨讲一些暗示性的话语，做到既能让对方了解事情的真相，又能巧妙地让你得到开脱。

在宋朝时期，有一个叫孙山的人和一个同乡一起上京赶考。到了发榜的

那一天，孙山考中了进士，不过是最后一名，而他的同乡却落榜了。后来，他的同乡感觉脸上无光，就留在了京城，而孙山则回到了家里。回到家后，那位同乡的父亲急切地向他打听儿子是否考中。孙山觉得，如果直言相告的话，同乡的父亲可能难以接受，自己也可能会落一个得意忘形的评价，于是他就随口念了两句诗给那位同乡的父亲听："解名尽处是孙山，贤郎更在孙山外。"那位同乡的父亲听后，明白了他的意思，就转身走了。

3.故意装糊涂

在和别人交谈的时候，如果老老实实地回答别人的问题，很可能就会陷入对方设置的陷阱之中，让你无法下台。在这种情况下，你不妨装作没有听懂，用糊涂的回答来应对别有用心的提问。

在一次记者招待会上，有一个外国记者问王蒙："请问，20世纪50年代的您和80年代的您有什么不同和相同的地方吗？"这位记者是别有用心的，他提问的用意可以说是路人皆知。这时候王蒙却从容不迫地回答说："我在20世纪50年代的名字叫王蒙，在80年代也叫王蒙，这是相同的地方，但不同的是，当时我才20多岁，现在却已经年过半百了。"

记者提问的目的是让王蒙谈一下对中国国内改革形势的感受，又不好直冲冲地进行提问，就给王蒙一个限定的年代的范围，而王蒙却故意曲解对方的本意，只从自己的年龄变化上来回答问题。这个回答是无懈可击的，既给了对方一个答案，又没有给对方任何有效的信息，还不能让他抓出破绽。

避开"敏感区"，别让对方下不来台

心理学家们通过研究发现，每个人都有着自己特殊的"敏感区"，这个敏感区域包括个人的隐私过错以及自尊和做事底线等。每个人都不愿意在别人面前过多地暴露出个人的隐私或者以前的错误，更不愿意让个人的尊严受到别人的伤害。因此我们在交际活动中，一定要注意不要触及对方的敏感区，更不要让对方觉得当众受到侮辱。哪怕是为了改正别人的缺点而进行必

要的劝说，也要注意正确的方式和方法。

《菜根谭》里有这样一句话很有道理："径路窄处，留一步与人行；滋味浓时，减三分让人尝。"这句话的意思就是在告诉我们，做什么事情都要先考虑一下别人，而作为日常生活中必不可缺的说话更要如此，一定要坚持一个原则，不能够在别人面前口无遮拦，更不能为了一时的心直口快而侵犯别人的隐私，进入别人的敏感区，让别人下不了台。

王小姐是一家公司的员工，担任文秘工作。她是一个聪明伶俐的小女孩，总能给别人提供真诚和无私的帮助。但是，像这样一个有着很多优点的小女孩，却无论如何也不能获得别人的喜欢，相反的，还有不少人在远远地躲着她，在一些朋友聚会中也会故意"忘记"招呼她。这主要是因为王小姐的性格比较爽朗，经常喜欢开一些恶作剧的玩笑，常常让朋友们感觉下不了台。

有一次休息的时候，她的一位同事神秘地说："你们看看这张照片是谁的？"等大家挤过来看的时候才发现是一个橘子皮，顿时就感觉索然寡味，都退回到了自己的座位上，而王小姐却大呼小叫地说："你拿李建的照片做什么？"这下子，李建感觉受到了莫大的侮辱，气得涨红了脸，而一些好事的同事就给他起了个"橘子皮"的外号。从此之后，李建见到王小姐就远远地躲开了。

还有一次，一个同事穿着一身新西装来到公司，别人都微笑友好地对他说："您今天可是真精神啊，这件衣服很适合你。"这时候王小姐又口无遮拦地说："你这件衣服也太不上档次了吧，是不是今年的款式还说不准呢。"那位同事对服装是十分讲究的，听王小姐这么一说，脸色顿时变得铁青。

王小姐不仅对同事这样，对老板也同样如此。有一次，老板和客户签协议，客户看到老板龙飞凤舞的签名之后，夸奖道："您的签名可是真气派呀。"老板刚想谦虚几句，没想到王小姐却不知趣地抢过话头："我们老板练了三个多月了，能不气派吗？"此言一出，让老板和客户都陷入了巨大的尴尬之中。

王小姐之所以不被朋友们所欢迎，原因就在于她不懂得如何去尊重别人，以为讲一些肆无忌惮的话能够活跃气氛，无伤大雅，而最终的结果却表明了她的做法和想法是错误的。每个人都有着自己的性格，各自所敏感的东西也会与众不同，我们在交际中一定要注意尊重对方的人格，在谈吐之间尽量不要涉及对方的敏感地带。

心理点拨

我们应该在以下几个方面多注意：

1.可以适当地开玩笑，但是不能以讽刺他人为目的

玩笑话一般能起到活跃气氛、缓和人际关系的作用，但是有些人在开玩笑的时候不懂得适度的原则，喜欢讽刺、攻击、责怪他人，尽管可能会引起短暂的笑声，却给被嘲笑者的心理上留下巨大的阴影，甚至会造成一些意想不到的后果，让本来十分宽松的气氛显得过于紧张和难堪。

2.任何谈话都不要涉及他人的隐私

无论处在任何场合下，也无论对方和自己是多么的熟悉，都不要在交谈的内容中涉及对方的隐私。俗话说“言者无意听者有心”，有时一句无心的话，在别人听来可能就是一种讽刺和侮辱，从而对你产生极其恶劣的印象。

3.千万不要拿别人的短处来说事

在社交场合总有那么一些人，喜欢用别人的生理缺陷和生活缺陷来当谈资，作为炫耀自己的一种方式。比如说些“你的头上没有头发，是不是想无法无天啊”“你那几个月不洗的臭脚可以熏死一屋子人啊”等，这样就会让别人对他产生很大的厌烦情绪，从内心里也不愿意和这种人打交道。

好好做自己，不要在意他人的评说

在生活中，我们经常会遇到一些不顺心的事情，比如自己的正确意见不被别人接受，个人的做事方式难以取得别人的理解等，这些不愉快往往会把我们推进十分尴尬窘迫的境地。每当碰到这种情形的时候，有的人会沉不住

气，要么为自己的意见和建议进行大声的争辩，要么指责别人的迂腐或者是别有用心的破坏。当一个人采取这种方式的时候，就会显示出手忙脚乱、情绪失控等表现，这样只会使事情更加恶化，却不会使问题得到最终的解决。既然这样只能给别人留下笑柄，那么我们倒不如改用沉默的态度来对待它。当你采用沉默的态度时，就能够显示出你的不在乎和不介意，也就能够在气势上征服对方。我们应该知道，只有缺乏实力没有信心的人才会十分看重别人的脸色和评论，而真正的强者，却是不会介意任何外在因素的。

赵普是北宋时期著名的政治家，是宋太祖和宋太宗时期的宰相。他在做宰相期间，经常向皇帝推荐有才能的人担任官职。

有一次，赵普向宋太祖推荐一名有能力的官员，但是太祖并没有采纳他的建议。赵普并没有知难而退，第二天上朝的时候又将举荐的奏折递了上去，宋太祖依然没有答应。

赵普仍然没有放弃，在第三天的时候又把举荐奏折递了上去。太祖看到他连续三天都上同样的折子，感到十分愤怒，怒气冲冲地把奏折撕了个粉碎，咆哮着说："你只是一名宰相，并不是皇帝，要不这大宋的江山交给你来管算啦！"满朝文武听了，都为赵普捏了一把汗，而赵普却并没有表现出丝毫的慌乱，也没有进行辩解，只是默默地把那些撕碎的纸片一一捡起来，回到家里仔细地粘好。到了第四天上朝的时候，他将粘好的奏折恭恭敬敬地递到龙案上，静静地等待太祖的批复。

太祖知道拗不过他，只好长叹一声，准了他的折子。

事后，太祖就问赵普说："如果我当时还是不批准你的折子，你会怎么办呢？"

赵普回答说："如果您不批准的话，我还是会上奏这件事的。"

太祖笑问："难道你就不怕我杀了你吗？"

赵普说："陛下一再强调任人唯贤，臣是按您的旨意办事，自然内心无愧。何况，陛下是尧舜之君，并非残暴好杀之人，故而臣也没有任何害怕的地方。"

太祖听了，不由得大笑起来，又对赵普的忠心耿耿进行了一番夸奖。

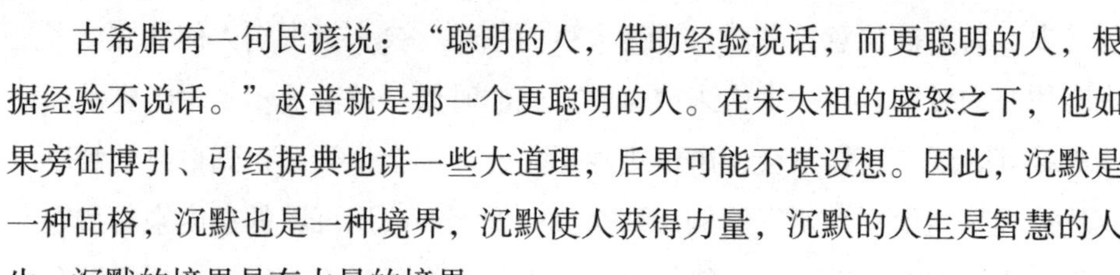

古希腊有一句民谚说：“聪明的人，借助经验说话，而更聪明的人，根据经验不说话。”赵普就是那一个更聪明的人。在宋太祖的盛怒之下，他如果旁征博引、引经据典地讲一些大道理，后果可能不堪设想。因此，沉默是一种品格，沉默也是一种境界，沉默使人获得力量，沉默的人生是智慧的人生，沉默的境界是有力量的境界。

有些人在交际生活中，无法接受口舌上的失利，总要做出拍案而起的动作，这样或许能显示出一个人的血性，但更多表现的却是不成熟和好冲动的心理特征。这样的做派，或许能在争论中占上风，但却失去了风度，最终必将是得不偿失。

心理点拨

在工作和生活中的一些交际场合里，面对尴尬和窘迫以及慌乱的场景，如果我们做不到泰山崩于前而色不变的境界，那么就不妨克制一下自己，做到以下三点：

1.不失礼

交际场合是最注重礼节的地方，哪怕处在盛怒之中，也要保持一定的礼节，以表现出你的修养和心胸。比如，当别人在你面前说些刺耳的话时，你不能因为怒火中烧而对别人恶言相加，更不能有饱以老拳的粗鲁行为，最佳的选择是沉默和冷静，如果做不到这一点的话，可以运用口才的技巧进行得体的反驳和纠正，只有这样才会消除别人对你的误解或者捉弄。如果用失礼的行为去对待的话，只会起到越描越黑的负面效果。

2.不失态

当一些不如意的事情出现在你身边的时候，从很大程度上来说，这也是一次见证你人生态度和处事修养的机会。言语上的不合或者事情上的不顺心给一个人内心带来的波动是很正常的现象；当然面部表情发生相应的变化也在情理之中。不过，凡事都需要讲究一个度，我们应该学会控制自己的情绪，不能让面部表情处于阴晴不定的状态，努力做到喜怒不形于色。因为一

个人的失态，就表明了感情冲动难以控制，更表明了一个人思想上的不成熟。失态之后做出的种种举动，在别人看来，是十分幼稚和荒唐的，经常处于感情失控状态下的人，在交际场合中也就很难受到别人的欢迎。

3.不失言

失言和失态是因果的关系。人很容易在失态的张狂下口不择言，对别人恶言相加，从而造成严重的后果。人们常说“口舌如利剑”，一些不合时宜的言语很容易伤害到别人的感情，更会给自己带来无尽的麻烦。因此，在尴尬窘迫的处境中，你应该控制自己的情绪，哪怕有任何正当的理由，也要在停顿一分钟之后说出你要说的话，只有这样，才不会“祸从口出”，给自己惹下麻烦。

临危不乱，冷静应对麻烦事

处境不变、临危不乱是一个成功者的必备素质。一个成熟的人绝不会因为一些外部环境的变化而显得惊慌失措，他们能够让自己保持镇静，经过快速的思考之后作出迅速的决断，采取正确的行动去改变不利的客观现实。

公元383年，前秦皇帝苻坚率领百万大军南下，扬言数日之内吞并东晋，一统天下。消息传到建康之后，朝廷上下一片恐慌。作为宰相的谢安却没有表现出丝毫的慌乱，镇定自若地派谢石、谢玄等人率领八万北府军前去迎敌。当时有些人害怕建康不保，准备派精锐部队保卫京师，却被谢安拒绝了，别人问他这样做的理由，谢安却笑而不答。谢安心里明白，苻坚虽然来势汹汹，但却内部矛盾重重，百万大军之中都有厌战情绪，没有多少战斗力，这次必将大败而归。

谢玄在出发之前，心中忐忑不安，向谢安询问对策，谢安只是淡淡地回答了一句“一切我都安排好了”，之后便绝口不提军事。谢玄心里还是没底，又派部将张玄去打听，谢安依然没有回答，反而邀他下起棋来。此时的前秦军队已经到达了长江边上，张玄心里十分恐慌，在下棋的时候想着前方的战事，结果屡屡败在了神气安然的谢安手里。

后来，晋军大捷的战报传来，谢安依然在和别人下棋。他看完战报之后，不动声色地把它放在了一边。客人忍不住问他，谢安的回答依然是淡淡的："没什么，孩儿们已经破敌了。"一直到下完棋，客人告辞之后，谢安才抑制不住心头的喜悦，高兴地走回家中，却没有发现他木屐底上的屐齿已经断了。

在大军压境之下，养尊处优已久的满朝文武大臣们都成了热锅上的蚂蚁，每个人都陷入了空前的恐慌之中。身为宰相的谢安能够处事不乱，坦然地面对这巨大的变故，这并不是他的故作玄虚，更不是因为他做了一些"夜观天象"准备，而是他对前秦的国情了如指掌，对这场战争也早就有了胜算。如此胜算，并非是他拥有料事如神的本领，而是源于他个人的知识积累和思考分析能力。

俗话说："仓中有粮，心里不慌。"每个人都渴望在纷杂的外相之中认识事物的本质，作出正确的推算，让自己的谈吐做到一语惊人、一语中的，但是这种本领却并不是来自先天的遗传，而是来自后天的锻炼。这种"君子不言，言必有中"的口才是以足够的个人修养和文化底蕴作为基础的。如果你想成为这方面的人才，就不妨从提高个人的素养、开发个人的潜能入手，做一个胸有成竹的谈话者。

心理点拨

如何让自己"仓中有粮"做一个成竹在胸的谈话者呢？以下几条可以作为参考：

1.广泛地阅读

古人有言"家事国事天下事，事事关心"，那么要想成为一个关心天下事的人，就要进行广泛的阅读。从报纸、杂志、书本上了解社会动态、国家大事，通过对这些动态和变化的了解和思考，来提升你的分析能力和辨别能力。

在日常生活中，我们每天都要和报纸杂志打交道，那么在阅读的时候，

最好养成做笔记的习惯，把一些好的句子和观点记下来，哪怕是每天只记上一两句，但是随着时间的推移，就会积土成山，你的文化修养也就有了显著的提高。文化修养得到提升之后，看问题就能更深刻，就能够通过现象认识本质，从而在谈论一些问题的时候也就避免了盲目和肤浅。

2.积累名言警句

名言警句虽然字数比较少，但却能很精炼地指出一些东西，表明一个道理。短小的名言警句是前人在经过深思熟虑之后提炼出的精华，我们不能因为它的篇幅较小而去忽视它。在听别人说话或者是看书的时候，多注意积累一下这方面的知识，久而久之，你的谈话题材和资料就会越来越多，分析能力也会越来越强，口才也就会越来越成熟。

3.关注日常生活，勤于思考，提高判断力

生活是一本读不完的书，也是一切知识和思想的根源。因此，在平常的生活中，要注重对生活的观察和思考，身边的事情无论大小，都要进行有目的的关注，这样才能吸取自己所需要的东西。在和别人谈话的时候，不要停留在客气的层面上，要注重倾听，因为，每个人都有自己的闪光点，通过别人的谈话，你也可以学到很多个人需要的东西。只有注意对生活的观察和思考，才能有更好的知识积累，培养你在言谈之中的分析能力和辨别能力。所谓“厚积薄发”，正是这个道理。

三言两语让取笑者自取其辱

在生活中，我们会遇到一些自高自大者的讥笑和嘲讽，为了捍卫我们自己的尊严，我们就要采取一定的应对措施对其进行反驳，让取笑者折服，不敢再小瞧自己。正确的方法，不仅能够化解自己的尴尬，还会让一心想看我们笑话的人处于窘迫的境地中而自食其果，自取其辱。

有一个农民大爷骑着毛驴进城赶集。路边的西瓜摊上有一个年轻人正在吃西瓜，那位年轻人见了他大声地招呼说：“喂，天气这么热，你干脆停

下来休息一会儿，过来吃块西瓜吧，我请客！”大爷不认识这个年轻人，听他这么一说，就客气地回答说：“谢谢你的好意了，我还要忙着赶路呢，西瓜就不吃了。”谁知那个年轻人却斜着眼，怪腔怪调地说：“哎哟喂，老爷子，我是在问驴呢，你搭的哪门子腔？”大爷一听，非常气愤。他跳下驴，照准驴脸就左右开打，“啪啪”地打了几巴掌，边打边骂：“你这头爱撒谎的驴，出门的时候我问你城里有男朋友吗，你说没有。你没有男朋友，人家为什么会请你吃西瓜？”那个年轻人听了，脸上挂不住，只好灰溜溜地逃跑了。

那个小伙子本来是想用驴来取笑一下大爷，没想到自己却成了驴的“男朋友”，最终落了个自取其辱。

心理点拨

面对别人的捉弄和取笑，我们既不能默不作声，又不能因为愤怒而丧失了理智，应该选择正确得当的方法进行有力的反击。

1.反唇相讥

反唇相讥绝不是简单的以牙还牙，而是在别人说出侮辱性的话语时，抓住对方的一句话或者是一个词语、一个比喻的漏洞，运用对方错误的语言逻辑，将一些侮辱和讽刺性的话来反赠与他，让他推辞不得而又哑口无言，搬起石头砸自己的脚。

2.扬长避短

由于别人的取笑都有一种先发制人的优势，被取笑者在一开始的时候就会处于不利的地位，在这个时候，就要充分地发挥自己的长处，去攻击对方的短处，那么就会很快地将劣势转化为优势，将被动转化为主动，也就会让取笑你的人很快地处于下风。

1984年，73岁的里根参加美国总统竞选。他的竞选对手嘲笑他老态龙钟，绝不会有大的作为。而里根却幽默地应对说：“我之所以对总统大选充满信心，就是因为我的对手太年轻而没有经验。”

里根的这一巧妙反驳，将年龄大和经验多联系在了一起，从而消除了年

龄大给他带来的不利局面，也就让对方的嘲讽失去了立足之地。

3.先冒犯，再狡辩

有时候，我们会面对一些地位较高的人的捉弄与嘲笑，在两者身份地位不相称的时候，不妨先硬碰硬一次，之后再进行一番花言巧语的辩解，做到既能维护个人的尊严，又让对方觉察出自己的错误，从而改变对你的态度。一般情况下，狡辩是比较令人反感的，这种形式也多是在不得已而为之的情况下才会采用。

颜触拜见齐宣王的时候，齐宣王为了打掉他的威风，就坐在大殿上，用倨傲嘲笑的姿态如唤宠物般的口气说："触，走过来！"

齐宣王的这种态度是十分无礼的，颜触感到十分尴尬，为了捍卫自己的尊严，他就学着宣王的口气说："王，走过来！"

齐宣王听了，怒不可遏，对颜触呵斥道："寡人是君，你是臣，你有资格叫我走过去吗？"

颜触辩道："说起道理来应该这样，因为我果真走过去，那是仰慕王的势利，而我叫王走过来，是让王表示他趋奉贤士。如果叫我做仰慕势利的事，还不如让王做趋奉贤人的君主好啊！"齐宣王听后觉得有道理，也感觉到了自己的错误，就亲自走下殿来，邀请颜触进去。

当我们面对别人的嘲笑时，如果怒气冲天，不仅不利于事情的解决，反而还有可能落入别人预先设定的圈套中，也会危害到自己的形象。如果选择躲避和忍让，就会让对方觉得你是个软弱可欺的人，从而变本加厉地去嘲笑捉弄你。这个时候，你就要运用正确的语言艺术来应对，让对方自食苦果，自取其辱。

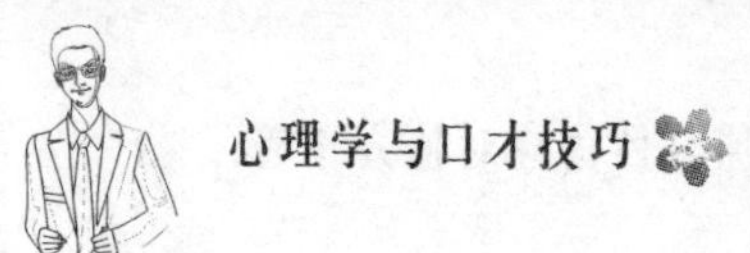

第11章 言语暖心，简单话语也能劝慰他人

理解他人苦恼，把话说到心里去

“给不幸的人送去最贴心的安慰，是一个女人的美德。”女人善解人意，语言温婉动人，往往能够带给不幸的人温暖和慰藉，减轻他人痛苦。人生的道路往往逆境多于顺境，坎坎坷坷，苦恼最是难免，除了当事人需要自我调节，还需要朋友最贴心的安慰。人们往往很难忘记曾经和自己一起分担痛苦、在不幸中给自己温暖和力量的那个人，女人要学会担当这一角色，才能有更多的患难与共的真心朋友，关键时刻才能获得更多的帮助和关怀。

然而，并不是所有安慰的话都可以让人感动，只有掌握一定的技巧，才能说得贴心，让人感到欣慰和感激，怎样给不幸的人送去最贴心的问候呢？首先要站在对方的角度，理解他人的苦恼，才能说到对方心里去。

心理点拨

1.多倾听对方的苦恼

安慰一个人，听比说更重要，很多人并不需要你的安慰和帮助，只是需要一个静静听他诉说的人。聆听时最好不要追问事情的前因后果，也不要急于去做判断，给对方一定的自由空间，让他去诉说自己的感受，更能分散苦闷的心情。

某女孩和老公吵架，向闺蜜诉说她的烦恼，其实，吵架的原因并不重要，也不大，主要是女孩子身在外地，总觉得孤单，心理敏感，感觉老公和

家人合伙欺负她。这种因为远离家人和好友，远离熟悉的人，而产生的孤独、郁闷和委屈是很多新婚的年轻女人都体会过的。朋友只是静静听她反复诉说，然后告诉她自己也有过这种感受“事不大，但感觉特别委屈，特别想流泪。”一下子说到了女孩子的心坎里。

2.理解他人苦恼

由于生活实践、家庭背景、所受教育的不同，每个人对苦恼都有不同的理解，在有些人眼中很严重的事，在另一些人眼中似乎“不值一提”。当试图安慰一个人时，首先要理解对方的苦恼，接纳对方的世界，不要迫不及待地提出自己的见解，还更不要对对方的感受妄加评断。安慰者必须先放弃自己根深蒂固的成见，真正站在对方的角度去看他所面临的问题，走进对方的内心世界，才能对对方的痛苦感同身受。

3.用真情实意的关怀贴心问候对方

贴心的问候，往往能一下说到对方的心坎里，安慰时最好先问别人的感觉，比如“你感觉好些吗？我能为你做点什么？”或者“你愿意和我说说发生了什么吗？说不定我能帮上你”。这些贴心的关怀性语言可以让对方感觉到你真诚的关心，和帮助对方的意愿，从而让对方内心充满温暖。

切忌一些缺少感情色彩的僵硬安慰，比如“不要担心”“不要难过”“一切都会好起来的”“勇敢点”“请节哀”等这类套话因为司空见惯，而缺少关怀，往往很难真正打动人心。

纽约怀特普兰的一名心理治疗专家露斯·罗森菲尔德说：“别拿你的情绪去影响他——更别指望让他接受。你需要做的就是认真倾听，接受你朋友的情感，理解这种情感。”唯有理解，才更贴心，唯有理解和关怀，才能让朋友感到温暖和力量。

表达理解，说最贴心的话

被戴安娜王妃誉为“洁白的小天鹅”的英国著名童星艾莉在12岁时患上

骨癌，准备截肢。手术前亲朋好友和热心观众都闻讯来探望、安慰她。有的说："别难过，说不准还会出现奇迹，还有机会慢慢站进来呢！"那个说："你是个坚强的孩子，一定要挺住，我们都在为你祈祷。"艾莉一言不发，默默地向所有的人有礼貌地以微笑致谢。戴安娜也来到了小艾莉的病床前，她把艾莉搂进怀里说："好孩子，我知道你一定很伤心，痛痛快快地哭吧，哭够了再说。"艾莉一下子泪如泉涌。自从得了病以后，什么样的安慰话都听过，就是没有人这么说过，艾莉觉得最能体贴、理解她的就是这样的话！

心理点拨

最能宽慰一个人的话就是对自己情感的理解和感同身受，这样的话往往使不幸者感受到自己找到了一个"同盟者"，一个最能体会自己内心感受的人。怎样表达自己对不幸者的理解来宽慰对方的心呢？

1.不要直接表达"理解"

很多人安慰别人时通常会说"你的心情，我理解，但一切都会过去的"或者"我理解你的心情，因为我也曾经……"这些不痛不痒的话不会带给不幸人任何的温暖和贴心的感觉，相反啰嗦自己曾经的经历和如今的平静心情还会招致反感。

2.把你理解的感受讲出来

比如"你一定非常痛苦""你很郁闷吧""其实也知道没什么，还是感到特害怕，是吧？""觉得特委屈，是吗？"或者把对方内心的隐秘感觉讲出来"你是不是很担心，很焦虑？放心吧，等真正事到临头了，你反而会镇静下来，这个我有体验。"对方的心往往能够放松下来。

3.帮对方分析原因

如果能够分析对方沮丧情绪的原因，安慰起来就能事半功倍。比如一个女人离婚了，很难过，但很多朋友安慰都无效。她的某个知心好友则开导她"你是不是觉得自己拴不住老公的心，怕被别人笑话？你是不是觉得男人被

别人抢了特不甘心？我反而觉得离婚对你来说是种解脱。”经过朋友的一番分析，女人也觉得自己是“当局者迷”，自己对上一段婚姻没有那么留恋，不过是不甘心而已，也就走出了离婚的阴影。

4.提供有效的方法

比如戴安娜安慰中有一句“痛痛快快地哭吧，哭够了就好了”。理解别人的情绪，那么怎样对付这种情绪呢？不妨准备两三个好用的小招数，面对刚刚跟男友分手的小姐妹，“别郁闷了，咱们一起逛逛街去吧，买两条新裙子，把自己打扮得漂漂亮亮的，心情好了，眼睛更亮，咱再挑更好的。”当然，挑选的小招数最好能够投其所好，和对方的性格相合。否则，对方哭得跟泪人似的，劝她“别伤心了，打场球就好了”肯定是没用。对方是焦灼还是郁闷，是伤心还是痛苦，是恐惧还是担心，不同的情绪有不同的应对招数。了解朋友的心情和性格，才能说出最贴心的话，才能宽慰对方。

作为朋友，把自己对于不幸者的心情的理解讲出来，也许就能帮助他们透过迷雾看清自己真正的情绪和伤心的原因，才能更快走出人生的迷雾。

巧妙劝慰失意之人

面对人生中的不如意，不同的人心理是不同的，但相同的一点是：如果他们面对比他们幸运的人，会产生自怨、气馁、灰心、丧气的复杂感觉，这就是为什么不要在失意的人面前说得意的话。而面对比他们更加不如意的人他们则会产生自得、幸运的感觉，失望、消极的情绪自然被“知足”取而代之。

所以安慰一个受到挫折、情绪沮丧的人，不妨诉说他人的烦恼、痛苦，采用这种“比下有余”的方法，也会让他们暂时从失意中解脱出来，继而产生“幸好我还没有到那个地步”“比起他们来，我这点挫折又算什么”的感觉，从而冲淡他们的失意感，使之更加振奋。

心理点拨

这种方式的安慰要怎样表达更有效呢?

1.语气要诚恳、同情

叙述别人遇到的麻烦，态度应该诚恳，同时要表示自己的同情和无能为力的遗憾，否则会被朋友误会你对第三者的麻烦感到幸灾乐祸，从而疑心对自己也存在幸灾乐祸看热闹的心理。千万不要说“他当时比你现在还惨”“可怜他就没你这样的好运气了……”这样直接的比较之言会让对方非常反感。可以说“听说某某也和你有过同样的经历……”然后直接把对方遭遇到的麻烦、困难叙述出来，不要与被安慰人作比较，更不要说“再看看你，这点小事算什么？”最后不妨提点对方一句“你是不是应该乐观点？”

2.可以对比着说

不是两个人的对比，而是第三者痛苦经历和现状对比着说，比如先叙述对方曾经遭遇的挫折，再说现在他生活得很好，功成名就，然后归结为“所以说，天将降大任于斯人也，必先苦其心志，这点麻烦，其实就是对你的一个考验，可见你以后是要有大成就的。”“你看自古一帆风顺的，哪个能有大的业绩，哪个功成名就的人，不是经过大风大浪的？你现在若能闯过风浪，必然能否极泰来。”或者“我相信你也能像他一样闯过风雨。”

3.切忌“知足常乐”式的表达

安慰一个人是为了使之平和快乐，如果只是讲一讲别人的痛苦经历，然后希望对方“知足常乐”或者“你还是幸运的，有什么不满足呢？”就会使对方陷入安于现状、不思进取的陷阱，就失去了安慰的意义。一定要在劝慰中让对方看到自己的优势和长处，让对方看到希望，以图东山再起。比如“我觉得，你在某方面还是比他明智的，所以没他栽那么大跟头，以后肯定还有更多机会。”就是比较好的一种劝慰语言。

总之，让一个人意识到自己是幸运儿的方法，就是让他看到比他更不幸的人，失意对比更失意，就会有一种对比的自得，这种自得往往也能产生一种力量，带一个人走出人生的低谷。

用积极阳光的言语安慰病人

人在生病的时候，往往会焦躁、沮丧、情绪低落，经常心烦意乱或胡思乱想。整天面对医院枯燥的白色，也往往会使人陷入慌乱，如果能用生动阳光的语言给对方的生活增添些乐趣和希望，他们的心情就会稍微好转。但想要真正达到安慰病人的目的，则必须讨巧，讲究一些谈话技巧也是有必要的。

心理点拨

1.交谈要有针对性

一般和病人或者家属的交谈，离不开对病情和养生之术的探讨，事先对病人的病况、情绪、相关疾病的保养有所了解，安慰就会更有针对性。比如有些病人对自己所患疾病是否能治愈没有信心，可以多介绍其他相类似疾病病愈的例子，让患者相信医生，就可以减少忧虑。有些病人则对经济负担过于看重，可以介绍一些实际的办法，比如争取医保、单位补助、大病保险的预付等能分散病人的担忧，也可劝慰对方“着眼健康”“不彻底治愈反而会反复花费更多费用”。如果病人只是厌烦医院枯燥的生活，可以多讲些有趣的事，多闲聊，也可帮对方带些书籍、刊物、手工编织等对方喜欢的消遣时光的物品。

2.真诚、坦率安慰别人

病中的人情绪会更加敏感，最好不要用怜悯、紧张、隐秘的方式谈话，否则，病人会以为自己的病情有什么“内情”，对病愈反而不利。诚恳地劝慰对方保重身体，技巧就在于交谈时的音量要恰当不要过低，语气要温和真挚而不怜悯嘲笑，用词婉转而不令人生疑。尽量让患者以为你探望之后，为他感到愉快，心情轻松，真心为他病情好转而高兴，这样更有利于减轻病人的心理压力。

3.多谈一些开心的事情

从患者单位的事情、家中的事情或者他关心的事情中，挑选一些轻松愉悦的讲给对方听，或者征询患者的意见，都可以让对方感到自己受重视，感到家庭、单位离不开自己，才能更有利于患者的恢复。很多同事在探望病人时往往会安慰对方“单位的事不用你担心，有我们呢，你好好养病”反而让病人觉得自己无足轻重或者自己将因为疾病而被替代，加重患者的思想负担，于病情更加不利。

4.尽量轻描淡写放轻松

谈论患者的病情时，要尽量轻描淡写，放轻松点，不要语气沉重，更忌窃窃耳语，更不能与其谈论有可能增加忧虑和不安的消息与话题。可以说：“多幸运呀，我也想生点小病，好好地休息几天。”或者“这点小病痛，有几天就又能活蹦乱跳了，我们还等着你给我们唱歌呢！”“你真幸运，最近我们忙得脚不沾地了。”让对方的心情不自觉地就轻松愉快起来。

总之，探望病人时一定要懂得什么话可以说什么话不可以说，应该怎样说，让对方感到更温暖，才能达到鼓励病人与病魔做斗争的信心，也才能让病人真正感激你。

温和贴心的语言减轻对方悲伤

人生在世，命运神秘莫测，不如意事八九，面对痛失亲人爱侣、失恋、失业等不幸和痛苦，我们常常需要朋友的安慰帮我们洗脱悲伤，对方也一样。对着那些悲伤的面孔，我们常常会觉得无助、无能为力，似乎任何的安慰都难以达到他们的内心。其实，技巧高超的安慰虽然不可能真正消灭痛苦，但可以给他们的内心带来温暖和希望，减轻悲伤。

心理学家也提醒我们：“安慰不等同于治疗，治疗是要使人改变，借改变来断绝苦恼；而安慰则是肯定其苦，不试图做出断其苦恼的尝试。”因此，在安慰的过程中，主要不是提供解决的方法，给对方明确的见解或者干

预对方的情绪，而主要用倾听等方式了解并认同对方的痛苦，用温和贴心的语言减轻悲伤的程度。

心理点拨

具体策略与技巧：

1.认同他们的痛苦

认真倾听他们的痛苦，不要轻易询问或做出指责、评判或安慰之言，你的倾听就是对对方最大的安慰。当朋友失恋，他们不希望你指责他们或已经分手的伴侣，过多的评判也许会引起对方不必要的反感。失业也同样如此，指责对方的上司或公司、质疑他们的能力或公司的公平是最不明智的一种行为。对于失去亲人的朋友，不要轻易提及死者，更不要轻易表示理解和怜悯，最好的办法是劝他们忘记那些无可挽回的不幸，询问对方对今后的生活有什么打算。

2.允许他们发泄

无论是对方失去理智地谩骂、唠叨、哭泣，都是一种发泄的方式，无论他们的遭遇是不是公平的，遭受痛苦的初期，他们都可能态度偏激，这时候不要劝解，更不要批评，跟随他们一起指责对方更是不明智的。发泄也是一种疗伤的过程，这时候最好静静任由他们发泄，让他知道你支持他的心意。

3.少谈论自己

在安慰他们的时候，最好少谈论自己，无论你是否有过类似的经历，你的经验都不足以应付他人的情绪。你是去提供关心和帮助的，一定要多关注对方的感情最好不要说类似于“我理解你的心情和处境”“我曾经也……”之类的话，有把自己的处事态度强加给朋友的嫌疑，最好改为“我很痛心你失去了……我能帮你做点什么吗？”更能体现你对对方的关怀。

4.不要表现出你的怜悯

当一个人失去自己的亲人、恋情、事业的时候，往往是最软弱的时候，心灵也往往最敏感，特别是平时自尊心很强的人。要给人安慰，但一定不要

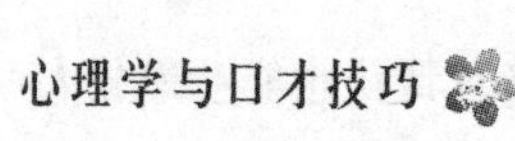

表现出你的怜悯，诸如“可怜”“可叹”“不平”之类的话最好不要轻易说出来。

5.陪对方走一程

面对对方的痛苦，不妨用陪在对方身边的方式来纾解对方心中的痛苦，邀对方一起吃个饭，三五亲密朋友聚一聚，时不时和朋友一起去散散心，都能帮助他们减轻内心的痛苦。

6.实用的几句劝慰

亲人逝去时——“听到这个消息，我也很难过，能为你做些什么吗？”“我很痛心你失去了亲人，我能帮到你吗？”“你一定很痛苦，有什么需要帮忙的，尽管开口”

失恋时——“分手总是让人难过的，但是往事如烟，忘掉不开心的事情，开始新的生活吧！”“感情破裂总让人难以承受。有什么需要我帮忙的，随时找我。”

失业时——“塞翁失马，焉知非福。一定还有更好的机会等着你，不要气馁。好好为未来打算一下吧。”“这太突然了，我很遗憾，但我知道有更好的工作在等着你。咱们好好想想看有哪些合适的机会。”

用夸赞来安慰，给对方以勇气

当一个人遇到挫折的时候，最好的安慰不是鼓励，而是夸赞，对他之前努力的确定、认同和赞扬会解开对方对自己能力的质疑，给对方以勇气和鼓励，比直接的鼓励更能深入对方的内心，坚定对方的信心。尤其是有远见、有智慧的女性的夸奖更能带给对方更多勇气，对于男人来说，女性在低谷时期的夸赞是坚持的源泉，对于女人来说，来自同性的夸赞更为难得，因此也更能给她们坚持下去的勇气。

怎样用夸赞来安慰一个人呢？仅仅是赞美是不够的，略带恭维的赞美如果用于取得成果时，怎样都不会有大错，如果用于遇挫，则可能被对方误会

是一种讽刺，必须要谨慎运用，才能真正起到安慰的效果，给对方以勇气和力量。

心理点拨

1.肯定对方先期的努力

这种肯定一定要理性，最好加上一些分析，类似于“我一直觉得你很棒”实际上没有什么效果。如果能够切中要害地做一些分析，比如“我觉得你这个项目选得很好，很贴近客户，而且也做出了很多努力，现在虽然效果不显，也许是时机还没有成熟，再等一段时间，或者加大宣传的力度，反馈也要时间的，不要丧气嘛！”或者“你一直都很谨慎周密，我相信不会有大的纰漏，这只是一种缓冲。”“我觉得你很努力，很勤奋，大概还需要一点运气，不是说‘成事在天’嘛，等待时机，一定会成功的。”这种饱含信任和欣赏的赞赏，往往更能给对方鼓励。

2.夸赞中含有鼓励和信任

在夸赞对方的同时表现出自己的鼓励和信任，往往能让对方信心大增，鼓起勇气。面对挫折的境遇，一个人往往容易对自己的能力或行事方法出现质疑和动摇，他们需要旁观者的认同、鼓励来确定自己的行为。如果对方的方法没有问题，只是时机或者努力不够，劝慰者最需要做的就是要帮对方确认他的能力和行事方法，告诉对方“你的做法没有问题，我相信只要你能坚持到最后，就一定能够成功。”或者“你的努力是大家有目共睹的，我们都很佩服你，至于结果如何，我相信一定是一次比一次更好，这些进步大家都看在眼里，不要灰心，就一定能达成所愿。”

3.指出对方的不足

鼓励性质的话很多时候不能给对方多大的实惠，能坚定对方的信心，但不一定有所助益。如果能够分析出问题所在，和对方一起分析出挫折、失败的原因，找出症结所在，则更有助于对方理智思考存在的问题和缺陷，有助于对方完善自己的计划和行动，对走出困境往往更有助益。当然，这种安慰更需要讲究方法和技巧，否则更容易弄巧成拙，可以先赞扬，然后找出问题，比如“我觉得这个计划做得很棒很完美，也很贴近现实，但实施人行动力不足，分工不够明确，导致整个项目太拖沓，太混乱，把大家都拖入了困境。现在更正还不算晚，相信一定会更顺利”这种就事论事的安慰实用性很强，往往能“一语惊醒梦中人”。

总之，用夸赞的方式来安慰对方，对方往往很容易接受，更能从中获得坚持下去的勇气，还有助于对方将你引为知己，不失为一种好的劝慰方式。

第12章 心理暗示，用言语引导他人心理

巧妙提出意见，令对方意识到不足

沟通是一种复杂的心理交往，而每个人的微妙心理、自尊心往往在里面起着重要的控制作用，稍微触及它，就有可能产生不愉快。所以，对一些只可意会不可言传的事情、可能引起对方不快的事情，比如提出对方的不足之处，这时候不能直言相告，只能通过语言暗示来达到目的。在说话时，我们需要真诚，但却不一定要真实，比如对方是一个长相欠佳的人，你一见面就说："你长得真难看！"相信对方在自尊心受伤的同时也会恶语相向，和谐的人际关系也随之消失。基于每个人的微妙心理和自尊心，所以，我们在说话时尽量利用语言来传达心理暗示，巧妙提出意见，不伤和气地令对方意识到自己的不足之处。

有一天，有个倒卖香烟的商人正滔滔不绝地大谈抽烟的好处。不一会儿，从听众中走出来一位老人，他大声说道："女士们，先生们，对于抽烟的好处，除了这位先生讲的以外，还有三大好处哩！我不妨讲给大家听听。"商人一听见老人说的这话，转惊为喜，连忙向老人道谢："十分感谢您了，老先生。我看您气宇不凡，说话动听，肯定是位学识渊博的老人，请您把抽烟的三大好处当众讲讲吧！"老人微微一笑，立刻讲起来："第一，狗见到抽烟的人就害怕，就逃跑。"台下的人显得莫名其妙，商人则暗暗高兴。"第二，小偷不敢到抽烟人家里去偷东西。"台下的人很是不解，商人则喜形于色。"第三，抽烟者永远年轻。"台下的一片轰动，商人则满面春风，得意洋洋。

不料老先生接着说："女士们，先生们，请安静，我还没说清楚为啥会有这样三大好处呢！"商人十分高兴地说："老先生，请您快讲呀！""第一，在抽烟的人中驼背的多，狗一看到他们以为拾石头打它哩，它能不害怕吗？"台下的人发出了笑声，商人则吓了一跳。"第二，抽烟的人夜里爱咳嗽，小偷以为他没有睡着，所以不敢去偷东西。"台下的人一阵大笑，商人则大汗直冒。"第三，抽烟的人很少有长寿的，所以永远年轻。"台下的人一片哗然。

老先生并没有直接批评商人的行为，而是先表示赞同商人的说法，再一步步通过语言表达出自己的想法，这样就收到良好的效果。正所谓"曲径通幽，渐入佳境"。

丘吉尔说："要让一个人有某种优点，你就要说得好像他已经具备了这种优点。"有可能身边的朋友遇到困难就畏首畏尾，或者办事时总是犹豫不决，那么这时候你可以通过言语来暗示："这样畏首畏尾的不是你以前的表现啊！"当你给他戴上应该具备优点的帽子时，由于给他一个良好印象的"定位"，因而，他会在言语中意识到自己的不足。在这一过程里，你已经操纵了他的心理，并引导他走进了你的"布局"，最终他会为此而奋斗，从而改变自己的一些缺点。假如你直接对他说："你这个人真笨，什么事情都做不好。"这样会伤害对方的自尊心，也会伤了彼此的和气。

心理点拨

那么，如何运用一些不伤和气的话来巧妙暗示对方身上的不足之处呢？

1.委婉含蓄，巧妙暗示

委婉含蓄的语言表达是一种艺术，这样的表达方式比口无遮拦、直言不讳更能体现出自己的修养。直言不讳虽然简单明了，但容易刺伤对方的自尊心，影响到他人心理产生不愉快的情绪，继而造成和谐人际关系的破裂。而委婉含蓄的表达显得礼貌得体，使对方听起来轻松自在，心情愉快，也更容易使人接受。当你通过语言暗示给对方的时候，实际上已经操控了其心理。

2.直言直语伤人，何不绕个弯

每个人的心理都是极其微妙的，间接比直接更能产生有效的影响效果。一针见血地指出对方的缺点，尽管你的出发点是好的，但直言直语的杀伤力却是很强的，很容易就让别人下不来台。如果你绕个弯，用言语暗示的方式来提醒对方，这样的效果远比直言直语更令人满意。

3.使用“是的……但是……”这个句式

对别人可以先肯定后否定，学会使用“是的……但是……”句式。比如，一位职工在象棋大赛中得了冠军，但技术考核成绩却不理想，车间主任找他谈话时说：“是的，你象棋比赛得第一，使我们车间也感到光荣。但是，如果你在学技术中也同样有股钻劲和拼搏精神，技术考核成绩也会领先的，这就两全其美了。”对方在听到夸奖时产生了愉悦的心情，这意味着他已经“掉”入了你布好的局，而你也成功地影响了他的心理。

4.永远不说“你错了”

大多数人都具有武断、嫉妒、猜忌、傲慢等缺点，都有固执己见的毛病，所以我们难以向别人承认自己错了。如果对方真的错了，你想让他意识到自己的错误，也应该回避“你错了”或类似的词语。比如，当你直言不讳地指出“你错了”的时候，会给对方心理造成伤害，这也是自己不想看到的情景。

暗语传递信息，令对方知趣

语言暗示，也就是不明说，而用含蓄的语言使人领会。当我们为了某种目的，在无对抗的条件下，通过交往中的语言，用含蓄、间接的方式表达出一定的信息，使对方接受自己的意见或观点。在日常交际中的一些场合，许多话都不便于直说，这时可以利用言语暗示来传递一些信息，暗示所采取的方式可以是含蓄的语言，但一定要对方能够明白你所表达的意思，那么操控他人心理的目的就达到了。通过大量事实证明，暗示比直言快语更能凸显出表达效果，因为它所表现出来的婉转曲折，总是给人以愉快的心情。

从前，有个酒店老板，脾气非常暴躁。一天，有个客人来喝酒，才喝了一口，嘴里便叫："好酸！好酸！"老板听后大怒，不由分说，把客人绑起来，吊在屋梁上。这时来了另一位顾客，问老板为什么吊人，老板回答："我店的酒明明香醇甜美，这家伙硬说是酸的，你说该不该吊人？"来客说："可不可以让我尝尝？"老板殷勤地给他端了一杯酒，客人呷了一口，酸得皱眉眯眼，对老板说："你放下这个人，把我吊起来吧？"

这位客人通过言语暗示出强烈的讽刺，这样的表达方式既显得委婉含蓄，又显得十分艺术。在很多时候，我们会对他人的行为或者语言感到不满，而语言暗示恰好能够得体礼貌地表达出自己的想法。

心理点拨

在日常生活中，很多时候我们都无法直接表达自己的想法，这时候就需要暗示来表达，于是就出现了一语双关、含沙射影、指桑骂槐等旁敲侧击的艺术性语言。既然可以用暗示的语言来表达自己的厌恶，当然，我们也同样可以用暗示的语言来表达喜欢。

1.含蓄表达爱情

通过话语暗示来表达爱情，这可以使话语本身具有一定的弹性，不至于对方一拒绝就没有挽回的余地，而且，这也符合恋爱时的羞怯心理。

2.委婉表达讥讽之意

在日常交际中，直接辱骂别人，听者当然很容易就能听出来。但如果对方是利用暗示语言来侮辱人，我们就更应该注意了，这时不仅要善于听出别人的恶意，还应该"以其人之道还治其人之身"。比如，安徒生戴了一顶破帽子，过路人取笑"你脑袋上边那个玩意是什么？能算是帽子吗？"安徒生随即回道："你帽子下面那个玩意是什么？能算是脑袋吗？"

3.暗示拒绝

有的人喜欢用暗示来投石问路，这时你也可以用暗示来拒绝对方。比

如，面对老乡借宿的请求，李先生这样暗示拒绝“城里比不了咱们乡下，住房可紧了。就拿我来说吧，这么小的屋子居然住着三代人……你们大老远地来看我，不该留你们在我家好好地住上几天吗？可是没有办法啊！”老乡只好知趣地走了。

4.暗示自己的不满

有时候，面对他人的错误，我们也最好以双关影射之言来暗示他，迫使对方意识到自己的错误。比如，顾客发现汤里有一只苍蝇，巧妙暗示老板“对不起，请您告诉我，我该怎样对这只苍蝇的侵权行为进行起诉呢？”

巧用话语暗示，打消他人的疑虑

在日常交际中，由于我们的一些话语或者行为，有可能会使对方心中充满疑虑，这时候如果不及时打消对方的疑虑，交流就无法继续进行下去。当然，我们可以通过言语暗示把自己的想法传递给对方，使对方能够打消心中的疑虑。一般而言，每个人对于自己心中的想法有保密的冲动，他们不希望自己的心思被别人看穿。鉴于对方这样一种心理，即便我们猜中了对方正在焦虑的事情，也不能直接说出来，而是巧用话语暗示，正所谓“曲径能通幽”。

李大娘去商店买布料，导购员小王迎上去打招呼：“大娘，您买布吗？您看这布多结实，颜色又好。”不料，李大娘听了并不高兴，反而嘀咕起来：“要这么结实的布有啥用，穿不坏就该进火葬场了。”对大娘这番话，小王不能随声附和，但不吭声又等于默认了。她想了想，便笑眯眯地说：“大娘，看您说到哪儿去了。您身子骨这么结实，再穿几百件也没问题。”一句话说得李大娘心头发热，不但高高兴兴买了布，还直夸小王心眼好。

刚开始，小王就一个劲地介绍产品的话，而这些正切中了李大娘的要害之处——李大娘担心自己的身体状况。当小王说布料“结实”的时候，李大娘心里肯定不好受。为了打消李大娘心中的疑虑，小王说大娘“身子骨这么结实”，暗示出大娘身体好的事实，消除了李大娘的自卑心理。话说到了点子上，简单的几句话就说得大娘眉开眼笑。在与大娘的整个谈话过程中，小王通过试探、话语暗示操控了对方的心理，也达到了自己的目的。

李娜小姐因公出差，在火车上与一位男士坐在了一起。火车开了没多久，男士就主动打招呼，李娜觉得自己一个人挺闷，于是就和他攀谈了起来。两人就一些话题聊了起来，可是，聊着聊着，那位男士竟然将话题一转，贸然发问：“你结婚了吗？”李娜顿时心生厌恶，迟迟不回答，男士见李娜突然变得不高兴，显得有点不知所措。为了打消男士心中的疑虑，李娜解释说：“先生，我听人说过这样的话‘对男人不能问收入’，所以刚才我并没有问你的收入；‘对女人不能问婚否’，所以你这个问题我不能回答了。请你谅解。”那位男士听李娜这样一说，尴尬地笑了笑，就不再说话了。

面对男士的唐突问题，如果李娜保持沉默，就会显得不太礼貌。为了打消对方心中的疑虑，也为了给对方一个台阶下，李娜巧妙用语言暗示出自己拒绝回答问题的真实原因，同时，这也使男士意识到自己言语的失礼之处。

心理点拨

在日常交际中，我们该如何巧妙运用话语暗示来达到自己的目的呢？

1.巧妙引用第三方的话

销售员在向顾客推销的过程中，当他说自己的产品是如何如何好的时候，对方通常都会怀疑他所说的话以及其产品质量。这时候，不妨换一种方式来说这件事情，就可以大大消除顾客的疑虑。巧妙引用第三方的话，向对方说出产品的评价，这就是打消顾客疑虑的好方法。比如，你可以这样说“我的邻居已经用了三四年了，仍然好好的”。言语中暗示出产品质量绝对能过关，虽然邻居并不在旁边，但这已经有效地打消了对方心中的疑虑。

2.通过比较来暗示

销售员在推销产品的过程中，可以把退款保障期定为竞争对手的两倍，立即突显出自己的“竞争力”。比如，“产品在销售之后28天内，若发现

质量问题，我们承诺百分之百全额退款，而一般的产品退款保障期只有14天……”通过比较暗示出自己的优势特点，从而来打消对方心中的疑虑。

“弦外之音”让对方领会你的深意

在日常交际中，对于一些难以启齿的需求，我们无法直接开口说出来，而是需要借助含蓄的语言才能达到表达的目的。很多时候，我们不得不向他人提出自己的所需所求，有可能是对方没有意识到的尴尬问题，也有可能是求人办事，这时候含蓄的表达效果远远高于直截了当。含蓄表达是从侧面切入，暗中点明自己要表达的意思，换句话说，就是把话说在明处，把含义却藏在话的暗处。在正常交际中，我们要善于用含蓄的语言来表达自己的需求，传递出话语的“弦外之音”。

王伟到总经理家请求帮忙，经理夫人热情接待了，也很有礼貌地端茶递水。王伟为了和经理套近乎，竟然开始高谈阔论起来。眼看天色已经很晚了，孩子也要早点休息，可王伟还显得意犹未尽。于是，经理夫人收拾了一下茶几上的杂物，对丈夫说：“小王这么晚来找你，你快点给他想个办法，别让他总是这样等着。”又对小王说：“您再喝杯茶吧。”一时之间，王伟领会了夫人的话，很知趣地告辞了。

天色越来越晚，经理夫人想要休息了，但王伟还在继续高谈阔论，出于礼貌，夫人不可能直接说“今天已经很晚了，我们都要休息了，你还是早点回去吧”。于是，夫人通过含蓄的表达暗示了自己的真实需求。看似表面上是帮王伟说话，实际上却传递了另外一个信息，这种因情因势的表达，语言得体，又达到了自己的目的。

纪伯伦曾经说：“如果你想了解一个人，不是去听他说出的话，而是去听他没有说出的话。”一般情况下，我们都不会轻易地把自己真实的意见或者想法直接说出来，但这些感情或意见却总会在我们的语言表达里表现得清清楚楚。所以，在沟通的过程中，我们不仅需要听得出别人的“弦外之

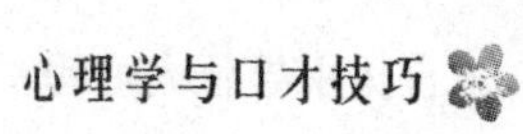

音”，而且还要善于去传递自己的“言外之意”。

战国时期，楚国发兵攻打齐国，齐威王决定派能言善辩的淳先生去赵国求救。他让淳先生驾上马车十辆，装上黄金一百两，淳先生见了放声大笑，连系帽子的带子都笑断了。齐威王就问：“先生是嫌这些东西少吗？”淳先生说：“我怎么敢嫌少呢？”“那你刚才笑什么呀？”齐威王又问道。淳先生止住笑声，说道：“大王息怒，今天我从东面来时，看见有个农民在田里求田神赐给他一个丰收年，他拿着一只猪蹄和一坛子美酒，祈祷说‘田神啊田神，请你保佑我五谷成熟，米粮满仓吧！’他的祭品那么少，而想得到的却是那么多，我刚才想到了他，所以禁不住想笑。”齐威王领悟了他的隐语，马上给他黄金一千两，车马一百辆，白璧十对。最后，淳先生出使了赵国，搬来了十万精兵。

淳先生通过讲述自己经历的一件事情，暗示齐威王“拿很少的东西，却想得到更多的帮助”，这样造成的结果肯定是求救失败。在整个谈话过程中，淳先生并没有直接表达自己的想法，而是处处用隐语作巧妙暗示，这样既没有损害齐威王的面子，又达到了自己成功进谏的目的。

毫无疑问，在交际中我们是需要“言外之意”的，因为在很多时候，说话不能太直白、太明了。比如，给上司提意见的时候，不能表现得比上司还强；批评对方的不足之处，不能伤害他人的自尊。

心理点拨

那么，如何含蓄地表达，才能让对方领会隐藏在话语中的真实需求呢？

1.通过说话方式传达自己的需求

在日常交际中，我们通常都会把自己的真实情感隐藏起来，但事实上在我们的言谈中却时刻流露出“蛛丝马迹”。这时，说话方式便是一个透露给对方内心所想的“窗口”，我们的说话方式不一样，所反映出的真实需求也不同，注意自己的说话方式，便能够把自己的真实需求传递给对方。比如，对他人表示心怀不满或者有敌意时，我们的说话速度就变得迟缓，而且显得

比较木讷。

2.说话的表情

有的人对自己的喜怒哀乐从不掩饰，有的人习惯于不动声色地掩饰自己的情绪，所以，我们在与别人交谈的时候，要学会用表情来传递自己的真实需求，比如面对同事的诉说，你表示“我当然也很关心”，但脸上却分明显得很漠然，传递着“谁有空来管这件事啊”，对方也会领会到你不耐烦的情绪。

3.巧妙穿插“暗语”

我们的表述方式与表述习惯会传递出某些信息，这样你可以在言语中穿插一些暗语，“我会试着把这件事安排进工作进度中”，你所传递给对方的信息就是“我早就安排好了，你怎么不早一点告诉我呢”。

用言语引导对方按自己的思路走

语言是我们用来表达、交流思想的工具，我们在传递信息、抒发胸臆、交流感情，几乎总是通过语言行为去完成的。于是，在我们运用语言进行交际的过程中，可以根据自己的意图、语言的环境以及其他各方面的因素，使用藏而不露的话语，也就是俗称的“暗语”。虽然，在一般情况下，我们并没有办法去操控他人的想法、语言以及行为，对方的心理变化完全是在我们控制之外。但是，暗语却可以巧妙达到操控他人心理的目的，比如通过藏而不露的语言给予对方一定的心理暗示，引导对方按自己的思路走。

在美国经济大萧条时期，17岁的莉莎好不容易找到一份在高级珠宝店当售货员的工作。在圣诞节的前一天，店里来了一位30岁左右的贫民顾客。他衣着破烂不堪，一脸的悲哀、愤怒。莉莎要去接电话，一不小心，把一个碟子碰翻，六枚精美绝伦的钻石戒指落在地上，她慌忙捡起其中的五枚，但第六枚怎么也找不着。这时，她看到了那个30岁左右的男子正向门口走去，顿时，她醒悟到了戒指在哪里。

当男子的手将要触及门柄时，莉莎柔声叫道：“对不起，先生！”那男

子转过身来，两人相视无言，足足有一分钟。“什么事？”他问，脸上的肌肉在抽搐。“什么事？”他再次问道。

“先生，我是头回工作，现在找个事做很难，是不是？”莉莎神色黯然地说。男子长久地审视着她，终于，一丝柔和的微笑浮现在他脸上。“是的，的确如此，”他回答说，“但是我能肯定，你在这里会干得不错。”停了一下，他向前一步，把手伸给她：“我可以为您祝福吗？”莉莎立刻也伸出手，两只手紧紧地握在一起，她用低低的但十分柔和的声音说：“也祝您好运！”他转过身，慢慢走向门口。莉莎目送着他的身影消失在门外，转身走向柜台，把手中握着的第六枚戒指放回原处。

本来是一起盗窃案，但莉莎却巧妙利用暗示的含蓄方式达到了自己的目的。“对不起，先生！”莉莎首先用了礼貌用语，向对方传递了友好的信息，如果口气过重就有可能造成男子逃跑。同时，莉莎也传达了两层言外之意：你有偷盗戒指的嫌疑；你放心，我不会用粗暴的方式对待你。“我是头回工作”，暗示我和你也一样“同是天涯沦落人”，借以引起情感上的共鸣；“现在找个事儿做很难”，言外之意是你把这枚戒指拿走，我可就丢了工作；“是不是”，通过非疑问句，借以男子进一步思考，同时扩大了暗示效果。在整个沟通过程中，莉莎都是通过语言暗示，引导男子按自己的思路走，最终说服了男子，也达到了自己的目的。

有一次，秦王和中期发生了争论，结果中期赢了，而秦王却输了。中期若无其事、大摇大摆地走出了皇宫。秦王大怒，暴跳如雷，决心要把中期杀掉，以解心头大恨。这时，在秦王身边有个和中期要好的人对秦王说：“中期这个人实在是个暴徒，一点也不懂规矩。他幸好遇到大王这样贤明的君主才能活命。如果遇到桀纣那样的暴君，早就没命了！”秦王一听，也就不好再加罪于中期了。

中期朋友简单的几句话，却暗示了几个含义，其中既有对中期的指责，又暗示了若杀中期就是暴君，相反的意思就是不杀中期就是贤君，如此引导秦王这样一想，也就不好再对中期下手了。

心理点拨

1.传递友好信息

在刚开始的交谈中，我们有必要通过语言暗示出自己的真诚与友好，比如“您好”等，这样对方才会愿意听你说话，而你才能够顺利引导对方的思路。

2.站在对方的角度

在叙述事情的过程中，需要站在对方的角度上，先认同对方的观点，博取了他的信任，再把自己的意见传递给对方，这样他更容易接受，也更容易朝着你的思路去想。比如“正如你所说的那样，他一点也不懂规矩，幸好遇到你这样的老板，否则早就被炒鱿鱼了”。

3.“我和你一样”

在交谈中，没有什么比“我和你一样”更能引起对方情感上的共鸣了。当对方认为与你是情感想通的时候，他对你已经消除了戒备心理，甚至愿意被你说服，同时，你也操控了其心理。

用故事和举例，让对方明白你的用意

在很多时候，我们会有一些难以言说的话，或者不便于表达的想法，这时候我们可以借助于讲故事或者举例子，婉转地表达出自己的想法和建议，让对方明白自己的用意。无论是讲故事，还是举例子，我们都是通过一些事例来传达自己的观点。如果直接说出自己的意见或想法，对方有可能会拒绝接受，这就需要具有隐晦性而又有代表性的事例来加以表达，一方面可以省去了直接表达带来的弊端，另一方面还可以增强一定的说服力，同时，这样的表达方式也更容易让对方接受，继而影响到对方的心理。

战国时代，齐国有一个名叫淳于髡的人。他的口才很好，也很会说话。他常常用一些有趣的隐语，来规劝君主，君王不但不生气，而且乐于接受。当时齐国的齐威王，本来是一个很有才智的君主，但是，在他即位以后，却

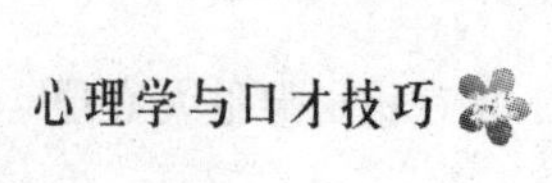

沉迷于酒色，不管国家大事，每日只知饮酒作乐，而把一切正事都交给大臣去办理，自己则不闻不问。因此，政治不上轨道，官吏们贪污失职，再加上各国的诸侯也都趁机来侵犯，使得齐国濒临灭亡的边缘。

虽然，齐国的一些爱国之人都很担心，但是，却都因为畏惧齐王，所以没有人赶出来劝谏。有一天，淳于髡见到了齐威王，就对他说："大王，为臣有一个谜语想请您猜一猜：某国有只大鸟，住在大王的宫廷中，已经整整三年了，可是他既不振翅飞翔，也不发声鸣叫，只是毫无目的的蜷伏着，大王您猜，这是一只什么鸟呢？"齐威王本是一个聪明人，一听就知道淳于髡是在讽刺自己，像那只大鸟一样，身为一国之尊，却毫无作为，只知道享乐。而他也不想做一个昏庸的君王，沉思了一会儿之后便毅然的决定要改过，振作起来，做一番轰轰烈烈的事，因此他对淳于髡说："嗯，这一只大鸟，你不知道，它不飞则已，一飞就会冲到天上去，它不鸣则已，一鸣就会惊动众人，你慢慢等着瞧吧！"

淳于髡所引用的"隐语"实际上就是讲故事或者举例子，把自己劝谏的内容通过隐晦的方式传达给君王，这样一种进谏方式无疑会受到君王的喜欢。而且，齐威王本人也是一个非常有智慧的人，他很喜欢听隐语，虽然他不喜欢听别人的劝告，但淳于髡这样婉转的劝告却让他愉快地接受了。在一番言语之中，齐威王接纳了淳于髡的劝告，意味着他的心理受到了影响。

自古以来，那些颇具智慧的大臣在向君王进谏的时候，都会采用到这样的表达方式。比如，在"邹忌讽齐王纳谏"中，邹忌并没有直接说出自己的建议，而是通过举例子来表达自己的想法"臣诚知不如徐公美。臣之妻私臣，臣之妾畏臣，臣之客欲有求于臣，皆以美于徐公。今齐地方千里，百二十城，宫妇左右莫不私王，朝廷之臣莫不畏王，四境之内莫不有求于王：由此观之，王之蔽甚矣"。

心理点拨

所以，我们在交谈过程中，若是遇到不好说的话或者不好表达的意见，

也可以巧妙地通过讲故事、举例子来传达给对方，让他明白自己的用意。

1.选择有代表性的故事或例子

在谈话中讲故事或者举例子，都可以起到使谈话内容具体、增强说服力的作用。但是，我们在选择故事或例子的时候，需要注意其代表性。如果你讲了一个很长的故事，但却因为不具备代表性而使对方不知所云，这样就无法达到沟通的效果。

2.注意故事或例子的适当性

当我们在讲故事或举例子的时候，还需要注意其量的适当性，不能老是在谈话中讲故事、举例子。偶尔在谈话中穿插一个故事或例子，这样让人很新鲜，但经常使用也会使人心生厌烦的。

3.注意表达的隐晦性

当我们在选择讲故事或者举例子的时候，肯定是想避免直接表达带来的弊端。因此，即便是在讲故事，或者举例子，我们也要注意表达的隐晦性，不能直白地在故事中阐明自己的想法。我们所需要表达的想法和意见，完全可以借助于故事或例子去作婉转表达，这样才能更好地影响对方的心理。

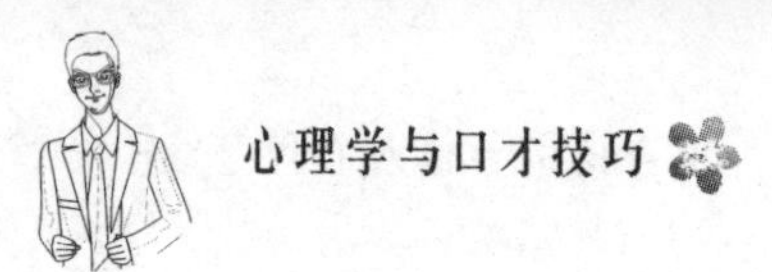

第13章 言语动人，三两句话征服人心

用语言暖场，创造舒适谈话氛围

生活中，我们与人打交道，会遇到这样的情况：大家似乎都不愿意主动开口而导致了场面冷清、尴尬，此时，我们该如何是好？要知道，开口交谈是人际交往中最重要的步骤之一。处理好这一步可以使交谈气氛迅速融洽起来，使我们结识很多朋友，而处理不好会引起尴尬，失去很多机会。可见，用语言暖场是我们要掌握的重要心理策略。而用语言暖场，并不是毫无章法的。我们来看看下面这个故事：

有一个人请客，看看约定的时间快到了，还有一些客人没来，大家等的焦急。主人心里更是焦急。随口便说："怎么搞的，该来的客人还没来？"一些敏感的客人听了心想："该来的没来，那我们是不该来的了？"于是便悄悄地走了。主人一看，又走了几位客人，便越发急了，便说："怎么这些不该走的客人都走了呢？"剩下的人一想："走的是不该走的，那我们剩下的便是该走的了。"于是又都走了。最后只剩下一个跟主人比较亲近的朋友，看了这种局面，就劝他说："你说话前应考虑再三，否则说错了，就不容易收回来。"主人大叫冤枉，急忙解释说："我并不是叫他们走啊！"朋友一听，心想："不是叫他们走，就是叫我走了。"于是也走了。

在这个故事中，主人本是想打破沉寂，活跃一下现场的气愤，但却因为说错话，让在座的客人认为自己是"该走的"而相继离开。可见，暖场的话也不是随随便说的。有人因为会表达而说出让大家都舒服的话而受欢迎，有人则因为表达方式不当而在人际交往中吃亏。因此从人们的心理角度看，每

个人都希望别人能说出自己喜欢听的话。

心理点拨

因此，我们要想做好暖场工作，需要从以下几个方面努力：

1.保持良好的说话态度

曾有这样一个故事：

一天，一位年轻的女孩来到一位神父面前倾诉自己的烦恼。神父明白了女孩的缺点，就是喜欢说些闲话伤害别人，其实她心眼儿倒不坏。神父说："你不应该谈论他人的缺点，我知道你也为此苦恼。不过为了赎罪，你要到市场上买一只鸡，走出城镇后，沿路拔下鸡毛并四处散布。你一定要不停地拔，直到拔完为止。你做完之后告诉我。"女孩照办了，然后去见神父。神父说："你已经完成了赎罪的一部分，现在你要进行第二部分。你必须回到原来的路上，捡起所有的鸡毛。"女孩难为情地说："这可能吗？风已经把鸡毛吹得到处都是了。我只能捡回一部分，但不能捡回所有的。""没错，我的孩子。你那些脱口而出的愚蠢话语不也是如此吗？说出去了想收也收不回来。以后当你想说别人的闲话时，请闭上自己的嘴，不要让那些愚蠢的言行如同邪恶的羽毛散落在路旁一样，想收也收不回来。"

从这个故事中，我们可以得出这样的启示：人际交往，我们说出的话就像那些"散出去的鸡毛"，是很难收回来的，尤其是在公共场合下，我们的每一句话都会产生或好或坏的影响。正是这样，无礼的言行就像留在他人心中的伤疤难以愈合。一针见血地指出他人的缺点，他人可能会错把自己的好心当成恶意对待，这岂不是费力不讨好。因为自己说话方式不妥当，别人会把自己的忠言当做胡言乱语，要么敬而远之，要么置之不理。说话太鲁莽，不经过大脑思考说出来的话，只会伤人伤己。

2.以对方感兴趣的话题暖场

一般而言，说话时要选择大家都感兴趣的话题，而不是只顾自己说，否则他人就会感到厌倦，也就是我们常说的：没有共同语言。如果我们能很好地找到共同感兴趣的话题，会使他人感到自己很亲切，很了解他，找到了知己，双方也会快乐不已，使之感情更加深厚。那么，在公共场合，我们可以选择大家都关注的一些话题，比如，时事政治、体育、房价等，即使在场的人不是很了解这些，但也能说上几句，也不至于插不上话。当大家你一句我一句的开始谈话时，我们的语言也就起到了暖场的作用了。

3.巧用幽默

公共场合，适度幽默能迅速引起大家的注意，并能起到良好的沟通作用。有这样一个故事：

公共汽车上，一中年妇女提着带鱼上车，蹭脏了中学生小刚的新衣服。中年妇女说："衣服脏了没关系，回家洗洗就行了。"小刚笑了："阿姨，我该说的话让你给说了，我只有说'对不起'了！"

众人向小明投来赞许的目光，中年妇女也被这幽默的批评羞红了脸。

可见，公共场合，说话中巧妙运用幽默能够起到很好的效果，它既表明一个人是否具有道德修养，还能使交往和谐，化解矛盾与冲突。

古人曰："口者，心之门户也。"语言表达的技巧是沟通心灵的桥梁。是否会说话，不仅使自己开辟出更广阔的交往空间，而且能使他人感到快乐与温馨。人际交往，尤其是公共场合，学会如何暖场是掌握说话艺术的重要部分！

说话低调，让人感到你容易亲近

中国有句俗语："低调做人，高调做事。"这其中的低调做人就包含说话这门艺术。尤其是当双方地位悬殊，而对方的地位较低时，与之说话，如果我们低调一下，会满足普通人的自尊心理需求，会给对方容易亲近的印象，这样的讲话方式理所当然地会受到对方的欢迎。

美国有位总统，在庆祝自己连任时开放白宫，与一百多位朋友亲切"会谈"。

“小时候哪一门功课最糟糕，是不是也挨老师的批评”小约翰问总统。

“我的品德课不怎么好，因为我特别爱讲话，常常干扰别人学习。老师当然要经常批评的。”总统告诉他说。

总统的回答，使现场气氛非常活跃。

有一位叫玛丽的女孩，她来自芝加哥的贫民区。她对总统说，她每天上学都很害怕，因为她害怕路上遇到坏人。

此时，总统收起笑容，严肃地说：“我知道现在小朋友过的日子不是特别如意，因为有关毒品、枪支和绑架的问题，政府处理得不理想，我希望你好好学习，将来有机会参与到国家的正义事业之中。也只有我们联合起来和坏人作斗争，我们的生活才会更美好。”

总统告诉小朋友们，自己的过去和他们一样，也常被老师批评，但只要经过自己的努力，也会成长为有用的人。总统在认同小朋友对社会治安担心时，还鼓励小朋友参与正义事业，因为那样正义者的力量会更大。

总统放低姿态的谈话方式使小朋友们发现，总统和他们之间没有任何距离，也像他们一样是普通人，是可亲近的、可以信赖的“大朋友”，从而紧紧抓住了小朋友的心。即使场外的大人们看到这样的对话场面，也会感到总统是一个亲切的人。

可见，与地位低者说话时放低姿态，不仅拉近了双方的距离，而且更容易沟通，更容易让对方从心理上接受自己。

心理点拔

那么，我们具体该怎样运用低调说话这一心理策略呢？

1.沉默是金，不要抢着发言或说话

真正的说话技巧，并不是不放过任何一个说话的机会，而是懂得适时地说话。低调说话，就是需要我们懂得沉默。也就是说，任何时候，我们都不要抢着发言，即使对这个问题有处理办法，也只是建议别人该如何去做，而不是说应该怎样去做。说话低调，可以给自己留下回旋的余地，不至于让自

己尴尬与难堪。沉默是金，这也许并非人生箴言，却也是许多风雨人生的凝聚。早在白居易的诗中，就有了“此时无声胜有声”的意境。到了语言所表达的极限，便需要用沉默来体会和理解。当我们沉默的时候，就给了对方更多的说话机会，自然得到对方的好感。

2.不要当面指出别人缺陷和过错

任何人都是爱面子的，尤其是当自己犯了错或者有某种缺陷时，更是希望别人不要指出来。但生活中，总是有那么一些人，与人交谈，只顾一时口舌之快，有意无意地对他人造成了伤害，有时一句侮辱性的语言完全可能把深厚的友情葬送。因为，没有人能彻底忘掉别人对他的侮辱，即使那个人曾经有恩于他，或者他们曾经是好朋友，所有这一切，都无法弥补你在语言上对他人造成的伤害。

3.开玩笑也有分寸

小李是帅哥，他现在在一家外企上班。正是因为他英俊的长相，他在上大学时有“恋爱专家”的雅号，而毕业后，他在众多的女友中选上了貌若天仙的丽。也许是为了炫耀自己的能耐，小李带着丽去参加朋友聚会。

就在大家天南海北闲谈的时候，“快嘴”王换了话题，谈起了大学校园罗曼蒂克的爱情故事，故事的主人公自然是“恋爱专家”小李。“快嘴”王眉飞色舞地讲述小李如何引得众多女生趋之若鹜，又如何在花前月下与女生卿卿我我。丽开始还觉得新奇，但越听越不是味，终于拂袖而去。小李只好撇下朋友去追丽.

实际上，我们都知道，“快嘴”王不是有意要揭小李的伤疤，但他的追忆往事确实使丽难以接受，无端捅出娄子。这不仅使小李要费不少周折去挽回即将失去的爱情，而且使在场的人心里也不高兴。可见，有时候口下留情很重要，开玩笑可以活跃气氛，但玩笑也不能乱开，否则，你就会成为不受欢迎的人。说话应该谨言慎行，给语言的刀子加上一把鞘。

从以上三点，我们可以看到，说话谦虚低调不光是美德，更是一种明智的说话策略！也是我们在人际交往中必须要掌握的处世方法！

将忠言顺耳说，令他人心怀感激

俗话说：“人无完人。”“尺有所短，寸有所长。”每个人都有可能犯错误。我们犯错误，并不能说明我们一无是处。我们指出别人的错误或过失，不能不顾对方的颜面。只有注意方式方法，做到忠言也能顺耳，才能让他人不仅不怨恨反而感激；而如果我们坚持“忠言逆耳，良药苦口”的原则，说话过急或过火，必然会招致对方厌烦。当然，过轻或过迟，对方则可能根本意识不到。所以，只有及时和含蓄地提出批评或错误，让忠言不再变得逆耳，才能发挥应有的作用。当然这里说的含蓄应遵循不失实、不就轻的原则。

心理点拨

那么，我们怎样才能做到忠言顺耳又能说到对方心里去呢？

1.先讲自己的过失

在日常生活中，所有的批评和建议如果只提对方的短处而不提他的长处，对方肯定会感到心理上的不平衡，或者感到委屈。最有效的办法之一就是先讲自己的缺点和过错。

因为你讲出自己的错误，就能给对方一种心理暗示：你和他一样都是犯过错的人，这就会激起他与你的“同类意识”。在此基础上再去批评或给对方建议，对方就不会觉得失面子了，因而也就更容易接受你的批评和建议，你的忠言也通过顺耳的方式传递给了对方。这也算含蓄的一种方法。

2.委婉表达，含蓄指出对方的过错

人都是有自尊心和荣誉感的，有的人之所以不愿接受批评或建议，主要是由于怕触伤自己的自尊心和荣誉感。为此，我们在给他人批评和建议时，如果能找到一种含蓄委婉的方法，反而更能达到使其改正错误的目的。

齐景公在位的时候，雪下了三天不转晴。景公披着狐皮大衣，坐在朝堂一侧台阶上。晏子进去朝见，站了一会儿，景公说：“奇怪啊！雪下了三天，可是天气不冷。”晏子回答说：“天气真的不冷吗？”景公笑了。晏子

说："我听说古时候好的君主自己吃饱了却想到别人的饥饿，自己暖和了却想到别人的寒冷，自己安闲了却想到别人的劳苦，现在您不曾想到别人啊。"景公说："好！我受到教诲了。"于是命人发放皮衣、粮食给饥饿寒冷的人。在里巷见到的，不必问他们是哪家的；巡视全国统计数字，不必记他们的姓名。士人已任职的发给两个月的粮食，病困的人发给两年的粮食。孔子听到后说："晏子能阐明他的愿望，景公能实行他认识到的德政。"

这段文字记述晏子同齐景公的一段对话，提醒执政要重视百姓疾苦。晏子劝谏，并不是采取直言的方式，而是从天气入手，让齐景公自己认识到自己不顾百姓疾苦的过失，进而产生了"我受到教诲了"这样的感叹。俗话说，伴君如伴虎，直言劝谏很可能招来杀身之祸，委婉劝谏才是既能让君王接受又能保全自己的最佳方式。

现代社会，人际交往中，采用委婉方式表达对方过失也不失为一个好方法。

3.欲抑先扬，给足对方甜头后提出

一家皮革厂接了一笔生意——为某私营单位生产一批皮具。双方订立合同，限定日期必须生产完成。如果到期还未完成，皮革厂须承担责任，赔偿损失。皮革厂经理原以为可以按时交工，但不料进的一批材料出了问题，必须停止生产，重新寻找材料。眼看限期已迫在眉睫，依照合同要负担相当大的损失赔偿，情急之下，皮革厂不得不派一位协调员去该单位当面交涉。

派去的协调员走进那家单位，恰好碰到了经理。这位协调员首先问道："在这地方，尊姓是否只有您一家呢？"

那位经理听了这样一句突然的问话，惊奇地说道："什么？是真的吗？你怎么知道？"

协调员笑着说道："这是我今天早上想要到您这里来时，从电话簿上看出来的。"

经理被好奇心打动了，随手将电话簿翻开来看，果然不错，于是很高兴地说道："啊，这我还是第一次知道呢！如果不是你告诉我，我还不会知道这么有趣的事呢！我的姓氏本来是很少的，我的祖先从前住在××，那里与我们同姓的人家本也不多，我现在搬到此地来营业，还不到二十年。"

经理说完后，那位协调员再接着赞美那位经理办公室布置优美，业务发达，工厂的规模宏大，产品精良。那经理听了他的话是乐不可言，并请他到厂中去参观一下，最后还邀他一同去午餐。

协调员在与经理用餐期间一直不提自己的来意，因为经理心中早已知道他的来意了。如果他自己提出来，经理一定会设辞推托。饭后，经理忽然自己开口说道："你今天的来意，我早已知道了，想不到你对我这么宽容和气。其实，那批货我们也不是急着要，这样，我把提货的日期再往后延迟半个月吧，请你放心好了。"

协调员的目的终于达到了。

当我们遇到这样的情况，可能会直陈对方合同的不合理性，然后直接告诉对方让其推迟提货日期。但若真这样，皮革厂就会至少承受一半赔偿损失的危险。因为在你的严斥下，该单位经理可能一气之下置之不理。那么，到头来损失最大的还是自己。而这位协调员的聪明之处就在于先对该单位经理进行一番夸赞，然后让对方看清自己的目的，这样，他就在无声中完成了劝说的任务。

我们说："良药苦口利于病，忠言逆耳利于行。"说的是这个道理，但却不是日常交流中能运用的法则。人和人的感情不仅需要培养，更需要维护，而且规劝批评别人，正是以维护的目的去做的，那么，我们何不让苦口的良药也裹上糖衣呢？把劝谏的话说甜，甜到对方心里，对方必定接受并感激你！

应酬场要和谐，"礼貌话"要多说

生活中，我们对那些说话彬彬有礼的人总是充满好感。因为人们总是把"礼貌"与其他一些品质联想在一起，比如：有修养、真诚等。我们与人交际，就是希望能得到别人的认可，从而达到我们的交际目的。而语言是交际的外衣，我们要想有良好的交际效果，就要从语言入手，应酬场不忘说些礼貌

话，让人产生积极的心理，看到我们的素质和修养，从而对我们另眼看待。

我们来看下面这两个语言故事：

故事一：

古时候，有个年轻人骑马赶路，时至黄昏，住处还没着落，忽见前面来了一老农，他便在马上高声喊道：“喂，老头儿，离旅店还有多远？”老人回答：“五里！”年轻人策马飞奔，向前驰去。结果一跑十多里，仍不见人烟。他暗想，这老头真可恶！非得回去整治他不可。并自言自语道：“五里，五里，什么五里！”

猛然，他醒悟过来，这“五里”不是“无理”的谐音吗？于是拨转马头往回赶。见那位老农还在路边等候。他急忙翻身下马，亲热地叫了一声：“老大爷”。话没说完，老人说：“你已经错过了路头，如不嫌弃，可到我家一住。”

故事二：

在茂密的山林里，一位樵夫救了一只小熊，老熊对樵夫感激不尽。有一天樵夫迷路了，遇见了母熊，母熊安排他住宿，还以丰盛的晚宴款待了他，翌日晨，樵夫对母熊说：“你招待得很好，但我唯一不喜欢的地方就是你身上的那股臭味。”母熊心里怏怏不乐，说：“作为补偿，你用斧头砍一下我的头吧。”樵夫按要求做了。若干年后，樵夫又遇到了母熊，他问：“你头上的伤口好了吗？”母熊说：“噢，那次疼了一阵子，伤口愈合后我就忘了。不过那次你说过的话，我一辈子也忘不了。”

从这两则故事中，我们发现，懂得礼貌用语是我们获得良好人际关系、求人办事成功的前提。懂得礼貌性地说话，是一个人最基本的素质，人们对那些没有素质的人往往采取的都是敬而远之甚至是厌恶的态度。俗话说：“好言一句三冬暖，恶语伤人六月寒。”人际间相处是平常的事，也是一件微妙的事。一张笑脸带着一声问好能带给他人好心情；相反，一句粗话恶语却会破坏人们良好的情绪。坏的情绪和好的情绪都容易传染。良好、自然的环境和融洽的人际关系是大家共同创造出来的，好的环境需要每个人共同创造和维护。

的确，如果在与人交际中，说话时都能说文明话、礼貌话，少一些失礼的语言，不管对方是熟人还是陌生人，内心多一些善意，多说一些真诚祝福的话，我们的交际圈子就会更加和谐，这样的和谐环境对我们的生活、工作都大有帮助。

心理点拨

那么，人际交往中，我们该怎样说“礼貌”话呢？

1.真诚地说话

人与人之间交往，无论是雇主关系，还是朋友关系；无论是亲戚还是顾客，相互之间都应真诚相待。只有真诚，才能换取真诚。如果我们只是把“礼貌话”当成一种场面语言，那么就会不显真诚，即使这场面话说得再好，也不会获得对方的信服。

2.掌握一些礼貌用语

礼貌用语要文明雅致、措词恳切、热情真挚、口气和蔼、面带微笑，主要有以下几个方面：

问候的用语：早晨好，您早，晚上好，晚安。

答谢的用语：请多关照，承蒙关照，拜托。

赞赏的用语：太好了，真棒，美极了。

挂念的用语：身体好吗，怎么样，还好吧。

理解的用语：太忙了只能如此，深有同感，所见略同。

征询的用语：你有什么事情，需要我帮您做什么，如果您不介意的话，我可以做……吗。

道歉的用语：对不起，请原谅，实在抱歉，真过意不去，完全是我们的错。

常用的客套话：慢走，留步，劳驾，少陪，失敬，久违，久仰，恭喜。

俗话说，“一句话能把人说跳，一句话也能把人说笑。”言语是思想的衣裳，谈吐是行动的羽翼。它可以表现一个人的高雅，也可以表现一个人的粗俗。言谈高雅即行动之稳健；说话轻浮即行动之草率。也就是说，人际交往中，如果我们想要接通情感的热线，使交际畅通无阻，就应该得体地说好“礼貌话”。谈话中，习惯用礼貌语言，就会让人感到“良言一句三冬暖”，使感情顿时亲切融洽起来。

重要的话留三分，让他人说出重点

中国有句俗话：“话到嘴边三分留。”的确，人际交往中，我们与人说话，切不可占尽先机，而应把重要的话留三分，给他人表现的机会，让其说出关键点。这样，对方会从心里感激我们让给他的表现机会，进而对我们产生好感。法国哲学家拉·罗切福考尔德说过：如果你希望得到敌人，就超过你的朋友；但若想得到朋友，就让他们超过你吧。为什么这么说？因为从心理的角度看，当朋友超过我们时，他们便充满了成就感；但情况若是相反，他们会深感羞耻并充满嫉妒。与人说话，同样是这个道理，让他人充满成就感，能使我们结交友谊，掌握交际的主动权。我们来看看下面的故事：

有一次，纽约报纸的财经专页上刊登了一则大型广告，招聘具备特殊能力和经历的人，卡贝利斯对照这则广告应征了，并把简历寄出。几天后，他接到一封面试邀请信，面试前，他花费几个小时的时间在华尔街寻找这家公司创始人的一切消息。

面试开始了，他从容不迫地说：“我非常庆幸自己能够和这样的公司合作。据我了解，这家公司成立于28年前。当时只有一间办公室和一名速记员，对吗？”

几乎所有的成功人士都喜欢回忆创业之初的情景。这位老板也不例外，他花了很长时间来谈论自己如何以450美元现金和一个原始的想法创业，并如何战胜了挫折和嘲笑。他每天工作16~18个小时，节假日也不休息，最终战胜了所有的对手，现在华尔街最知名的总裁也要到这里来获取信息和指导，他为此深感自豪，而这段辉煌经历也的确值得回忆，他有资格为此骄傲。最后，他简要地询问了卡贝利斯的经历，然后叫来副总裁说：“我认为这就是

我们需要的人”

卡贝利斯先生之所以会应聘成功，是因为他掌握了一些经历千辛万苦的成功人士的心理，那就是，他们都喜欢缅怀自己的过去，并希望得到他人的敬仰。掌握这一心理后，他大费周折地研究未来雇主的成就，表现出对他的强烈兴趣，他还鼓励对方更多地谈论自己，而这一切都给老板留下了美好的印象。试想，如果他主动说出未来雇主的创业史，即使语言再精彩，恐怕也只会让对方觉得你只是个很好的演说家，而不是“他们需要的人”。所以，如果你想赢得朋友，就请记住：给他人说话的机会，把重要的话让给对方说。

心理点拨

那么，我们怎样才能让对方说出这一关键话呢？

1.提问法

我们要想把表现的机会让给别人，就要为别人创造说话的契机，而提问是一种很好的引导法。就像故事中的卡贝利斯先生问雇主：“当时只有一间办公室和一名速记员，对吗？”面对这一提问，对方一般都会顺着问话者的思路回答问题。

2.不要打断别人说话

交际中，与人说话，我们可能会遇到另外一种情况，那就是你不同意别人的观点，这时你也许很想打断他，但是最好不要这样做，人们在自己还有一大堆意见要发表的时候，是不会注意到你的，所以要保持开阔的心胸耐心听下去，并诚恳地鼓励他人把意见完整地表达出来。

这种方法在商业中同样适用。让我们来看看，下面是一个使用此方法的销售代表的故事。

美国最大的汽车制造公司决定购买一整年用的装饰织物。3个重要生产厂家都提供了自己的织物样品。汽车公司进行了检验并发出通知，每家公司都有机会派一名销售代表在指定的日子里为争取合同做出陈述。

其中一个厂家的销售代表R先生，抵达该地时正患有严重的喉炎。

轮到他和公司总裁见面时，他已经说不出话来了，连轻声耳语也很困难，他被带进一间屋内，发现里面坐着纺织品工程师、销售代理、营销总监以及公司总裁。他站起身来，费劲地想要说话，但只能发出嘤嘤声。这些人围坐在桌子旁，于是他在便签上写道：先生们，我嗓子哑了，无法说话。

“我可以替你说话”，总裁说，说完，这名总裁就把R显示的样品陈列出来并逐一说明其优点，关于产品品质的一场生动讨论就此展开。总裁既然是替R先生说话，很自然站在了R先生这一边，而R先生做的只是微笑，点头和打一些手势。

这场特别会议的结果是R先生赢得了合同，装饰织物需求量高达50万码，总价值160万美元，而这是这位销售代表迄今为止拿到的最大订单。

从这个故事中，我们假想一下，如果这位销售代表没有失声，则很可能会失去这份合同。可见，让他人讲话的回报竟是如此丰厚。

3.寻求帮助法

也就是说，我们在与人说话的时候，不要显得无所不知，关键时候，你不妨跟对方说：“这个问题我还真不清楚，您能帮我跟大家解释一下吗？”很明显，这样一说，话语权就交到了对方手里。同时，也能体现对方的能力，这是变相地给对方增光添彩。

一个精明的英国人曾经说过：“一个人在世界上可以有许多事业，只要他愿意让别人替他受赏。”的确，我们与人交际也是这个道理，说话留三分，让他人说出关键点，给他人表现的机会，在别人心中留下好印象，你会发现这种做法将会有利于长远的利益和奋斗目标！

聊天闲扯也有技巧

日常生活中，我们与人交流感情的一个重要方式就是聊天。知己是如何来的？多半都是通过聊天聊出来的，也就是人们常说的闲扯，闲扯带有随意性，但闲扯也有技巧，天南海北的闲扯，不仅不能增进感情，还会让别人觉

得无趣。我们如若能从对方的心理出发，说出对方喜欢听的话，给对方带来愉悦的情绪，便能拉近与对方之间的距离。

心理点拨

那么，闲扯有哪些技巧呢？

1.选择合适的话题

在与他人聊天时，话题的选择很重要。一旦话题不对，就难以与对方顺利聊下去，所以，寻找好的话题是顺利聊天的关键所在。

有些人认为，聊天时只有那些不平凡的事才值得谈。因此朋友见面想开口时，往往满脑子都在苦苦思索，企图找到一些怪诞、惊奇的事件或相当刺激的新闻来当话题。但实际上，我们的生活是朴实的，这类话题毕竟是少数。而且，如果我们每天与对方谈新闻，毫无新鲜感可言。

事实上，我们都是普通人，所关心的问题也比较普通，比如，孩子大了，到哪个学校读书比较好；花卉被虫子咬了，该用什么药；养个什么宠物比较好；猪肉又涨价了等。

话题的选择最好能就地取材，依照当时所处的环境选取话题。比如，如果你和对方相遇在朋友家里，不妨与对方聊一聊与主人的关系："听说您和某先生是战友？"这样，无论问得对与不对，都不会引起不愉快。

除此之外，你还可以向对方了解一些他熟悉、感兴趣的问题。如果对方是销售员，你可以问他："你销售什么产品？生意好不好做？"因为这是对方熟悉的话题，所以对方很容易就能开口。如此，你们就能按这条路子聊下去了，可以聊聊产品、行业前景等问题。

有个笑话说：某君以伶牙俐齿见长。有人向他请教有什么诀窍，他说："其实非常简单，就看他是什么人，对什么东西感兴趣，然后你和他谈他感兴趣的东西就可以了。比如，对方是屠夫，你就和他谈猪肉；如果对方是厨师，你就和他谈菜肴。"请教者又问："那如果屠夫和厨师都在场怎么谈？"他说："那我就谈红烧肉。"

当然，这是个笑话，但足以看出合适的话题对聊天的重要性。

总之，只要有了好的话题，就不愁谈不下去了，也就不会出现聊天中无话可说的尴尬局面了。

2.用热情带动聊天气氛

如果你选择的话题与你长期的经历、追求或者爱好有关，那么你是不难打动你的聊友的。

缺少热情的谈话和聊天无疑是枯燥乏味的，也没有人愿意迎合。就比如你在与朋友聊你开车，因为超速而被警察发现了。实际上，对方希望听到的不是你的轻描淡写，而是希望听到你当时的感受，希望你能说出你看着警察写罚单时的情况。你将当时的情况描述得越详细，越精彩，就越能吸引听众。

所以，在与人聊某些话题时，你的话语中有多少激情，就会激起多少听众的激情。

3.用兴趣打开交谈的突破口

与人聊天的时候，会出现一些头疼的问题，不管我们说什么，对方都表现出一副不在乎的样子。其实，这是因为，你说的话令对方不感兴趣，要想让对方打开话匣子，我们需要从对方的兴趣入手。如果可能的话，你应尽量找出对方最感兴趣的事，然后从这个方面去接近他。倘若没有机会，或这种机会不易得到，也该尽可能选择对方最大的兴趣去聊。我们主要的目的，就是要让对方对你产生兴趣，这样才能让聊天继续下去。

某文艺编辑曾讲过一段故事。他邀一位名作家写稿，该作家非常难合作，各报社的编辑对他大伤脑筋。因此，这个编辑在与作家见面前也相当紧张。

一开始果然不出所料，怎样都谈不拢。作家一味说："是吗？""或许是吧？""这我还真不清楚"，闹得这位编辑很是头痛，只好打定主意，改天再来，于是闲说起来。

他把几天前在一本杂志上看到的有关该作家作品近况的报道搬出来，说："您的大作最近要翻译成英文，在美国出版了？"作家见对方如此关心

自己，就很感兴趣地听下去。编辑又说："您的写作风格能否用英文表现出来？"作家说："就是这点令我担心……"

这位编辑在遇到这位"难对付"的作家后，开始转变了聊天的策略，抓住对方的心理。从对方感兴趣的作品入手，从而打开了交谈的突破口，令交谈继续下去。

4.不要轻易否定别人

如果你在与别人聊天或交谈时，出现了与对方相左的观点，特别是你想说服对方接受你的观点时，那么你最好不要一上来就否定对方的观点，说他的观点是错误的、荒谬的，这样你一定不会获得你想要的结果。相反，如果你能机智、委婉地说出你的观点，然后将对方引导到其他话题来，从而让他们忘记自己原来的观点，这是能将话题继续下去的明智之举。

比如，对方在你的面前指责你一个非常熟悉的朋友："他这个人脾气太坏，那次我们一起去谈某项业务，结果与对方负责人没说三句话，就在饭店吵了起来。"你可以问他："哦，是吗？在哪家饭店？"对方回答后，你们不妨就哪些菜比较有特色聊一聊，将话题引开。

5.避开别人的痛处

事实上，每个人都有自己的忌讳，人人也都讨厌别人提及自己的忌讳。我们是在与他人聊天或闲扯时，就要避开这类话题，把握分寸，不要伤害到别人的自尊心。

掌握以上聊天技巧，我们就能把话说到对方心里去并产生积极的作用，也就是，对方会产生愉快的情绪，也就愿意与我们亲近了。

第14章 求人办事，三言两语达成所愿

一步步说理，令对方欣然接受

登门槛方式也就是心理学中所说的“登门槛效应”，是指一个一旦接受了他人的一个微不足道的要求，为了避免认知上的不协调，或想给他人以前后一致的印象，就有可能接受更大的要求。这种现象，犹如登门槛时要一级台阶一级台阶地登，这样能更容易更顺利地登上高处。其实，在日常交际中，不仅仅女人，是所有人都有一种在他人面前保持形象一致的心理需求，他们不希望自己被看做是反复无常、莫名其妙的。基于人们这样的心理，我们需要巧妙利用等门槛效应，一步步说理，会令对方欣然接受。

豆豆早晨喜欢赖床，每天早上到了八点才起床，爸爸向豆豆提出了要求：“以后每天早上提前两个小时起床读书。”豆豆听了立即表示抵触，妈妈见此情景，用商量的语气说道：“那先每天提前十五分钟起床好吗？”豆豆听了马上就答应了，过了一段时间，妈妈又提出再提前十五分钟起床的要求，豆豆也很爽快地答应了。就这样，用了不到两个月的时间，豆豆完全做到了每天提前两个小时起床。

在这里，妈妈所使用的口才心理策略，就是典型的登门槛效应。比如，对一个推销员来说，当他可以令顾客打开门，跟顾客展开交谈时，其实，他就取得了一个小小的进步。在这样的情况下，假如他能够说服顾客看一看他的产品的话，那么，他就可以再提出“购买产品”的要求，而且，这样的要求很有可能被满足。

美国社会心理学家弗里德曼与弗雷瑟在1966年做了这样一个现场实验：

实验者让助手到两个居民区劝人们在房前竖一块写有“小心驾驶”的大标语牌。在第一个居民区向人们直接提出这个要求，结果遭到很多居民的拒绝，接受的仅为被要求者的17%。在第二个居民区，先请求各居民在一份赞成安全行驶的请愿书上签字，这是很容易做到的小小要求，几乎所有的被要求者都照办了。几周后再向他们提出竖牌的要求，结果接受者竟占被要求者的55%。

同样都是竖牌的要求，却产生了截然不同的结果，为什么呢？原因在于当你向对方提出一个微不足道的要求时，对方难以拒绝，否则，就显得太不近人情了。于是，一旦接受了这个请求，就仿佛跨越了一道心理上的门槛。当再次提出较高的请求时，这个要求和前一个请求有了继承的关系，对方就容易顺理成章地接受。

在钟表店里，一只组装好的小钟，放在了两只老钟的当中，其中一只老钟对小钟说：“天啊，这么小的钟等你一年走完3200万次恐怕便吃不消了。”小钟吃惊地说：“要走那么多次，我可办不到。”另一只老钟说：“别听他胡说，你只要每一秒‘滴答’一下就可以了。”小钟将信将疑说：“啊。这么简单吗？”就这样，小钟很轻松地在每秒的“滴答”声中，不知不觉走完了一年，他回过头一算，果然摆了3200万次。

登门槛效应给我们的启示就是，当我们需要向对方提出一个比较大的要求时，可以先不直接提出，因为这个要求很容易被对方所拒绝。在这时，我们可以先提出一个较小的要求，一旦被答应，再提出那个较大的要求，这时候才会有更大的被接受的可能性。当我们在说服对方的时候，也需要灵活运用这一效应。

心理点拨

1.哪怕……也好

心理学家D·H.查尔迪尼代替某慈善机构做一次募捐活动，他对一些人说了一句话“哪怕一分钱也好”，结果这些人的募捐要远远高于另外一些人。当我们再向对方说出“哪怕……也好”的时候，就会产生登门槛效应，使得对方欣然接受我们的请求。

2.先提出小要求，再提出大一点的要求

在生活中，当我们需要别人帮忙的时候，不妨先提出一个小小的要求，假如你是糖果店的营业员，你可以说“这是我们店刚进的新品种，清甜可口，甜而不腻，请您随便品尝，千万不要客气”，对方在“恭敬不如从命”的心理状态下品尝了糖果，这时候你再提出“购买”的要求，对方一定不会拒绝的。或许遇到困难的时候，温柔地说“这个问题我不是很理解，你可以帮帮我吗”，然后“那这个问题也可以帮我看一下吗”，假如对方没有拒绝，那我们的目的就达到了。

巧妙展现自己的“利用价值”

在生活中，有的人在求人办事时会抱着“有事有人，无事无人”的态度，他们把他人的帮助看做是理所当然的行为，当自己的诉求得到了回应，把自己的事情办好之后就不再理睬对方了。有着这样心态的人大多数都会被会抛弃，当他再次需要帮助的时候，相信是没有人会给予帮助的。其实，在日常交际中，人与人之间是建立在互惠互利的基础之上的，没有互惠互利，就没有互信互助。鉴于人们这样的心理，当他在面对你的诉求的时候，其实很想知道你是否有一定的“利用价值”，换句话说，他的效劳会不会换来一点回报。于是，在求人办事的过程中，如果你的言语中透露出了自己的“利用价值”，大多数情况下，对方都会乐意帮助你的。所以，作为提出诉求的我们应该尽量展现自己的“利用价值”，以此获得他人的帮助。

俗话说：“无利不起早。”没有一个人愿意去做那些没有好处的“无用功”，只要你了解了对方这样的心理，继而主动满足其欲望，他就会乐意为你效劳。“以利诱之”，对方会觉得这次不会白忙活，因此，他们在办事的时候，就会主动地为解决问题。

小然换了新房子，可自己对粉刷和装修都一窍不通，这时她想到了朋友艳艳，艳艳平时工作不忙，最重要的是她对装修房子很在行。于是，小然拨通了艳艳的电话：“艳艳，我是小然，你最近忙吗？要是不忙的话，你来我这里住几天吧，可以当做散心或者旅游，我管你食宿。”“行啊。”艳艳爽快地回答，“不过，我这边有点小事需要你帮忙，就是帮我看看房子怎么装，你不介意吧？”小然提出了要求，“好，没问题。”艳艳一口就答应了。

小然言语里透露出令人欣喜的可“利用价值”：“来这里住几天”“散心或旅游”“管食宿”。虽然，这样的“恩惠”是出于朋友之间的亲密关系，但是，对方无形之中也会觉得有点“愧疚感”，至少白吃白住，心里多少都有点过意不去。于是，出于心中的那点“愧疚感”，以及给予帮助后的“补偿心理”，对方定会乐意效劳。因此，要想他人为你效劳，就应该大方展现自己的“利用价值”，这会让对方更加乐意为你效劳，而那些所谓的“利用价值”，不妨就作为给对方的酬谢了。

所谓的“利用价值”，一方面是作为求人者，你是否有可利用的价值，简单地说，互惠互利的基础是否存在，假如你是一个毫无能力的人，对方凭什么帮你呢？另一方面则是，你是否可以承诺给对方一些利益方面的东西，也就是我们常说的“利诱”。

大学生黄东刚刚大学毕业，被分配到山东某钢铁总公司工作，由于嫌厂里工资低，他进厂不久后就偷偷跑到南方打工去了。过了一段时间，他回厂里准备取走档案，正好碰上才上任的女主管。黄东以为女主管要批评他几个月没上班的事，但出乎他的意料，女主管开口就说：“从国家大局讲，人才流动是大趋势，你走是对的。你们收入低，我也没有关心到你们，这是我的失职，不过，上次由于人事变动，空缺了许多职位，我就想好好栽培像你这样的年轻人，如果你愿意继续留下来，估计不出两年，你就会坐上我的位置。”接着，女主管详细介绍了公司的薪资待遇，以及今后的发展，黄东听得热血沸腾。

主管不愧是一位优秀的领导，她的一席话，使这位原本要南飞的“孔雀”留了下来。当然，说服黄东继续留下的话语中，隐藏着一定的“利

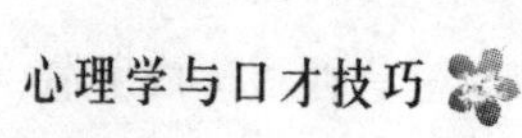

诱”，这成为黄东留下来最关键的因素。

心理点拨

1.以利诱之

在求人办事的过程中，我们要善于通过言语“利诱”，表明自己的回报之心，毕竟利益比空口说教更有效果。也许，在你提出诉求的时候，对方会有所犹豫，在这关键时刻，你指出自己的诉求和他合作有利的地方，这样他自然会乐意为你效劳。

2.建立互惠互利的基础

在请求对方帮助之前，你应该清楚对方为什么会帮助你？你凭什么能让他来帮助你？毕竟有一部分人是为了利益而生存的，那么你就可以利用这样一种方法：直接告诉对方在帮助你之后获得什么样的利益，利诱对方帮助自己渡过难关。

其实，人与人之间的关系就是互惠互利，当对方意识到自己在付出之后还能有所获得的时候，他一定毫不犹豫地答应你的诉求。所以，在求人帮忙的时候，好口才的人要懂得“利诱”，适时表明自己的“酬谢”，满足对方心理。

话不在多，但要看准时机

那些会说话的人之所以会获得成功，并不在于他说了多少话，而在于他掌握了说话的时机。正所谓“言多必失”，成功者更注重把握说话的时机，不管在什么场合都显得落落大方，说话的时候说得很充分，不该说的时候一句话也不说。口齿伶俐，在各种场合口若悬河、滔滔不绝，这是很多人所向往的场景，但如果自己在不适当的时机口无遮拦，说了错话，说漏了嘴，这也是难以弥补的过失。著名作家大仲马说过：“不管一个人说得多好，你要

记住，当他说得太多的时候，终究会说出蠢话来。”我们每个人都应牢牢记住这句至理名言，要明白言不在多，但一定要把握说话的时机，这样才能深入地影响对方的心理。

有一个经营印刷业的老板，在经营了多年之后萌发了退休的念头。他原来从美国购进了一批印刷机器，经过几年使用后，扣除磨损费应该还有250万美元的价值。他在心中打定主意，在出售这批机器的时候，一定不能以低于250万美元的价格出让。有一个买主在谈判的时候，针对这台机器的各种问题滔滔不绝地讲了很多缺点和不足，这让印刷业的老板十分恼火。但是他在自己刚要发作的时候，突然想起自己250万美元的底价，于是又冷静了下来，一言不发，看着那个人继续滔滔不绝。结果到了最后，那人再没有说话的力气，突然蹦出一句：“嘿，老兄，我看你这个机器我最多能够给你350万美元，再多的话我们可真是不要了。”于是，这个老板很幸运地比计划多卖了整整100万美元。

正所谓“静者心多妙，超然思不群”。一些习惯于滔滔不绝的人往往是最沉不住气的人，一旦遇到了冷静的对手，他就最容易失败，因为急躁的心情让他们没有时间考虑自己的处境与位置，也不会静下心来思考有效的对策。而在上面这个案例中，那位啰唆不停的买主正好中了老板无意设下的“陷阱”，不等对方发言，就迫不及待地提出建议价格，等于自己拿空子让别人钻。

言不在多，少说话可以使自己有更多的时间思考，经过思考之后，再找准说话时机，这样说出的话会更精彩。在日常交际中，我们应该少说话，特别是当一个比自己更有经验的人在场的时候，如果自己说得太多了，就无异于自曝其短，这样继续下去的结果将对自己很不利。

一家小公司与一家大公司进行了一次毛衣谈判，大公司的代表依仗自己的实力，滔滔不绝地向对方介绍情况，而小公司的代表则一言不发，埋头记录。大公司的代表讲完后，征求对方代表的意见。小公司的代表好像突然睡醒了一样，迷迷糊糊地回答说：“哦，讲完了？我们完全不明白，请允许我们回去研究一下。”于是，第一轮会谈结束。

几星期后，谈判重新开始，小公司的代表声称自己的技术人员没有搞懂对方的讲解。结果大公司代表没有办法，只好再次给他们介绍了一遍。谁知，讲完后小公司代表的态度仍然不明朗，仍是要求道："我们还是没有完全明白，请允许我们回去再研究一下。"就这样，结束了第二次的会谈。

过了几天后，第三次会谈小公司的代表还是一言不发，在谈判桌上故伎重演。唯一不同的是，这次，他们告诉大公司，一旦有讨论结果立即通知对方。过了一段时间，大公司觉得这次合作已经没戏的时候，小公司的代表找上门来开始谈判，并且拿出了最后的方案，以迅雷不及掩耳之势逼迫大公司，使对手措手不及。最后，达成了这一项明显有利于小公司的协议。

一家小小的公司居然能够打败大公司，在谈判中获得了成功，关键在于小公司懂得沉默，懂得掌握说话的时机。在说话时机尚未成熟的时候，他们一直不说话，使对方摸不着头脑，同时也为自己赢得了时间去研究对手的方案，给了大公司措手不及的一击。可见，说话看准时机比说话多更有效，它能起到滔滔不绝完全达不到的效果。

心理点拨

那么，在日常生活中，我们该如何看准说话的时机呢？

1.占据优势时少说话

在谈话过程中，我们完全占据了优势的位置，这时候需要少说话，正所谓"桃李不言，下自成蹊"，对方在无措之时自会露出破绽。

2.不了解情况时少说话

有时候，在不了解对方的情况时不要盲目地乱说，这有可能会给对方提供可乘之机，使自己遭受很大的损失。所以，在不了解对方情况的时候，不要轻易把话说出口，需要谨慎用语。

3.气氛不对时少说话

当自己或对方的情绪正在激烈的时候最好少说话，这时候一旦开口不慎就会引发一场争执。最佳的说话时机是等双方都冷静下来，能够心平气和地

谈话才安排时间交谈，只有这个时候双方的交流才能顺利进行下去。

动之以情的言语，使人无法抗拒

在与人相处的过程中，情是最能触动人心的，正所谓“欲晓之以理，必先动之以情”。一般情况下，当我们与他人展开交谈的时候，彼此都会产生一种防范心理，双方都不为所动。这时候，你要想说服对方，就需要消除对方的防范心理。从一定程度上说，防范是一种潜意识里的自卫心理，也就是当我们把对方当做假想敌时产生的一种自我保护。而消除对方这种防范心理最有效的方法就是以情动人，通过那些充满真情的话语使对方感到你是朋友而不是敌人，用真情去瓦解对方筑起来的“防范墙”，继而有效地影响其心理。真情，可以是嘘寒问暖，可以是予以关心，可以是予以帮助等。所以，我们在日常交际中，要善于用情说话，使对方无法抗拒。

罗斯福是美国第26任总统，他是一位善于用情说话的人。有一次，他仆人的太太问总统：“鹌鹑鸟长得是什么样子？”仆人太太从没有见过鹌鹑鸟，于是，罗斯福总统详细地描述了一番。过了很长一段时间，罗斯福却突然亲自打电话给仆人太太说：“在你窗口外面恰巧有一只鹌鹑鸟，你这时候往外看，可能还看得到。”每次，他经过仆人的小屋，就算是看不到人，也会轻声地叫出：“呜，呜，呜，安妮！”或“咆，咆，詹姆斯！”这是他路过时一种友善的招呼。

实际上，罗斯福总统之所以能成为美国伟大的领导人之一，就在于他在运用语言时善于以情动人，而不是以权压人。他们在作报告或者讲话的时候，运用朴实无华的语言，亲切入耳，具有较强的感染力，能赢得人们的喜爱。

“的姐”把一男青年送到指定地点时，对方掏出尖刀逼她把钱都交出来，她装作害怕交给歹徒200元钱说：“今天就挣这么点儿，要嫌少就把零钱也给你吧。”说完又拿出30元的零用钱。见“的姐”如此爽快，歹徒有些发愣。“的姐”趁机说：“你家在哪儿住？我送你回家吧。这么晚了，家人该等着急了。”见“的姐”是个女子又不反抗，歹徒便把刀收了起来，让“的姐”把他送到火车站去。见气氛缓和，“的姐”不失时机地启发歹徒：“我家里原来也非常困难，咱又没啥技术，后来就跟人家学开车，干起这一行来。虽然挣钱不算多，可日子过得也不错。何况自食其力，穷点儿谁还能笑话我呢！”见歹徒沉默不语，“的姐”继续说：“唉，男子汉四肢健全，干点儿啥都差不了，走上这条路一辈子就毁了。”火车站到了，见歹徒要下车，“的姐”又说：“我的钱就算帮助你的，用它干点正事，以后别再干这种见不得人的事了。”一直不说话的歹徒听罢突然哭了，把200多元钱往“的姐”手里一塞说：“大姐，我以后饿死也不干这事了。”说完，低着头走了。

在上面这个案例中，的姐的话语里充满了真情，感动了那个穷凶极恶的歹徒，最终达到了说服对方的目的。心理学家指出：“情感如同肥沃的土地，道理好比种子。没有情感的沃土，道理的种子再好，也发不了芽。”

心理点拨

我们在说服对方的时候，更需要以情动人，否则，即使你说再多的道理，对方还是会不为所动。

1.话语中注满真诚

谚语说：“真诚贵于珠宝，信实乃人民之珍。”要想自己的话语能够打动对方，就需要在话语里注满真诚，只有真诚才能打动人。如果你仅仅是几句花言巧语或者虚情假意地表达，反而令对方厌恶。

2.把话说到对方的心里

人都是有感情的，说话能做到动之以情，晓之以理，就是最完美的沟通。我们在说话时要注意对方的反应，学会从对方的反应中修正自己的话语，尽可能把话说到对方心里。把说说到对方心里，才能真正地打动人。

3.站在对方的立场说话

如果你在说话时总是想着自己，光顾着自己，这样说出来的话是不会有感情的。因此，我们应该处处为他人着想，让自己站在对方的立场说话，这

样说出的话才有感情，才能打动对方。

说话避开险境，别踏入对方“雷区”

说话，是我们天天都在做的事情，但善于说话，能准确、清楚地表达自己的意图，使对方乐意接受，却是一件不太容易的事情。心理学家理查得·班得勒说过，当你对他人说话时，你不是想给他传递信息，就是想改变他。但在这过程中，对方是否会接受你的意思，你的沟通目的是否能够实现，却又是另外一回事了。其中的症结点在于你是否说了避讳的语言，或者把话题置于危险的境地，这将会关系到你沟通的成与败。许多人说话不经过大脑思考，只图嘴巴痛苦，常常“语出惊人”，踏入“雷区”，最后导致了整个沟通的失败。其实，善于说话并不是一件很简单的事情，那将意味着你所说的话能够令对方乐意接受，而且，你的话语能够巧妙绕过险境，直入对方心里，继而影响对方心理。沟通是双向的交流，它的成败不取决于你说了什么，而是取决于对方的反应，对方不接受你所说的话，那你说得再多也没用。所以，为了让对方乐意接受，我们在说话时需要避开险境，把“危险语”吞进肚子里，这样才能有效地影响他人心理。

古代有一个国王，一天晚上做梦，满嘴的牙都掉了。第二天，他找了两位解梦的人。国王问：“梦见满口牙全掉了，到底是怎么一说？”第一个解梦人说：“皇上，这个梦的意思是，在你所有的亲属都死去以后，你才能死，一个都不剩。”皇上一听，非常生气。第二个解梦人说：“至高无上的皇上，您将是您所有亲属当中最长寿的一位呀！”同样的内容，同样的事情，两个人有两种不同的说法。第一个把皇帝说生气了，皇帝龙颜大怒，杖他一百棍；然后，拿出一百个金币，奖给第二个解梦人。

上面这个案例中，同样的一件事情，两人表达的同一个意思，为什么一个挨打，一个却受赏呢？分析他们所说的内容，我们就可以明白了。在沟通过程中，往往因为一两个“危险词语”而使整个话题都处于危险的境地，第

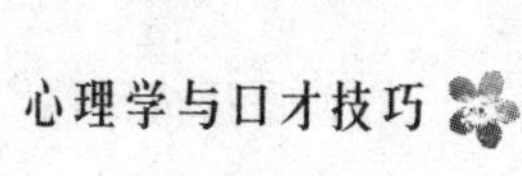

一个解梦人话里出现了“死”这样的危险字眼，而且还不止出现一次；第二个解梦人却从另外一个角度巧妙地解释为“长寿”。于是，两人话里的字眼不同，最终两人的待遇也千差万别。

心理点拨

在日常交际中，有一些话题是沟通的“雷区”，稍有不慎就会粉身碎骨，所以，我们应该尽可能地避开这些危险区，避开一些敏感、危险的词汇，这样才能促使沟通的顺利进行。

1.避开隐私

隐私就是不可公开或不必公开的某些事情，有可能是缺陷，有可能是秘密。因此，我们在进行语言交流的过程中，需要避开彼此的隐私，这既是一种礼貌，同时，也可以很好地保护话语的“安全性”。

2.切勿不懂装懂

我们并不是万能博士或者百事通，即使自己知识渊博，但总有一些方面不如人，总有不懂得的一些知识。因此，无论是面对有教养有知识的人，还是面对一个默默无闻的人，我们都应该谦虚谨慎，不可妄发言论。

3.避开忌讳

在谈话过程中，我们需要避开一些忌讳，比如关于“死”“棺材”“寿材”等；对方的生理缺陷，比如“残疾人”；对一些不可公开的事物行为，比如“大小便”等，这些避讳词语都是需要避开的。

4.避开粗口秽语

在交流过程中，我们需要避开粗口秽语，使用文明的语言。言语粗鄙是最无礼的语言，而且，有可能会为自己带来一些不必要的麻烦。

下篇

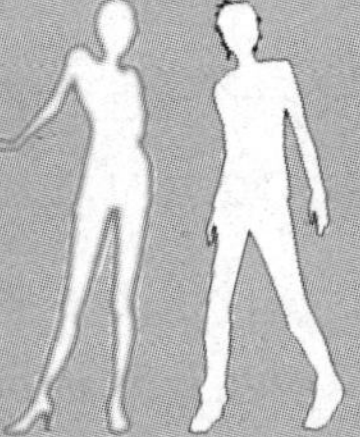

不同场合的说话策略

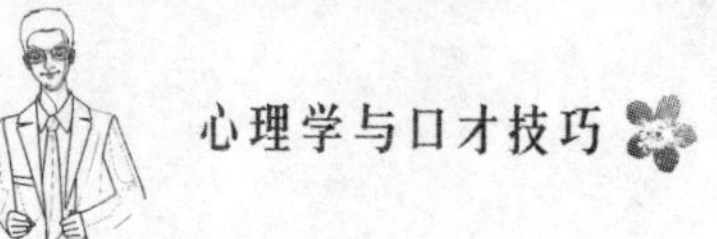

第15章 实话巧说，面试求职顺利通过

巧谈薪金待遇问题，让考官易于接受

在求职面试时，薪金问题是一个敏感但又不可回避的问题。一般情况下，作为求职者，和考官谈薪金，常常是战战兢兢，生怕有一点差池，既怕委屈了自己，又怕失去了机会。估计也有一些职场新人知道，尽量不要在面试的时候与考官谈论薪水问题。因为从心理角度看，如果谈不出结果，只会给考官一个PASS你的理由。而事实上，很多主考官在面试的时候会反过来问你对薪资提出一些问题，诸如，你希望得到什么样的薪金待遇？你觉得自己每年加薪的幅度是多少？你愿意降低自己的薪水标准吗？……这个时候如果还一再推脱，恐怕只会让考官觉得你软弱了。

心理点拨

那么，面对这种情况，我们该如何巧妙地回答才更能让考官接受呢？

在回答薪金问题的时候，不能乘匹夫之勇乱答一气，要有准备，要有策略：

1.了解市场行情，确定要谈的薪资范围

如果你想要和主考官达成一个合理的薪资共识，你要事先考虑：你的专业是什么？人才市场对你这类人才的需求有多大？其他同行的薪资水平？然后你需要结合公司的情况，取他们中间的一个平均值来考虑你的期望薪资，同时还应该多留意新闻中和本行业有关的报道，这样提出来的薪资标准才会让考官觉得合理，接受起来也容易得多。

2.谈薪水的时候不要拘泥于薪资本身

在面试中谈薪水，是不能“就薪水谈薪水”，要把握适度合理的原则。告诉自己的面试官：“薪水不是重要的，我更在乎的是职位本身，我喜欢这份工作”。这句话会让考官觉得你是一个在乎职位高于薪资本身的求职者，也就能将薪金问题提升到另一个高度，将有助于你找到一份满意的工作。

公共关系专业的张小姐毕业后来到一家大型的公关公司面试。这是一家在公关业很出名也很有实力的公司。

在面试中，张小姐表现得非常出色，也很让面试官满意。于是，很快，问题就转到了薪资上。而张小姐她开出了一个较高的薪水，和该公司提供给新员工的薪水差距较大。面试官明确表示：这样的薪水，本公司不能接受。眼看着面试陷入僵局，自己喜欢的工作就要失去，张小姐又不想自贬身价，于是她一方面先是告诉面试官，薪水不是最重要的，重要的是自己希望能在公司学习、工作；另一方面，她又拿出自己以往的工作经历，并结合公关业的前景进行分析。这个“缓兵之计”很好地缓和了“谈判局势”，使即将结束的面试得到转机，也使张小姐最后求职成功。

张小姐的这番话说到主考官的心里去了：她表示薪金并不是最重要的，能在该公司学习和工作才是她最重视的。这样一来，即使考官对她提出的薪金不能接受，她也可以再提出降低薪金标准，这将避免失去工作。果然，在薪资要求遭拒后，张小姐依然挽回了局势，打动了主考官，获得求职的成功。

3.含蓄表达

含蓄表达是个不错的选择。在告诉考官自己希望的薪金待遇时，你要尽可能给出一个你希望的薪水范围，避免说出具体的数字，除非对方有这样的要求。这样既可以表达自己大致的薪金要求，也不至于因要求太离谱而招致考官的不满。

小赵应聘上海一家公司的企划岗位。面试的最后考官问：“你期望的月薪最低标准是多少？”小赵回答：“我希望贵公司能根据我的专业能力、工作经验、工作态度以及工作业绩来决定应付给我的薪水。我相信贵公司一定

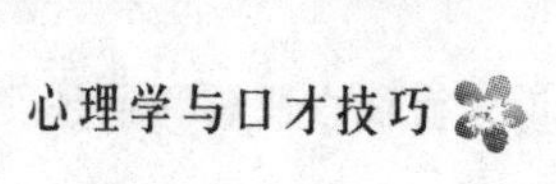

有一个完善的薪金制度。”“那从现在开始的两年时间内，你的薪金目标是每月多少钱？”小赵笑了笑说：“我的学历和考试成绩您都看过了，我对自己还是比较自信的，结合上海地区的工资水平，我希望我的月薪可以在4千到5千之间。”招聘人员笑了笑表示，尽管略有些高，但还可以商量，于是决定录用他。

小赵在回答考官月薪标准这一问题的时候，用4千到5千这样一个较大的区间来回答。小赵这个回答既表明了自己的立场，又让考官觉得可以接受，还为自己留出了讨价还价的空间，实在是明智之举。如果他直接提出是4千，恐怕会委屈自己，如果直接提出5千，又会让考官产生你的标准过高的心理。所以，首先了解该公司所在地区的大致薪金标准，然后尽可能提供一个你期望的薪金范围，而不是具体的薪金数，这更容易让考官接受。

同时，我们在与主考官谈论薪资的时候，还要注意一些禁忌问题：

（1）当面试考官在询问你上一份工作的薪资时，最忌讳的就是虚报，也就是说不要虚报你目前的收入和能力。因为，用欺瞒的手段来获取高薪，一旦被发觉，对你的信誉将有很不好的影响。

（2）不要先开口。面试时不要急于把自己的底薪报出来，倘若你在还未摸清薪水的可能变动幅度之前就唐突地把自己推销出去。这简直是在冒险，因为薪水问题通常都是可以进一步协商的。

总之，在面试谈“薪”的时候，可千万不能乘一时的匹夫之勇乱答一气。你要有准备、讲策略，把每一句话都说到主考官的心里去。因为，你的回答将成为面试官考虑是否接受你的重要依据。

独特的自我介绍，让考官在心里记忆深刻

在求职面试时，大多数面试考官会要求应聘者做一个自我介绍，一方面以此了解应聘者的大概情况，另一方面考察应聘者的口才、应变和心理承受、逻辑思维等能力。千万不要小视这个自我介绍，他既是打动面试考官的

敲门砖，也是推销自己的极好机会，因此一定要好好把握。因为自我介绍能否把话说到主考官的心里去，能否给考官留下深刻的印象，直接影响甚至决定着你能否得到这份工作。

小宋是一名即将毕业的编辑出版专业的学生，她却已经被一家大型的杂志社聘为编辑。

小宋进入面试的房间后，发现还有两名女生也来应聘编辑岗位。该杂志编辑部主任拿着三个学生的简历翻看了一下，让她们挨个介绍一下学习和实习经历。小宋的自我介绍被排在最后。“老师，我介绍一下自己……”小宋递上实习作品，称自己曾在报社实习。面试老师翻看作品时，小宋勇敢地毛遂自荐：“老师，我可不可以谈一下自己对编辑工作的理解？”面试老师抬头看了一眼小宋，表示默许。小宋讲述了自己对编辑工作的理解。“你觉得作为一名编辑最重要的是什么？”面试老师就小宋的回答即兴提问。“编辑不光是选稿子、改稿子，我觉得更重要的是对文字的一种敏感……”小宋说。面试老师听完后，连连点头。

而与小宋的自我介绍不同的是，另外两名女孩的介绍太过平淡，杂志社决定录用小宋。

小宋的自我介绍是与众不同的，她除了做简单的自我介绍外，还表明了自己对编辑工作的理解。从而在三个求职者中脱颖而出，让面试官在心理记忆深刻。

心理点拨

那么如何自我介绍才恰当？既合乎面试官的口味，又能体现自身的优势和长处呢？这个还是有规律可循的：

1.开场白

自我介绍时首先应礼貌地做一个极简短的开场白，并向所有的面试人员（如果有多个面试考官的话）示意，如果面试考官正在注意别的东西，可以稍微等一下，等他注意力转过来后才开始。只有考官已经把精力和目光转移到你身上的时候，你的开场白才会引起他的注意，才会对考官的心理产生影响。

而事实上，不理想的开场白却很多，但有各的不理想，总结一下，大概就下面两种。

第一种，能说几句，但效果不理想。他们能简单说几句，比如，“我叫××，广东乐昌人，今年27岁，曾经做过××工作”等。再比如，“我叫××，1978年出生，性别男，家住广东乐昌×××村”等。

这类求职者，虽然说得很吃力，甚至连“性别男”都说出来了，但他们能一句凑一句地说下去。这会让考官觉得，他们心里很紧张。

第二种，根本不会说话。这种情况最多。他们说了自己姓名、年龄等后，就说不下去了，“我……我……”了几下后，干脆指着考官手上拿着的他的简历说：“那上面写着有，你自己看吧。”

不用说，这两种人都是被淘汰的。因为他们都会让考官产生一种心理：连一个简单的开场白都说不好，又怎么能证明自己的实力，怎能为公司带来利益呢？

2.自我认识

为公司招到有用的人才，为公司带来利益，这是每个考官的心理。因此，你要想一矢中的，首先就要知道你能带给公司什么好处。当然不能空口讲白话，必须有事实加以证明。

最理想就是能够“展示”过去的成就。例如你曾为以往的公司设计网页，并得过奖项或赞扬。但当然，这些例子都必须与现在公司的业务性质有关。职位愈高，自我认识就愈重要，应将个人的成败得失，告知于考官，越是具体，越是能让考官觉得你态度良好。

3.投其所好

清楚自己的强项后，便可以开始预备自我介绍的内容：包括工作模式、优点、技能，突出成就、专业知识、学术背景等。这会让考官觉得你是个专业的人才，有一定的实力。

但只有短短几分钟，所以一切还是与该公司有关的好。如果是一间电脑软件公司，应说些电脑软件的话题：如是一间金融财务公司，便可跟他说钱的事，总之要投其所好。

但有一点必须谨记：话题所到之处。必须突出自己对该公司作出的贡献，如增加营业额、减低成本、发掘新市场等。

4.用工作经验代替凭空的优点介绍

有一些求职者喜欢对考官说自己有什么什么样的优点，而事实上，直接说会显得苍白无力，不如把这些优点融合到你的工作经历当中去。比如说，你以前做过会计，你可以对考官说，“我从过去2年的会计生涯中得到很多锻炼，您知道做会计的需要很强的准确度和对工作一丝不苟的认真态度，我工作的那两年，从来没出过什么差错，老板非常的满意，等等”

我们在讲工作经验的时候，有必要用一些专业词汇来提升你对话的技术含量，一般专业的面试官会比较欣赏高质量的对话。

总之，我们在求职的时候，不要从一开始就把自己放在一个被挑选的位置上，和考官之间的战争，是一场公平的比武，只要你懂得把自我介绍说到考官心里去，就能让其对你印象深刻，从而为你面试成功增添砝码！

几句话摆脱考官的难题与言语陷阱

有人说，面试就如同相亲。应聘者希望找到一份满意的工作，用人单位则希望能找到优秀的合作伙伴。而作为考官，都希望面试者能在短短一席话中表现出自己的优点、说出聪明话或立即呈现出很棒的反应。面试，双方玩的其实是一场心理游戏。

而通常情况下，考官为了做到选人不失误，也许会在面试中设置种种语言陷阱和难题，以考量你的智慧、性格、应变能力和心理承受能力。而面试者只有识破这样的语言陷阱，并学会用语言巧妙地摆脱这些陷阱，才能反过来操纵考官的心理，小心巧妙地绕开陷阱，不至于一头栽进去。

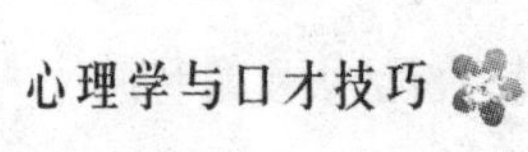

针对不同的难题与语言陷阱，面试者可以以不同的方式回答：

1.针对用“激将法”遮蔽的语言陷阱

这是面试官用来淘汰大部分应聘者的惯用手法。采用这种手法的面试官，往往在提问之前就会用怀疑、尖锐、咄咄逼人的眼神逼视对方，先令对方心理防线步步溃退，然后冷不防用一个明显不友好的发问激怒对方。此时，应聘者若结结巴巴，无言以对，抑或怒形于色，据理力争，脸红脖粗，那就掉进了对方所设的圈套。应聘者碰到此种情况，要头脑冷静，然后用几句有力度又能让对方心服口服的话来回应：

面对这种咄咄逼人的发问，作为应聘者，首先要做到的就是无论如何不要被“激怒”，如果你被“激怒”了，那么你就已经输掉了。面对这样的发问，如何接招儿才能反过来操纵面试官的心理呢?

如果对方说：“你性格过于内向，这恐怕与我们的职业不合适。”

你可以微笑着回答：“据说内向的人往往具有专心致志、锲而不舍的品质，另外我善于倾听，因为我感到应把发言机会多多地留给别人。”

如果对方说：“你经历太单纯，而我们需要的是社会经验丰富的人。”

你可以微笑着回答：“我确信如我有缘加盟贵公司，我将会很快成为社会经验丰富的人，我希望自己有这样一段经历。”

如果对方说：“我们需要名牌院校的毕业生，你并非毕业于名牌院校。”

你可以幽默地说：“听说盖茨也未毕业于哈佛大学。”

如果对方说：“你的专业怎么与所申请的职位不对口？”

你可以巧妙地回答：“据说，21世纪最抢手的就是复合型人才，而外行的灵感也许会超过内行，因为他们没有思维定势，没有条条框框。”

2.面对挑战式的语言陷阱

这类提问的特点是，从求职者最薄弱的地方入手。

一般对于应届毕业生，面试官会设问：“你的相关工作经验比较欠缺，你怎么看？”对于女大学生，面试官也许会设问：“女性常常会对自己的能

力缺乏自信，你怎么看？”

如果回答：“不见得吧”“我看未必”“完全不是这么回事”，那么也许你已经掉进陷阱了，因为对方希望听到的是你对这个问题的看法，而不是简单、生硬的反驳。

对于这样的问题，你可以用“这样的说法未必全对”“这样的看法值得探讨”“这样的说法有一定的道理，但我恐怕不能完全接受”为开场白，然后婉转地表达自己的不同意见。

面试官有时还会哪壶不开偏提哪壶，提出让求职者尴尬的问题。如：“你的学习成绩并不很优秀，这是怎么回事？”

碰到这样的问题，有的求职者常会不由自主地摆出防御姿态，甚至狠狠反击对方。这样做，只会让考官认为你过分自信，并招致“狂妄自大”的评价。而最好的回答方式应该是，既不掩饰回避，也不要太直截了当，用明谈缺点实论优点的方式巧妙地绕过去。

在面试中屡战屡胜的迈克就有过一次这样的面试经历。迈克的学习成绩并不算顶尖，面试咨询公司时，这便成了考官发起攻击的要害：“你的成绩好像不太出众哦，你怎么证明自己的学习能力呢？”

迈克不慌不忙：“除了学习，我还有其他活动。不是只有成绩才能反映人的学习能力的。其实我的专业课都相当不错，如果你有疑问，可以当场测试我的专业知识。”迈克巧妙地绕开了令人尴尬的问题，将考官的注意力引导到他最拿手的专业知识上。

3.针对诱导式的语言陷阱

这类问题的特点是，面试官往往设定一个特定的背景条件，诱导求职者做出错误的回答，因为任何一种回答都不能让对方满意。这时候，你的回答就需要用模糊语言来表示，这才不会掉进面试官设置的陷阱，而同时，也会让面试官对你的反应能力大加赞赏。

另外，求职者要从态度上配合考官的“追问”。这是避免失去不应该失去的分数的关键。对此，我们要避免出现以下三种态度：

一种是一脸漠然。有的考生直接回答：“没有什么可补充的。”这会让考官觉得你很冷漠，对所应聘的职位不热心。

另一种是答非所问、心不在焉。偏离主题的回答，会让考官感到很失望。

还有一种是口若悬河，极力表现自己。这样回答的结果不仅没有得到考官的认同，反而会引起了考官的反感。

求职者的说话的态度也影响着考官的心理，从而产生“印象分”，这个分是没有标准去衡量的，只有考官自己清楚。

总之，作为求职者，不管遇到考官怎样的刁难，都要摆正好心态，然后通过三言两语反过来操纵考官的心理，从而把握面试的主动权，获得面试的成功！

表达出你的服从，令考官觉得你易于培养

任何企业和单位都希望能招到服从安排的人，这也是很多考官考核求职者的重要条件之一。面试过程中，不仅是一场口舌的较量，也是一场心理的较量。作为应聘者来说，要了解对方这一心理特征，做到有的放矢的说话，表达你绝对的服从，才能变被动为主动。这对提高应聘的成功率是大有好处的。

有些面试者认为，面试过程中，只要压低自己，尽量表现的恭恭敬敬就能表达服从。而事实上并非如此。面试是一种特殊的人际互动模式。而人际交往的合理原则是，既要顾及他人的需要亦要考虑自身的需要。自高自大令人讨厌，自轻自贱必然会令他人遗忘自己。低社交自尊之所以流行，是因为这样做的确能带来诸多赞扬“啊，小吴真会体贴人……”“小吴大公无私……”“小吴是个好人”，但是，低社交自尊在面试中是没有市场的。设想一个低社交自尊的人是你的部下，你会单独交给他一项任务吗？比如，让他追讨公司的债务。面试官倾向选择高社会自尊的面试者，固然可能是被这样的个人吸引，但更主要的则是面试官代表面试单位信任了他。

心理点拨

可见，我们在表达服从的时候，并不是要放弃自尊，那么，我们如何才能不卑不亢又能让面试官产生“这位求职者将来肯定是个好调教的员工”这一心理呢?

1.面试说话不要太显个性

我们在面试的时候，一定不能忘记一点，那就是你始终是求职者，考官决定了你求职是否成功。任何人都不希望与一个锋芒毕露的人打交道，考官也是。他们都希望能为企业和单位招到那些虚心上进而不是狂妄自大的人。

小金毕业后，曾聘一单位时，对考官说：“如果领导能给我充分的空间，我就会把工作做好。”当时他还感觉是一句不错的话，但当是他没注意到考官态度的变化。果然，领导丢给他一句：“你是说，你只要有充分的空间，就能把工作做好？”

其实，这句话明显是考官认为小金容易不服从领导，所以印象便打了折扣，果然面试单位没有再通知他。

2.在谈话中间，避免直接的质疑和反驳

面试过程中，对方始终是考官，你是被面试的人，决不能反客为主。应让对方畅所欲言。不要在情绪上过于激动，此时要尽量了解对方；如果你赞同对方的观点，适当表示一下就可以了，关键是态度要诚恳，说话要表现得发自内心，不可过于张扬，鼓掌大笑是不得体的。如果你反对对方的观点，应暂时予以保留，如果可能造成考官对你的错误排斥，应找时机礼貌地予以解释或说明。你这样表达用意，考官自会心知肚明，他会在心里认为你是个愿意服从领导管理的人。

3.说话要时刻考虑考官的需要

面试实际上是一个自我营销的过程。在这个过程中，求职者要把自己当做一个产品，客户就是面试官。要把产品销售出去，就要考虑客户的需求，而要把自己在面试中营销出去，就一定要充分考虑面试官的需求。因为每个考官都明白一个道理：只有善解人意的求职者，懂得做上司和领导需要的员工，才是一个好员工。所以，我们在说话的时候，一定要懂得时刻考虑考官的需要。

通常，考官都希望从你的陈述中发现你的语言组织能力、口头表达能力，从语音、语气、语调及其他肢体语言中折射出的人的沉稳度、成熟度等，发现考生的个人成就、个性、品质等背景。同时面试官还希望从中发现一个求职者基本材料的真伪。

可见，对于这些内容，我们都要用精彩的语言展示出来，把最有价值的信息传达给考官。

考官认为你的回答是正确时，他会面露微笑，或轻轻地点头。这就证明，你已经轻松俘获了考官的心了，距离面试成功也不远了。

另外，要想让考官觉得你好调教，一定还要避开以下两个说话误区：

误区1：卖弄口才，自吹自擂

现在有很多年轻的求职者自以为外貌和口才资质不错，以为在主考官面前能对答如流，便可以捞足“印象分”。自鸣得意、夸夸其谈、自吹自擂。甚至指点江山，激扬文字。

孰料，恰恰是这类人最有可能被面试官淘汰。原因很简单，考官都明白这个道理，在知识为上的今天，只有踏踏实实的人，才会卖力地工作，服从领导，而那些外在轻浮内在无实的、刻意卖弄自己的口才的人，以后肯定会在工作上带来不必要的麻烦。

误区2：迫不及待地抢话或争辩

有的求职者为了获得面试官的好感，就会试图通过语言的攻势来征服对方。这种人自我表现欲极强，爱抢话或爱插话，结果面试官根本不买他的账，反而被看成是两头尖尖腹中空的浅薄者，为了单位将来能得安宁，考官还敢录用你吗?

因而，在求职面试时，无论自己的见解是多么的卓尔不群，无论别人对你的看法或观点有多大的偏差，都不可过分表现，要表现出服从。也只有这样，才会让面试官觉得你好调教，将来能是个得力的员工！

言语沉稳而不失热情，打动考官的心

在求职面试中，考官考察的是面试者的多种能力，不同的能力自然能够为求职者带来不同的面试机会。但无疑，任何一个考官往往看重的是求职者的核心素质。其中求职者必须具备的一条核心素质是——在面试中你必须扮演好一个求职者的角色：你必须具有热情、亲和力，显得活跃，即使你的本性不是这样。而同时，你又不能让人感到虚伪，必须做到使考官产生“这位求职者说话沉稳但又不失热情”的心理，让考官感受到你的热情和能量，才能在求职面试时牢牢抓住考官的眼球，“秀”出一个与众不同的自己，调动考官的心，从而最终赢得工作机会。

杰克现在已经是一个优秀的推销员了。谈到自己的求职经历，杰克始终记得三年前他曾向一家小型的公益机构寻求过一个职位，该职位的工作内容是与青少年打交道，他们大多辍学或轻微犯罪。这些青少年被要求参与社区劳动、做晨练早操等，目的在于帮助他们回归正道。因而这个职位要求能够管理和激励这些“问题少年”。

杰克顺利地通过了考官的初试，然后被通知进行复试，复试时考官中增加了两位来自总部的高级负责人。而半途中冒出的那句没头没脑的评论，至今仍让杰克难以忘却。

一位高级负责人说：“你真的不错，问题也回答得好，但是看上去低调了些。”这大概就是面试中的所谓尴尬时刻。

考官的评论使杰克吃了一惊，这让杰克一时无言以对。糟糕的是，杰克失去了镇定。虽然杰克尝试着解释，但似乎都没有用了。

的确，可能杰克没有料到，考官会这样当场表态。因为一般来说，招聘者通常的做法应是，如果对某个应聘者有看法，面试的人会在纸上或心里记下这些看法，在结束了对所有应聘者面试表现的分析斟酌后，再亮出自己的结论。可见，这名考官的话会明显让求职者感到不适，从而进入自卫状态。但其实，这是考官测试一个求职者能否沉稳应对突发状况的策略。如若杰克能沉稳镇定，先承认考官的观点，再作解释，这样回答的话：“您说得对，我是低调了些。但我知道，要想做好这个职位，我必须经过一点时间使自己变得善于鼓动别人。在需要那样的时候，我会那样做，因为我的个性具备多种不同的层面。”恐怕考官会对杰克刮目相看，立即转变对杰克的看法。这样，就能掌控考官的心理，扭转整个面试中由不利到有利的局势了。

心理点拨

那么，在面试中，我们怎样才能沉稳又不失热情地说话，从而调动考官的心呢？

1.表现出自己对工作的热心和进取心

每位考官都希望能为企业和单位招到充满工作激情的人，这是毋庸置疑的。因为在工作中具有强烈进取心和热情的人，往往能够全面调动自己的综合能量，而且这种积极正面的工作状态会传染别人，带动身边人群乃至整个团队的良好发展。我们在说话的时候，要迎合考官的这一心理。

比如，面试提问：出于工作晋升的考虑，你打算继续深造吗？

此时，我们可以回答：“作为一名大学生，我学到了很多知识，如果有合适的机会，我当然会考虑继续深造。倘若我发现自己所做的工作确定有价值，而且也需要获得更多的教育才能在这一领域做得出色，我当然会毫不犹豫地去学习。”

这种回答显示了求职者的雄心、热情以及动力。会让考官觉得求职者具有与众不同的头脑，而且对重大职业决策非常认真。

2.沉稳回答，让考官折服于你的沟通技能

在职场中能够有效沟通，意味着能够清楚而有说服力地传递信息、想法以及态度，如果你能表明自己具有高超的沟通技能，而且能通过书面和口头语言有效地影响考官，那么你成功的机会就会大大增加。

比如，当考官提问：上下级之间应该怎样交往？

此时，我们可以回答：“我认为能在企业各个层面上清楚地进行交流，这对企业的生存至关重要。我认为自己已经在这个方面培养了很强的能力。从

上下级关系来说，最重要的是应该意识到每个人以及每种关系都是不同的。对于我来说最好的方式就是始终不带任何成见地来对待这种关系的发展。”

这种回答会给考官留下这一印象：求职者理解人际关系的复杂性以及多样性。求职者明确地表达了高效沟通技能的重要性，他在这方面很有自信。

3.尽量少用一些模糊概念的词

比如，考官问：“你认为你有什么特长？”

这是一个相当宽泛的问题，它给求职者提供了一个机会，可以让求职者表明自己的情况和挑战欲。对这个问题的回答将为面试人在判断求职者是否对这个职位有足够的动力和自信心方面提供关键信息。

如果回答：“我不知道。我擅长做很多事情。如果我能得到并且决定接受这份工作，我确信自己可以把它做得相当好，因为我过去一直都很成功。”

尽管表面上听起来这种回答可以接受，但是它在几个方面都有欠缺。首先，这种语言很无力。像“擅长做很多事情”以及“相当好”之类的话，都无法反映你的进取心，而如果不能表现出足够的进取心，就很难被考官接受。另外，将过去做过的所有事情同这个职位联系起来，这会让考官觉得，你对这一特定职位没有足够的成就欲望和真正的热情。

总之，在面试中，我们只有在沉稳的同时表达自己的热情，才能调动考官的心，达成我们面试成功的愿望！

抓住时机说些考官喜欢的话

求职面试其实就像一场推销。当你面试的时候，你其实就是一名推销者。应聘者的目的是什么？——把自己推荐给考官，努力让自己被考官选择。推销者的目的无非也是将自己的货物推荐给客户，让客户选择自己的货物。因此，不难看出，应聘与推销在本质上是没有什么差别的。我们应当在应聘时把自己当成推销员手中的货物，把考官当成是客户。所谓推销手段的高明与否，就在于是否能投其所好地说出客户最爱听的话，并设法跳进对方的口袋，掏出对方的钞票。由于我们在面试前不可能对考官的喜好了解得很清楚，只能根据考官的提问，临场发挥，抓住时机说出考官爱听的话，想办法跳入考官的口袋，让他们“就范”。

求职者常认为，在面试时，最重要的原则是诚实，也就是有一说一，有二说二，既不夸大，也不缩小，这样实话实说，往往可以赢得考官的好感。但是，求职者如果真的按照诚实原则去面试，99%会失败。因为考官毕竟是人，是人就会有弱点。每个人都有爱听好话的弱点，考官也是。所以，我们要能说出令考官悦耳的话，打动考官的心，才能赢得他们的好感。

心理点拨

那么，我们怎样说话才能让考官觉得悦耳呢？

1.打破沉默，善于沟通

不管出于何种原因，不会说话到哪儿都是求职大忌，很容易让人怀疑此人的能力。

面试开始时，往往应试者不善于打破沉默，而等待面试官打开话匣。面试中，应试者又出于种种顾虑，不愿主动说话，结果使面试出现冷场。即便能勉强打破沉默，语音语调亦极其生硬，使场面更显尴尬。实际上，无论是面试前或面试中，面试者主动致意与交谈，会留给面试官热情和善于与人交谈的良好印象。

其实，我们不妨从“自我介绍”开始！介绍自己时不要结结巴巴，回答问题要思路清晰、条理，不能让人摸不着头脑；声音要洪亮，咬字要清楚，尽可能让沟通顺畅。这样说话，才会让考官觉得：这名求职者很自信，表达到位！这对面试过程的顺利进行是极有好处的。

然后你可以寻找一些感性而轻松的话题，最好你能火眼金睛地看出他的一些兴趣。比如说：小麦色的皮肤说明他很爱户外运动，说话中明显的e时代特色在告诉你他也是网络一族，试着和他聊一聊。记住，在聊天的过程中，要对他的话作出及时的反应，说一些不会令自己“死机”的话，这样可以使

他提升对你的兴趣。

2.语言要形象生动、富有情趣

在面试交谈中，应试者每时每刻都应该使自己的语言形象生动，富有情趣。如果交谈者情理相容，讲出的话带有感情渲染的风味，讲话不呆板，会给考官一个精明强干的印象。表达要简洁、清晰、直率、准确。切记不用模棱两可的话语或模糊性语言，不卖弄学问。针对问题，回答干干脆脆，使考官产生一种舒适感。

3.重视考官的微表情，适时调整话题或自己的观点

"微表情"不是求职者的专有名词，考官也有"微表情"。求职者如果能"察言观色"，也可以洞察面试官的内心，并在面试中"投其所好"，适时调整或转换一些考官没有兴趣的话题或不赞同的观点。

人力资源专家认为，读懂考官的"微表情"，有利于在面试中及时扭转败局。比如，有人说，面试时考官的右手总是撑在脸上，中指封在嘴上，食指伸直指向右眼角，左臂横在胸前，目光很少对着求职者，这样的肢体语言，基本可以表示他对面试者不感兴趣。

4.掌握适度恭维原则

为人处世确实要诚实，但求职者的面试，则属于一种比较特殊的情况，需要采取一定的谈话技巧——适度恭维。我们来看以下几种情况：

比如考官问你："你为什么要辞去以前的工作？"

如果按照诚实原则，应当回答："我跟经理合不来，他快把我逼疯啦，我必须离开。"但是这样回答之后，你肯定会给人事经理留下一个坏印象：这人可能是一个不太合群的人，他既然跟以前的上级合不来，说不定跟以后的上级也合不来。

再比如，考官问你："为什么你直到现在还没有找到工作？"

如果按照诚实原则，应当回答："现在找工作太难啦，我看上人家，人家却看不上我。"而按照恭维原则，应当回答："我对我以前的工作不太满意，所以我辞职之后进修去了，参加了一些培训，读了一些书，现在我终于知道我应当去哪里了"，以此恭维应聘公司是一个有档次的地方，只有那

些知书达理的人，才会认识到它的价值。当然，这个问题也可以这样回答："我对选择工作是非常挑剔的，我不想随便找一个没有挑战性的工作"，以此恭维应聘公司是一个有挑战性的地方。面试官作为该公司的代表，也自然乐意接受这样的恭维。

还有，如果考官问你："你想要多少薪水？"

如果按照诚实原则，应当回答："月薪五千。"而按照恭维原则，应当回答："我会考虑您能提供的最高薪水"，以此恭维应聘公司有鉴赏力和洞察力，能够根据一个职员的能力和经验，支付相应的报酬。

中国有句俗话说："一句话说得让人跳，一句话说得让人笑。"同样的目的，但表达方式不同，结果大不一样。我们在求职面试的时候，也要注意说话的分寸，娴熟地运用语言艺术，说出让考官悦耳的话，才能操纵考官的心理，这是你顺利通过面试的关键一环！

第16章
面对上级，言辞关切博得领导认可

坦诚相告获得领导理解与支持

职场中，有那么一些人，即使他遭遇苦难，他熠熠闪光的精神也会让周围的人肃然起敬，因为他坦承；也有那么一些人，即使爬得再高，也为人不齿，因为他品质不专。对于领导也一样，没有领导喜欢那些华而不实的下属。的确，如果我们能坦诚地对待领导，他也会坦承对待你；当你的职业精神增加一分，别人对你的尊敬也会增加一分。不管你的能力如何，只要你真正表现出对公司足够的坦承，你就能赢得领导的信赖。

在工作中，下属要赢得领导的肯定和支持，很重要的一点是要让领导感受到你的坦诚。工作中的事情不要对领导保密或隐瞒，要以开放而坦率的态度与领导交往，这样领导才觉得你可以信赖，他才能以一种真心交流的态度与你相处。以理服人不是说服领导的最高原则，如果没有让领导感受到你的坦诚，即使你把一项事情的道理讲得非常明白，实际上一点用也没有，因为人是有强烈感情色彩的动物，生活中情大于理的情况比比皆是，在感情与道理之间，人往往侧重于感情，领导者当然也不例外。来到一个单位后，第一件需要做的事情就是要与人坦诚相待，给人留下坦诚的印象。

朱蕾与王欣儿同在一家工艺品公司上班，由于年纪尚小，经验尚浅，她们暂时被安排的工作就是送送东西、传传文件什么的，连她们自己都觉得自己是打杂的，但是进这个公司实属不易，她们认为这是领导在考验自己，时间长了领导就会提拔的。因此，二人表现的也就很积极。

有一天，主任让她们把一个花瓶送到市里的一个文化单位，据说是该单位某某领导钦点的，朱蕾和王欣儿两人保证一定安全送到。

但摩托车开到半路的时候，迎面冲来一个人，正好撞在车上，急刹车后，花瓶也飞到了千里之外，而那个人也受了伤，朱蕾和王欣儿当时就吓得魂飞魄散，工作肯定保不住了。正当手足无措时，朱蕾什么也没管，骑上车子把人送到医院。

回到公司以后，王欣儿刚从经理办公室出来，看样子领导是问过话了。朱蕾敲开门进去，领导气急败坏地问："这件事到底怎么回事？"

朱蕾很镇静的回答："领导，这件事完全是我的错，花瓶是我摔碎的，我会赔偿，您也可以开除我，但当时救人是必须的，所以，我才会现在回来认错，不关王欣儿的事，车是我骑得。"听完这一通话，领导也没说什么，只是让她出去歇歇。

朱蕾正收拾东西，准备写辞职信的时候，领导秘书却通知王欣儿以后不用来上班了，而朱蕾被聘为产品检测部的主管。其理由是，不论对错与否，坦承最重要！这时候，朱蕾才知道，王欣儿在办公室把责任全推给朱蕾，而这点小伎俩，自然被领导看穿了。

范例中，朱蕾与王欣儿因为一件小事，显示出两种完全不同的品质，王欣儿为一己私利，将事情责任推给朱蕾，而朱蕾却很坦承，并主动承担，这一点，决定了两个人最后完全不同的职场命运。

其实，我们应该知道，在领导面前花言巧语，要小伎俩，都会被领导看穿。有时候，无论什么事情，只要我们坦诚相告，无论功过与否，领导内心都会自有定论，过多的解释和美化，反而招致领导的讨厌。

心理点拨

那么，当我们与领导交流的时候，怎么才能让领导感受我们的真诚呢？

1.尊重领导

领导需要绝对的权威，做下属第一点要做的就是尊重领导，我们在与领导说话的时候，不要图一时口快，或者意气用事让你的前途从此蒙上阴影。

态度决定一切，忠诚高于一切是领导信奉的，下属信奉的原则是：领导永远是正确的，领导永远是权威的。

2.学会积极倾听，做忠实的听众

坦诚并不需要夸夸其谈，而是一种态度，做领导的听众，他自然能感受到你的坦承，因为沟通本来就是双向行为，当领导对你的工作或者人品等进行指点的时候，你必须学会倾听，在对方有意与你进行沟通时，你要做出一副感兴趣的样子，积极配合对方的言论。

3.准确领会上司意图

一切工作都是从接受上级指示和命令开始的。上司要委派工作时，我们应立即停下自己手中的工作，准备记录。在上司布置任务时，切勿打断上司的话，应该边听边总结要点，要充分理解指示的内容，明确完成工作的期限和主次顺序。

如果上司做出的决策确实与你的思路大相径庭，那也不妨首先执行这个决策，然后私下里找上司交流一下，提出你的看法，通过交流弄清上司做出此等决策的意图。这样，你才能知道在实际工作中，通过何种途径更好地完成任务。

无条件执行并不表示不能没有个人看法，但是上司出于对全局的考虑所做的决策一定有他的道理，千万不要干出彻底否定上司决策的事儿。对上司的决策应在执行的过程中思考其目的，把握好加入个人意见的分寸，进而达到预期的工作效果。

不为自己的失职找借口

负责任是一个人立身做事的基本条件。一个人责任心如何，决定着他在工作中的态度，决定着工作的好坏与成败。而一个人是否有担当的勇气，更是责任心的一大体现。作为一名职场人士，要想获得领导的信任，想让自己的职业路走得更一帆风顺，就要为自己的工作负起责任，要敢于负责、乐于

负责、善于负责。当工作出现偏差或者失误的时候，一定要敢于承担，别为自己的失职找借口。

其实，无论任何人，即使领导也一样，我们都会犯错，工作出现偏差更是常有的事。而作为领导，肯定要表现出一定的姿态，批评一下你，作为下属的我们，一定要接受，这是态度问题，即使你在工作中出现了再大的问题，只要承担、敢于接受，不为自己的失职找借口，你反而会给领导留下可信任的印象。

张非是一名文秘，但平时的工作却不清闲，除了要整理文件，帮领导安排一下工作事宜，还有很多其他杂事，因为公司小，这些事情只能秘书一手包办了。他和领导相处的一直也是不温不火。但战争还是爆发了。

那天，张非在办公室里整理报表，领导满脸不高兴地走了进来，问她："小王呢？"那些报表大部分都是一些数字，需要认真、专心的整理，一听到有人打扰，张非也就火不打一处来，头也没抬丢了句："不知道。"领导一听这话，感觉小张怎么不把领导当回事儿啊，他拉长声音说："不知道？那你知道什么？在一个办公室对面坐着，他人不在，你不知道他去了哪里？"这一下，张非更火了，心想自己那么卖力工作，难道不是为了公司？一来就问小王，虽然我们对面坐着，但是他去哪里也不会向我打报告吧？

张非心里是如此想的，但是却没有如此对领导说，只是生着闷气说："我只有两只眼睛，都在做统计，没有一只眼睛在看小王。如果你找他，就打他手机吧！"领导听了，火更大了，果真打起小王的手机，该他倒霉的是，小王的手机也关机了！那天下午领导简直暴跳如雷！对于张非卖力地工作，他压根就没有看见，甚至时不时地丢一句批评的话。

事实上，小王已经跳槽了，带走了公司很多资料。于是，每次开会，上司抓不住小王做典型，就拿张非做范例，说他如何只顾做自己的工作，不关心公司的总体情况等。

张非很后悔，当时也不会忍，脑子一热就和上司吵了起来。

其实，范例中员工小王的跳槽，也并不是文秘张非的错误，但作为下属，的确有失职之处，当领导问及此事时，即使自己没错，也不能出口狡辩

和顶撞，这只会火上浇油，给领导的印象也就更恶劣。相反，如果他换一种方式和领导说话，比如主动态度谦卑一点，语气和缓一点，告诉领导："实在不好意思，因为一直在忙统计报表的事，没注意到，这是我的失职。"恐怕也不会有后来的结果。

心理点拨

那么，在工作中，如果我们遇到一些工作中的失误时，我们该怎样面对领导的批评呢？

1.认真对待批评

上司一般不会把批评、责训别人当成自己的乐趣。既然批评，尤其是训斥容易伤和气，那么他在提出批评时一般是比较谨慎的。而一旦批评了别人，就有一个权威问题和尊严问题。如果你把批评当耳旁风，我行我素，其效果也许比当面顶撞更糟。因为，你的眼里没有上司，让上司面子尽失。

2.对批评不要不服气和牢骚满腹

批评有批评的道理，即使错误的批评也有其可接受的地方。聪明的下属应该学会"利用"批评。上司对你错误的批评，只要你处理得当，有时会变成有利因素。但是，如果你不服气，发牢骚，那么，这种做法产生的负面效应将会让你和上司的感情距离拉大，关系恶化。

3.切勿当面顶撞

当然，公开场合受到不公正的批评、不应该的指责，会给自己难堪。你可以一方面私下耐心作些解释，另一方面，用行动证明自己，当面顶撞是最不明智的做法。既然你都觉得自己下不了台，那反过来想想，如果你当面顶撞了上司，上司同样下不了台。如果你能在上司发其威风时给足他面子，起码能说明你大气、大度、理智、成熟。只要这上司不是存心找你的茬，冷静下来他一定会反思，你的表现一定会给他留下深刻而难以磨灭的印象，他的心里一定会有歉疚之情。

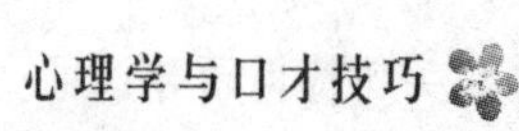

4.不要把批评看得太重

一两次受到批评并不代表自己就没前途了，更没必要觉得一切都完了。如果受到一两次批评你就一蹶不振，打不起精神，这样会让上司看不起你，今后他也就不会再信任和提拔你了。

5.受到批评不要过多解释

受到上级批评时，反复纠缠、争辩是没有必要的。

那么，确有冤情，确有误解怎么办？可找一两次机会表白，但应点到为止。即使上司没有为你“平反昭雪”，也用不着纠缠不休。这种斤斤计较型的部下，是很让上司头疼的。如果你的目的仅仅是为了不受批评，当然可以“寸土必争”，“寸理不让”。可是，一个把上司搞得筋疲力尽的人，又谈何晋升呢？

乐观接受任务，绝不埋怨牢骚

自古以来，下属毫无怨言的执行上级指派的任务，这是领导评判下属是否值得信任、是否忠诚的重要标准。当今社会也一样，这样的上下级关系必然会在工作上表现为高效率、高效益。在一个组织中，人们需要相互合作，而信任是合作的前提条件，没有信任的合作不可能成功。因此，要想获得领导的信任，就要乐意接受领导布置的任务，而不是牢骚满腹。

也许有人会质疑，这样的老好人会吃亏，但也有一句话说得好，吃亏是福，当你毫无怨言的接受领导的任务，并努力做好，领导是明白人，自然在日常工作中不会说什么，但对你的信任却一步步在加深。

王颖是在一家大型集团公司上班，几年下来，她已经升到了主管的位置，但公司人员变动较快，她总是为不同的领导工作。但奇怪的是，几乎每个领导离开的时候，都会带着欣慰的笑容夸赞她。

王颖是个很老实的女孩，平时话不多，更多的时候是在兢兢业业地工作。她明白，每个上司都喜欢替自己分忧的员工，尤其是新来的领导，对什么都不

是很清楚，领导安排的任务，一定要尽力完成，才会减轻领导的负担。

有一天，上司找她要一个报表，她认真仔细地完成了。上司对她的报表非常满意，说："看你平时言语不多，做起事情来还真让人放心。"王颖笑着说："因为我觉得只有我这边做好了，上司那边才能少分点心，这样才能有更多的时间去处理其他的事情。"上司意味深长地看着她，笑了。

王颖之所以能得到领导的赏识，是因为她能为领导排忧解难，毫无怨言的帮助领导，这样的下属何愁得不到领导的信任呢？有付出就会有回报，我们深知这句话的道理，会吃亏的人往往能得到更大的回报。职场中也一样，其实，你在一个地方付出了，就必定会在别的地方得到回报。在职场中，只要你能毫无怨言地接受领导分派的任务，并尽力去完成它，你就能让领导有更多的机会认识你，了解你，进而欣赏你。

心理点拨

我们要想有这样的认识，必须要明白这样的几个道理：

1.自己是付出的最终受益者

有人说：付出，无非是要做出无私的奉献，这对我有什么好处？我对别人付出了，谁对我付出？其实这种人的思维是狭隘的，他没有意识到付出的最终受益者是自己。职场中，那些只会耍弄权术，整天陷入尔虞我诈的复杂人际关系中，而不是踏实工作的人，即使一时得以提升，取得一点成就，但终究不是一种理想的人生和令人愉悦的事业，最终受到损害的还是自己。而那些兢兢业业工作，为公司付出的人，可能升迁慢、加薪少，可是却是领导和公司最忠实的员工，领导之所以为领导，必当比一般人有更敏锐的观察力，对于这类人，自然会在记在心底。这对于我们的职业生涯将是很好的积淀。

2.个人与企业的命运是紧密相连的

其实，我们明白，当我们努力工作，为公司争取到了更多的利益，公司的效益会提升，我们的薪酬和职位也会上升，而相反，我们怠工，公司效益下降，我们加薪、升职的机会也就小了很多。所以，我们的命运和企业的命

运是分不开的，作为下属，我们的提拔任用和所得到的报酬待遇，虽然是企业管理部门确定的，是你自己努力工作换来的，但也与领导对你的了解与信任是分不开的。所以，下属对上级、个人对企业应始终心存感激并努力接受上级安排的任务，才能让自己和企业同进步。

3.发牢骚并不是解决问题的办法

无论工作还是生活中，我们都会遇到各种各样不如意的事。一味地抱怨不仅一事无成，还会把自己变成一个“怨妇”，让周围的人离你而去，你要做的其实是，找到解决问题的办法，只有解决了问题，才会让领导和同事对你刮目相看，并信任有加，你的职业路走得才会顺畅！

支持领导工作，赢得领导信任

很多职场人士认为，领导和下属之间永远属于一个利益的对立面。在关系的处理上，不必有任何的纠结，只要不得罪就好。俗话说：“伴君如伴虎”，与领导相处，如履薄冰，但只要我们伴的好，“老虎”将会给你最大的支持，成为你驰骋职场的一张王牌。但前提是，我们要成为领导的好下属，曲意逢迎没用，溜须拍马更没用，只有支持上司工作才是你赢得信任的不变法则！

而且，作为领导，每天有很多事情需要处理，领导不可能事事过问。他只在宏观上把握全局，而具体的每一部分工作都由下属分工负责。当你能帮助领导分担一些工作难题时，上司就会离不开你，这样在上司心目中才会有你的位置。如果你不能做到这些，不仅不能让上司省心，还会成为上司的包袱，当一个下属不能起到自己应有的作用，自然也得不到领导的信任。

张然是一家投资公司的一名主管，在工作上一直很顺利，不管是领导，还是同事，她都非常满意。但最近张然所在公司的经理换了，也可能是新官上任三把火，新来的那个上司看起来不那么随和。同事都在议论，说怎么看都没有原来的上司好。

而张然一直是个勤勤恳恳的员工，从来不在领导背后说一些可有可无的话。这一点，让同事乃至领导都很喜欢。虽然她和原来的上司关系很好，但是她知道，以后她要面对新的上司，这个新上司将是和自己一起工作、决定自己未来职场命运的人。

那天开会，新上司提出一个方案，立刻遭到几个同事的反对，大家一起议论说原来上司的方案如何合理，如何让人心服，唯独张然没有说话。新来的上司看起来是个厉害角色，他不动声色地问张然："你认为呢？"张然一下被问住了，这个时候她一边面对的是同事，一边面对的是上司，不管她怎么回答，似乎都会得罪其中的一方。这个时候，张然突然想到，原来的上司对她说过的一句话："不管什么时候，都要站在上司的角度上分析和考虑问题，这是职场制胜的法宝！"

张然深呼了一口气，站起来慢慢地、微笑着说："其实，我觉得不管是原来上司的方案，还是新上司的方案，都是为我们大家着想，为公司的发展着想。只是两个人的出发点不同。"接下来，张然不紧不慢地仔细分析了两名上司的不同出发点，然后结合公司的现状，分析新上司措施的优点和缺陷。然后她再自我批评地说："作为一名主管，我觉得是我失职，我没有很好地向新来的上司交代公司的情况，让他迅速地了解公司状况。"新来的上司听张然这么说，脸上露出了笑容。同事也只能说她是一个负责任的主管。

范例中的张然是聪明的，关键时刻站在领导的角度说话，为自己化解了一次言论危机。的确，支持上司工作是永远不变的法则，不要以为上司比你官职大，就不需要你的支持。让上司感觉到你对他的支持，是对上司工作最大的肯定，也是对上司尊敬的最好体现！

心理点拨

那么，我们在与领导相处的时候，该怎样让上司感受到我们的支持呢？

1.必要时提醒并帮助领导

有时候，领导事务繁忙，很可能遗忘一些事或者在某些事上处理不当，我们要做个有心人，及时提醒并帮助领导。

2.为领导节约时间

作为领导，时间都是紧张的，而且一般会提前安排，因此，我们要为领导着想，节约他的时间：

（1）提建议时，问题越简单越好，并安排好提问的先后顺序。

（2）事先向领导预约会谈的时间。

（3）选择适合提出建议的时间、地点。

3.做好领导关心的事

很多职场人认为，工作中，事情做得越多，就越能获得领导的信任。其实不然，作为领导，他不仅要看你做了多少事，还要看你做对了多少事。如果你花费大把的时间和精力做一些没有任何意义的事，领导只会觉得你是一个做无用功的人，并不会感激你。所以，你首先要弄清楚领导最希望你做什么事，然后才是把事情做好。

4.不仅提出问题，还提出解决方法

几乎每个领导都不喜欢这样的下属，提出一堆问题给领导，仿佛都是让领导来解决，这要下属有何作用？我们应该做的是，做好力所能及的事，当一些问题无法定夺时一定要请示领导，不仅要提出问题，还要提出解决方法，让领导尽快做出决定。

5.工作上独当一面

在工作上能够独当一面，上司才能相信你的能力。

那么怎样才能使自己独当一面呢?

首先，有自己独特的眼光。上司在作决策时，肯定需要下属出一些新招和“点子”。这些“点子”即使不一定被采用，也能给上司思考问题和做出正确决策提供一个新的参考。

其次，工作能力强，做同事所不能做的事。当有些事情让上司和同事都感到棘手时，假如你能从容镇定地把问题解决，上司一定会对你刮目相看，所谓“危难时刻方显英雄本色”嘛。

最后，把同事不愿做的小事揽下来。单位里有许多不起眼的小事被大家

所忽略，如勤杂工请假了，办公室没人打扫；单位新买了一些桌子、椅子要搬上楼等。聪明的人应该善于利用这些小事。当然，在上司看来，这种事情没什么可嘉赏的，但时间长了，你勤快、本分、实在、不讲报酬，能吃苦、工作扎实的作风，自然会潜移默化地在不知不觉中让上司对你有新的认识。

三言两语巧妙说，消除与上司的矛盾

宇宙万物，无时无刻不处于矛盾之中。身处职场，与上司共事、相处，难免会出现碰撞而导致误解和矛盾的产生。有时往往是在不经意的时候得罪了某位领导，而我们自己却浑然不知，等到弄明白是某位领导误解了我们的时候已经为时晚矣。

那么，误解缘何而生？这是非常复杂的问题，因为它涉及人的心理活动的复杂性。嫉妒、多疑、防范、自负甚至是对你过度的喜爱，都能诱发领导心中对你的不信任感，导致各种误解。而产生误解的一般性原因或者说客观性原因是：上下级之间存在着信息不准确或沟通不畅。由于下级和领导缺乏足够的交流，这样，他便缺乏对你全面、直接和感性的认识，容易受他人意见的蒙蔽、领导直觉的左右和主观判断的影响，从而对你的言行产生认识误差。

而其实，矛盾并不可怕，最重要的是我们能够勇敢地正视它，并运用自己的智慧和技巧化解它。上下级之间一个最常见的矛盾就是彼此之间存在着误解和隔阂，如果处理不当或掉以轻心，误解便会成为成见，隔阂更会扩展成鸿沟，这无疑对下属是极为不利的。化解矛盾，我们要善于从上司的心理出发，通过三言两语，把话说到上司心坎上，削弱并化解矛盾并不是没有可能。

心理点拨

上司误解了下属，一般而言，他不会主动找你进行沟通。你对待上司误解最明智的态度就是及时、主动地去消除它，不让它成为定型之见。否则好的机缘会与你擦肩而过，让你悔之晚矣。以下几点消除误解的方法可供参考：

（1）极力掩盖矛盾。每当有人说领导和自己的关系不好时，你要极力否认有此事，制止事态的扩大，更利于缓和矛盾。

（2）公开场合注意尊重领导。在工作中经常碰面，要主动和领导打招呼，不管领导爱理还是不理，脸上要挂着微笑。

（3）背地场合注重褒扬领导。要知道当面说别人好不如背地褒扬别人效果好。背地里褒扬领导，领导肯定会高兴的，这样更利于误解的消除。

（4）紧急情况“救驾”。平时工作中，你若知领导遇到紧急情况而没有台阶下的时候，你要挺身而出及时前去“救驾”，做好打圆场的工作，这有利于领导心理平衡，消除误解。

（5）找准机会解释前嫌。待领导对自己慢慢有了好感以后，你要利用机会，与领导很好地进行交流以解释前嫌。

最近，职员小王有这样一个苦恼，她向好朋友诉苦：

“我组一共2个人，我是领头的。目前由于原来组员离职，新调来一位在我们部门有4年多工作经验的女孩。我们俩关系还好，沟通没有问题。只是她觉得工作做不过来，要去找领导谈，但是去找之前和我沟通过了，我认为她是老员工并且是公司的骨干员工，她去找领导沟通沟通应该没有问题，领导会给她更好的指导和鼓励。但他们沟通完的结果是领导找我了，认为我工作做得不够好，工作分配似乎不合理，没有缓解她接手新工作的压力。这个结果完全出乎我的意料，并且对我以前的工作好似也有了怀疑，我很委屈，觉得领导对我有误解了。实际工作中并不是这样的，我觉得自己付出很多。在领导找我谈的时候我已经说了，但是回想后觉得自己并没有完全表达出来，而且越想越生气，我该如何处理好呢？我想再找领导谈谈？”

而她的朋友是这样给她支招的：“我觉得，你可以和领导谈谈，譬如你的看法，不用太小心谨慎。其实领导一般还是希望得到员工的真实想法的。但是谈话之前，你要做到有理有据。把你手头的工作理一理。哪些是给这个女孩做的，哪些是你做的。和领导说话，要口气温和，有理有据。针对领导觉得你分配不合理的地方，说出你的看法，或者听领导给你更好的建议。但要注意时机和场合，有第三人在场或领导百忙缠身、情绪不佳时都不宜沟通，沟通时也须注意实事求是和自身情绪，否则可能你稍不注意就可能招致个人发展中的麻烦。毕竟领导也是人，尤其是存在形形色色的领导。”

小王按照朋友的建议，找了个机会，解开了领导的误会。自从那次后，领导似乎更加信任小王了。

小王的做法是正确的，找合适的机会沟通，才能起到预想的效果。从心理学的角度看，人们能否接受建议，是与心境有关的。当上司百忙缠身、情绪不佳时，你若想解开误会，恐怕会事与愿违。

（6）经常加强感情交流。领导与你的误解烟消云散之后，你不要掉以轻心，而是趁热打铁，通过经常性的感情交流增进友谊，让感情与日俱增。

做到以上几点，我们与上司之间的矛盾必当会逐渐解开！

巧妙汇报工作，句句说到领导心坎儿上

职场中，我们不仅要与同事沟通，更要与上司沟通。我们如果能与领导进行有效沟通，建立并保持良好上下级关系，对自己以后的成长是有利的。作为一个下属，就免不了要向领导汇报工作，一个成功的职场人士也必然是一个善于汇报工作的人，因为在汇报工作的过程中，能得到领导及时、有效的指导，更快地成长，也因为在汇报工作的过程中，能够与主管上司建立起牢固的信任关系。可见，我们要想赢得上司的信任，就必须掌握领导的心理，学会巧妙汇报工作，把句句话说到上司心坎上，令上司满意于我们的表现。

心理点拨

那么，我们应该怎样汇报工作呢？

1.主动汇报

作为上司，都有这样的心理，即使工作再忙，也希望能掌握每个下属的工作动态。因此，如果我们能主动汇报工作，那便是给上司吃了颗定心丸，上司自然也会满意我们的表现。

黄伟是一名外贸公司的部门经理，近来由于事情多，没有及时向领导汇报工作。有一天，他在开会时批评下属说：“你们现在好像一天都很忙啊，好像都不汇报工作了。”可是，会后，他听见员工们说：“黄总光会说我们，他自己好像也有十天半个月没有去总经理办公室了吧。”这话倒提醒了黄伟，他想，这段时间，工作是很忙。但是也没有忙到没有时间去向上司汇报工作情况的程度，怪不得总经理这些天好像都对自己有意见似的。如果每天、甚至每两天抽出一个小时的时间走进上司的办公室，向他汇报自己的工作，可能就不会是这样的情况了！

想到这里，黄伟立即安排秘书为自己做工作详细记录，第二天他走进上司的办公室，对老总说：“总经理，这是我近来的工作进度，请您审查。”上司对他流露出微笑：“有进步啊！”黄伟心中暗喜。

从案例中，我们发现，在与领导沟通时，主动的态度十分重要。主动汇报工作，与领导及时交流，不仅能及时更正错误或不当的工作方法，还能让领导放心。而实际上，很多下属往往摄于周围人际环境的压力，唯恐领导责备自己，害怕见到领导，不主动汇报工作，不仅失去了展示才华的机会，更重要的是，同时也失去了上司的信任。

2.表达服从

古往今来，上下级之间，下级服从上级，这是天经地义的事，虽然也有很多下级冲撞上级，但他们都为此付出了代价，当今职场，这一规则更是不可动摇。在汇报工作的时候，这一点更是我们应该注意的。也就是说，汇报工作，我们要尽量把焦点放在“汇报”上，而不能越权，更不能说越位话。

3.汇报要有重点

给领导汇报工作时，有时是一件事，有时是两件事甚至几件事，但对每件事都应考虑周全，突出重点，千万不可面面俱到，重复表达，啰唆冗长，力求做到重点突出，这样既节约了领导的时间，又体现了自己对工作的熟悉程度、对问题的把握能力、语言表达能力，同时又提高了工作效率。

越是职位高的人，需要处理的事就越多，有时候不可能把每件事都管过来。上司把某项工作交给你，是对你的信任，是对你工作能力的肯定。如果

遇到鸡毛蒜皮的事也去向上司请示汇报，上司就会怀疑你的能力了。而且，事无巨细，统统汇报，也有邀功之嫌。比如一个负责行政的，对完成车辆派用的汇报就没多少价值，而对一些与通常情况下处理结果不一样的事情倒是有必要汇报一下的。

4.条理要清晰

给领导汇报前不妨先打好腹稿甚至是文字汇报稿，排列一、二、三、四、五，言简意赅，层次分明，用最精炼的语言，较准确的表达自己的汇报内容。

5.要符合“长官”意志

有时一件事只有一种解决办法，有时有多种。而每位领导都有自己工作的特点和规律，我们提出建议要站在领导的角度去考虑。因此，汇报前要考虑领导会倾向哪一种方法，那就把这种方法放在前面先说，然后再把其他建议也一并给领导汇报，供领导决策参考。

6.多提解决的方法

汇报工作最重要的是提出解决问题的方案而不是简单地提出问题。要记住，汇报问题的实质是求得领导对你的方案的批准，而不是问你的上司如何解决这个问题，否则事事上司拿主意，要下属还有什么意义呢。我们去找领导汇报工作时要预备多套方案，并将它的利弊了然于胸，必要时向领导阐述明白，并提出自己的主张，然后争取领导的批准，这是汇报的最标准版本。假如你的汇报总是这样精彩，相信你离获得晋升已经不遥远了。

7.关键地方多请示

聪明的下属善于在关键处多向领导请示，征求他的意见和看法，把领导的意志融入正专注的事情。关键处多请示是下属主动争取领导的好办法，也是下属做好工作的重要保证。何为关键处？即为“关键事情”、“关键地方”、“关键时刻”、“关键原因”、“关键方式”。

在了解了以上汇报工作的方法后，我们大致便能抓住上司的心理，从而让上司从心理满意我们的表现了。

第17章 面对同事，委婉友善切忌口不择言

说话讲策略，和同事和谐相处

身处职场，办公室每天都发生着这样那样的大事小情。不管你是不是事件的主角，也不管你是喜欢路见不平、拔刀相助的“英雄”，还是“事不关己，高高挂起”的“世外闲人”，都需要掌握一些与同事说话的艺术。因为要和这些同事们日复一日，年复一年地相处下去，把握了说话的分寸，就在他们心目中塑造一种受欢迎和被欣赏的说话形象和风格。只有这样，才有利于工作的开展，也有利于自身的发展。

与同事相处，要讲究分寸。话太少不行，那些少言寡语的人，会被大家看成不合群、孤僻，不善交往，久而久之，你就会被大家所孤立，难于有什么发展。话多了也不行，容易让别人反感，而且也容易让别人误解，认为你是个轻浮、不稳重的人，还容易落下个“乌鸦嘴”的名声。所以说，不多说一句，也不少说一句才是与同事相处最理想的说话分寸。

心理点拨

与同事说话把握分寸，有下面这样几条原则：

1.公私分明

不管你与同事的私人关系如何，如果涉及公事，你千万不可把你们的私交和公事混为一谈，否则你会把自己置于一种十分尴尬的境地。

2.注意对方的语言习惯

我们在与同事交往的过程中，必须留意对方的忌讳语，一不留心，脱口而出，最易伤同事间的感情。即使对方知道你不懂得他的忌讳，虽情有可原，但你终究还是冒犯了他，因此，应该特别留心。

3.不要展示自己的优越

有些人动不动就提到自己或家人的辉煌业绩和显赫地位，向同事们炫耀，这将造成同事们自尊心的伤害，引起大家的不快，导致对你的厌恶和反感。

4.尽量和睦相处，不发生正面争吵

中国人自古便十分强调“人和”的因素，留有“和气生财”、“以和为贵”、“家和万事兴”之类的古训，至今仍被人们所津津乐道。无论你在公司、单位或任何一个利益共同体中处于怎样的位置，都应该与你的同事团结一致。“内讧”只能使每个人的利益都受到损失。

比如，当你偶然发现某位跟你十分熟识的同事，竟然在你背后四处散播谣言，数说你的不是和缺点。这时你才猛然觉醒，原来平日的喜眉笑目，完全是对方的表面文章！为此，你可能很想和他大吵一通，揭露他的“恶行”，让其他的同事认清他的真面目。这是万万不能做的。因为大家是同事关系，你若摆出绝交态度，一定吃亏：一则别人以为你主动跟他反目成仇，问题必然出在你身上，这无形中给对方一个借口去伤害你，这样做太不理智了。二则你们同在一个办公室，你总不想成天看见一副冷若冰霜或是怒目而视的面孔吧！对方滔滔不绝或多有冲撞冒犯之时，尽管任其发泄，自己在旁心平气和，处之泰然，尽量以柔和礼貌的语言来表达自己的意见。所谓“不打不相识”，同事与同事间往往正是在这种貌似攻势的激烈争执中达到了心灵的沟通和思想观念的交流，反倒越吵越了解，越争越痛快，比起以前的“和平共处”阶段还要互相尊重和信任。更何况你俩还有合作机会，加上上司最不喜欢下属因私事交恶而影响工作。

5.闲谈时莫论人非

只要是人多的地方，就会有闲言碎语。有时，你可能不小心成为“放话”的人；有时，你也可能是别人“攻击”的对象，这些背后闲谈，比如领导喜欢谁、谁最吃得开、谁又有绯闻等，就像噪声一样，影响人的工作情

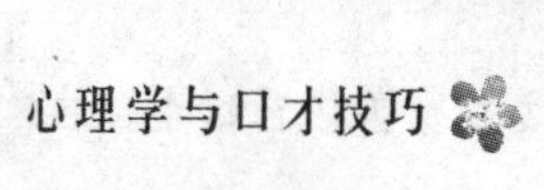

绪，聪明的你要懂得，该说的就勇敢地说，不该说的一定不能乱说。

某公司从外企挖来一名销售主管，他一上任，公司就给配了专车，月薪也要比其他部门经理高。

而正是因为这样，这名主管的气焰很高。说话行事都有点儿冲，把十几个人支使得团团转，下属对他不太心服，暗地里总是说他坏话。主管也是明白人，知道下属和他对着干，但他采取的不是和解政策，而是“镇压”方式。每天把每个人完成的工作和成本，即使是用了几张纸、打了多少电话都一一记录下来，作为月底考核标准。这一招够狠，底下的员工一个个忙得不可开交。不少人心里仍是不服这种管理办法，但只好在私下里发发牢骚。

过了一段时间，单位招来一个女文员，待人接物大大方方，一来二去就加入了反对主管的阵营。有时遇同事们在声讨主管，她也会插几句不痛不痒的话。

这样过了半年，女孩就成了和大家无话不谈的朋友了。一个很偶然的机会，一位同事突然得知那个女孩是主管招来的，顿感不妙。但知道得太迟了，到了年终，主管提议销售人员“大换血”，结果8个人被解聘了4个，剩下4个明白过来感慨万千，又自动走掉了两人。剩下的两人现在工作的时候，看着那个漂亮女孩走来走去，一句牢骚话也不敢说了。

在办公室，同事每天见面的时间最长，谈话内容可能还会涉及工作以外的事情。但我们要知道，尽量不要在背后议论同事或者领导，更要懂得什么该说，什么不该说，要把握分寸，才能让同事觉得你是个可以信任的人。同时，这也是自我保护的一种手段，否则很可能招来不必要的麻烦。

总之，与同事说话，我们要懂得一些心理策略，让同事感觉到我们易于相处，这便能在整个说话中掌握主动权。

说话放低自己，抬高对手令其飘飘然

身处职场，少不了有竞争对手。有时候，同事间可能为了一个职位而恶

语相加。有人可能认为，面对竞争对手，就是要表现自己，让对方退缩。而实际上，人们在被对手贬低的时候，都会有一种反击的心理。你的打击可能是让对方努力的动力。因此，聪明的职场人在打败竞争对手的时候，常常在说话时放低自己，抬高对手令其飘飘然，让其放松警惕心理，从而为自己增加竞争成功的砝码。

曹操一个人喝着闷酒，想了半天，请刘备来喝酒聊天。

曹操跟刘备聊得很开心，问了刘备一个问题："你说这年头谁是英雄？"

刘备心里想："我肯定是英雄，只是现在不得已。"但刘备不敢说，说了，要被曹操宰。刘备想了想，就跟曹操行起了酒令，顾左右言其他。

绕了半天，曹操有些不耐烦，端起一杯酒喝完说："别绕了！这年头真正的英雄人物就是你跟我。"

这时，天上"轰隆"一声打了个巨雷，刘备呆呆地看着曹操，惊得筷子都掉到了地上。曹操不禁问刘备："怎么啦？"

刘备赶紧把筷子捡了起来，顺口说了句："这么大的雷，吓死我了。"老曹哈哈一笑："大丈夫怎么可以怕雷呢？"刘备赶紧接口："孔子是圣人，他也怕打雷，别说我了。"

此时张飞关羽两人怕曹操会杀刘备，闯了进来。见刘备没事，关羽连忙掩饰说自己来舞剑助兴。曹操说："这又不是鸿门宴。"然后斟酒让他们压惊。后来三人一起出来，刘备说："我在曹操的地盘上天天种菜，就是要让他知道我胸无大志，没想到刚才曹操竟说我是英雄，吓得我筷子都掉了。又怕曹操生疑，所以我就说自己怕打雷掩饰过去了。"关羽张飞佩服得不得了。

可以说，放走刘备，是曹操一生中最大的错误，因为曹操已经看出刘备是当时真正的英雄。曹操甚至说了这样的话："今天下英雄，唯使君与操耳！"这句话是载入史册的。

从心理角度说，刘备称自己害怕打雷，是让曹操认为刘备是胸无大志的人，从而放走刘备，为刘备的崛起做了最初的工作。这套心理策略同样可以适用于现代职场，与同事竞争，在说话的时候不可狂妄，要尽量放低自己，让对方感觉到你已经示弱了。很多时候，这会为你的成功提供契机。

当然，放低姿态，不是低声下气、奉承谄媚。说话时放低姿态是一种艺术。办公室里，竞争有时候是隐性的，尤其是在我们得意之时，与同事说话，要谦和有礼、虚心，这样才能显示出自己的君子风度，淡化别人对你的嫉妒心理，维持和谐良好的人际关系。

“小姜毕业一年多就提升为业务经理，真了不起，大有前途呀！祝贺你啊！”同一年大学毕业的同事小吴十分钦佩地说。“没什么，没什么，老兄你过奖了。主要是我们这儿水土好，领导和同事们抬举我。”小姜压抑着内心的欣喜，谦虚地回答。小吴虽然也嫉妒小姜被提拔，但见他这么谦虚，也只能是暗地里跟他较劲儿了。

不难想象，小姜此时如果说什么“凭我的水平和能力早可以提拔了”之类的话，更会引起小吴的嫉妒。身在职场处于优位时，自然是可喜可贺的事。如果别人一奉承，你就马上陶醉而喜形于色，这就会无形中增强别人的嫉妒心理。可见，在办公室里，言谈中多一些谦虚的话，就能有效地减弱同事们的嫉妒心理。

心理点拨

那么，我们在与竞争对手说话的时候，怎样说话才能显示自己的低姿态，从而影响到对方的心理呢？

1.承认对手的能力，为对手叫好

一位成功人士说：“为竞争对手叫好，并不代表自己就是弱者。为对手叫好，非但不会损伤自尊心，相反还会收获友谊与合作。”同时，这也是一种心理策略，任何人都爱听赞美与肯定的话，我们承认对手的能力，有利于消除对手的戒备心，甚至有利于我们从对手那里获得经验教训从而提高自己，在不断提升和完善自我之后，我们赢得对手就是必然。

2.放低身份，表现自己的良好修养

这一点，在与比自己身份低的竞争对手说话时尤为重要。偶尔说一说

“我不明白”“我不太清楚”“我没有理解您的意思”“请再说一遍”之类的语言，会使对方觉得你富有人情味，没有架子。相反，趾高气扬，高谈阔论，锋芒毕露，咄咄逼人，容易挫伤别人的自尊心，引起反感，以致他筑起防范的城墙，从而导致自己的被动。

总之，我们要讲究说话策略，与竞争对手说话，要放低自己，抬高对方来令其飘飘然，放松警惕，而这正可以为我们攒足实力，一举获得成功提供良好的时机！

常常自嘲打趣，令你赢得职场人气

在职场中人气如何，直接关系到一个人的升迁和职场命运。那些会说话、懂得打破沉默、活跃办公室气氛的人往往更能赢得同事的好感，职场人气自然也高。而这些聪明的职场人一般都会借用自嘲这一心理策略。因为从心理学角度看，没有人会拒绝幽默带来的开怀一笑，“幽默一直被人们称为只有聪明人才能驾驭的语言艺术，而自嘲又被称为幽默的最高境界。”如果我们懂得自嘲，会使办公室的氛围很好，同事感到工作轻松，人际关系和睦，工作也有干劲，而最重要的是，我们的职场人气就上升了。

我们每个人工作谋生的集体都是一个大家庭，作为家庭成员的同事之间难免产生磕磕碰碰、误会、牢骚，也自然免不了时常遇到尴尬之事。这种情况下，谁是谁非不是三言两语就可以说清楚的，要有耐心，不要逞一时口舌之快，伤了与同事的和气。大家同在一个屋檐下共事，抬头不见低头见，一旦撕破脸皮，以后要再行交谈、沟通，虽非不可能，但也要颇费周折，好事多磨了！这时，我们不妨采取幽默的语言，取借语言之衣，实取人情之利，何乐而不为？会说话的人不仅能在谈笑间使误解灰飞烟灭，达到自己的最初愿望，而且能创造一个和谐的人际环境，以柔克刚。

一位厂长在年初的职工代表大会上遭到了一位女工的不断质问，因为她认为自己在上年所报销的医药费实在太少。

她厉声问道："去年一年中，厂里在这方面到底为职工花了多少钱？"

这位厂长说出了一个几十万元的数字。

"我想我快要晕倒了。"女工说。

这位厂长面不改色心不跳地解下了自己的手表和领带，放在桌上说："在你晕倒之前，请接受这笔投资。"

于是在场的大多数职工都会心地笑起来。

那位女工当然并不会晕倒，厂长这个小小的幽默不仅没有让她感到更加气愤和不平，相反倒是使其顿然沉思，进而猛醒，把对厂里和领导的抱怨和不满都化作了理解和同情。后来她成了厂里的骨干。

这位厂长的自嘲让这位女员工明白，企业很重视满足职工的需要，如果有必要的话，厂长可以牺牲自己，但厂里资金有限也是事实。当对方理解后，所有的抱怨也就消失了，可见，对一句幽默的戏剧性语句和一个幽默的戏剧性行为，其效果远远超过了一份长篇大论的反驳和纠正。

幽默可以说是生活中最自然的品位，它不仅产生笑料，更是一种修养，一门知识。难以想象一个不懂幽默的人是一个会说话的人，相反，会说话的人都少不了这样一种既简单又困难的风度——自嘲。任何一个成功运用语言达到与同事和解、回敬同事指责、批评的成功范例，或多或少都少不了自嘲的功劳。

心理点拨

那身处职场，我们该怎样利用这一心理策略呢？

1.敢于拿自己的短处"开涮"

自嘲是缺乏自信者不敢使用的技术，因为它要你自己"损"自己。也就是要拿自身的失误、不足甚至生理缺陷来"开涮"，对丑处、羞处不予遮掩、躲避，反而把它放大、夸张、剖析，然后巧妙地引申发挥、自圆其说，取得一笑。没有豁达、乐观、超脱、调侃的心态和胸怀，是无法做到的。可想而知，自以为是、斤斤计较、尖酸刻薄的人难以望其项背。

古代有个石学士，一次骑驴不慎摔在地上，一般人一定会不知所措，可这位石学士不慌不忙地站起来说：“亏我是石学士，要是瓦的，还不摔成碎片？”一句妙语，说得在场的人哈哈大笑，自然这石学士也在笑声中免去了难堪。

2.自嘲不可针对任何人

的确，自嘲不伤害别人，最为安全。你可用它来活跃谈话气氛，消除紧张；在尴尬中自找台阶，保住面子；在同事面前获得人情味；在特别情形下含沙射影，刺一刺无理取闹的小人。但我们要记住的是，自嘲不可有任何针对性。同事间的交流与沟通过程中，舌头一定要多绕几个弯，切忌妄自尊大，出语伤人。

抗战胜利后，张大千从上海返回四川老家。行前好友设宴为他饯行，并特邀梅兰芳等人作陪。宴会伊始，大家请张大千坐首座。张说：“梅先生是君子，应坐首座，我是小人，应陪末座。”梅兰芳和众人都不解其意。张大千解释说：“不是有句话‘君子动口，小人动手’吗？梅先生唱戏是动口，我作画是动手，我理该清梅先生首座。”满堂来宾为之大笑，并请他俩并排坐首座。

张大千自嘲为小人，好似自贬，然而“醉翁之意不在酒”。这既表现了张大千的豁达胸怀，又制造了宽松和谐的交谈氛围。职场中，我们自嘲，也要注意说话分寸，展示自己的大度胸怀。

有主见的话可令你获得威信与支持

身处职场，我们在同事中的威信是由自己的言行树立起来的。有时候，我们与同事的谈话不是朋友之间聊天，如果与对方谈了一个小时都没有说出一句有主见的话，那这场交谈就是无效的。

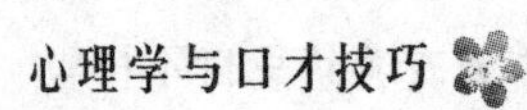

心理点拨

那么，我们具体应该怎样说话呢？

1.注意态度，不可目中无人

要让同事另眼看待，我们就应该能够提出其他同事尚未发现的问题。言谈举止中要有个人魅力，处处起表率作用。而且还要根据不同对象和不同环境发挥自己的讲话技巧，切忌态度高傲，目中无人。

2.放低姿态处理与同事间的不同意见

一个没有主见、被人左右的人无法得到下属和同事的尊敬与服从。因此，我们在与同事交谈时，应摆出兼收并蓄、取长补短、互相切磋、求同存异的姿态。碰到情况不是忙于下结论，忙于批驳对方，而是以姿态低调，但主导性很强的话说出自己的看法，比如：“你的意见还是不错的，但是如果换一个角度看，会怎么样？”“我的想法和你不同，我们可以交换一下意见吗？”“嗯，让我考虑一下，我们可以明天再谈这个问题。”

这样的话语不失威严而且易于被对方接受。

3.尽量最后表态

鉴于中国人有“重点置之于后”的心理，所以我们不能抢着说话，越是最后说话越有权威。

在与同事谈话时，应该让对方充分地把意见、态度都表明后，自己再说话。让对方先谈，这时主动权在我们这一边，可以从对方的说话中选择弱点追问下去，以帮助对方认识问题，再谈自己的看法，这样易于让对方接受。在对方讲话时自己思考问题，最后决断，后发制人，更能让对方认可我们的说话能力从而信任我们。

4.注意表达方式

我们要想在同事中树立威信，除了要注意自己的态度和说话的方式外，也需要注意表达方法。

（1）说话要言简意赅、长话短说。句子说得短一些，不仅说起来轻松，听起来省力，吸引力也强。

（2）说话一定要有条理，要吐字清晰，语速适当。在说话时要坚定而自信，力度要适中，注视着对方的眼睛，这样才显示出自己是充满自信和颇有能力的。如果讲话时眼睛不敢正视，会使同事觉得你意志薄弱，容易支配。

（3）要学会用幽默的风格讲话。幽默的话，易于记忆、又能给人以深刻印象。在工作场合，一般是不适宜开玩笑的，但是如果我们能够恰当地说几句玩笑话，恰恰说明我们的特殊地位和身份。

一次，张主任召集全体人员开会，当时会场比较嘈杂，听众情绪还未安定。张主任这样开头了："先给大家讲个故事。张飞和关羽参加刘备召开的军机会议，当时大家正交头接耳，刘备无法讲话。张飞说：'哥，看我的。'于是他用在长坂坡喝退曹军的大嗓门吆喝一声，结果大家并没有安静下来。关羽说：'小弟，你那手不行，还是看我的。'于是，他便坐在刘备的位子上，捋须凝目，似有所思。这下子大伙儿觉得奇怪，倒安静下来了。其实，这只是个故事，刚才大家交头接耳，现在为什么静下来了？这个问题留给大家思考，我今天所要讲的主要内容是……"

生动贴切的故事，立刻引起了听众的注意，会场很快安静下来了。

从张主任这番话中我们发现，我们要树立威信，的确需要说一不二，但在气氛严肃时，语言幽默更能带动谈话气氛。

5.不要害怕承认错误

有些人不愿意承认自己的错误，为此花费了许多脑筋和时间，其实这都是没有必要的。一个人不可能老是正确的，如果有百分之六十是正确的，而他又能迅速改进其他百分之四十，那他就是非常了不起的人，大多数人尊敬那些直截了当承认错误的人的，这是大人物的特点。

因此，我们要想在同事中树立威信，让同事产生信任的心理，获得同事的支持，在说话的时候，就一定要讲究策略，用语言影响对方的心理！

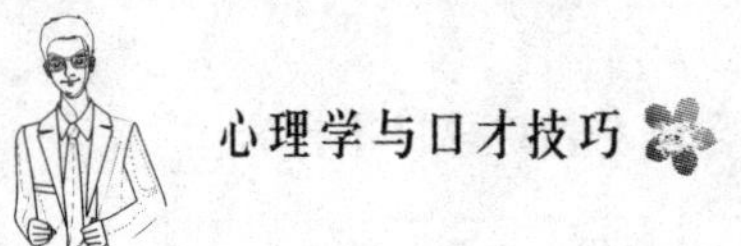

巧妙反驳，让同事欣然接受

身处职场，我们天天要与同事打交道，每个人的个性、认识不同，对同一件事的看法和意见自然也不同。而很多时候，即使意见不一致，也绝不要和同事或者老板争得面红耳赤，就算你认为自己很有道理也不要这么做，因为那对你没好处。那么，我们如何说话，才能正确地表达你的相反意见，同时还能避免跟同事彻底翻脸，把话说到对方心里，让其欣然接受呢?

心理点拨

1.多听少说

当我们发现同事的意见或者方案不妥时，不要急于去争论或者发表不同意见，也不要插嘴。相反，你要鼓励同事把自己的想法完全并且充分表达出来。他们希望你懂得倾听，也同时希望能够得到尊重。如果你总是很快地跟他们争论的话，你可能会听到“你还是没懂我说什么……让我解释给你听”“不跟你说了”这样的话。

2.善用技巧。

无论同事的观点正确与否，先肯定是明智的做法。等到和同事站在一条战线的时候，你再去指出不足之处，对方接受起来会容易得多。

刘波学的是市场营销，毕业后顺利进入一家外贸公司当业务助理。刘波的上司是40多岁的业务主管老张，有着丰富的营销经验，由于资历较老，老张总是显得傲气十足，甚至有些骄横跋扈。他经常炫耀自己的辉煌业绩并用鄙夷的口气训斥他人，丝毫不把别人放在眼里。随着科技的发展，老张的有些经验已经过时了。同事们背地里总是抱怨老张自高自大、目中无人，但毕竟老张是老员工，大家也没什么办法，只能尽量远离他。

其实，刘波来到单位后也没少遭到老张的训斥。但是刘波暗自琢磨：老张之所以能居功自傲、盛气凌人，是因为他在商场摸爬滚打多年，经验极为丰富，才拥有骄傲的“资本”。尽管他平时在工作上有些做法不对，但要想

说服他，并非易事，直接反驳不可取。于是他主动邀请老张吃饭，推杯换盏之时他大力称赞老张多年营销的功绩，并表示一定以老张为榜样，努力向他学习。老张听到这些话心里十分高兴，拍着刘波的肩膀说："小伙子，你要学的真的很多，以后有什么不明白的多问我，我保证把你培养出来！" 刘波听到此话便向其虚心请教拓展业务的方法。而后来，聪明的刘波在和老张学习经验的时候顺便道出了一些自己的看法，老张这才发现，原来自己的很多观点已经过时了，于是，他对刘波连连道谢。

老张属于职场老手，容易"居功自傲"。很难看到自己的不足。而这些人的心理需要很简单，就是希望别人把他当做功臣来尊重和敬仰。由于这些人是在单位已经工作多年并取得一定成绩的老员工，直接反驳自然是不可取的。刘波认识到了这一点并摸准了老张的心理，于是他选择了先向老张请教，这充分满足了老张的自尊心，而后又表达了向老张学习的决心，将之奉为榜样，在请教的过程中再提出自己的意见，高兴之余，老张自然乐意接受。

赞美他人，拉近彼此间距离

人人都喜欢被人高看，被人赞美。美国著名心理学家威廉·詹姆斯曾说过："人类本性上最深的企图之一是期望被赞美、钦佩、尊重。"可以说，希望得到尊重和赞美，是人们内心深处的一种渴望。人人都爱听赞美的话，因为赞美能激起人们心灵最深处的自豪感和成就感，从而使其产生美好的心境，而同时，赞美也是人类最高收益的投资，当对方接受了我们赞美之言的时候，也就接受了我们这个人，自然也就拉近了彼此之间的距离。因此，身处职场，我们要赞美他人。当他人都倾心于我们的同时，我们工作环境也就会更加和谐。但赞美同事、领导也并不是无据可循的，没有技巧的赞美，只会有溜须拍马之嫌。

心理点拨

那么，我们该怎样说话才能让同事和领导接受我们的赞美呢？

1.背后赞美

背后赞扬别人，更让人觉得真诚、甜蜜，更容易让人接受，这是情理之中的事。所以人们更容易相信背后的好话，会更加欣赏那些在背后说自己好话的人。因此背后颂扬别人，比当面赞扬更为有效。如果你想让同事或上司增加对你的好感，就要学会在背后赞扬他们。

而相反，如果我们当着对方的面称赞他，不仅可能会让对方觉得你虚情假意，还会有谄媚之嫌，可能会招致其他同事的轻蔑。所以，我们不妨背后称赞，你也不必担心这些话被赞扬者听不到，总有一天会传到他耳中的。

很久以前，有一个国王，他什么爱好都没有，就是每天要底下的那些臣子对自己说一句赞美的话。说赞美的话又不是什么难事，这些大臣每天就变着花样说给国王听。

刚开始国王倒是很新鲜，每天有那么多的人称赞自己。可是时间一长，国王感觉这些人说的话那么虚伪。当反复听到“您是我们最英明的陛下”“您的伟业将永垂不朽”这些话时，国王都想把大臣拉出去砍了。

有个聪明的大臣看出了国王的心事，于是想办法来点“新鲜的”，好让国王高兴高兴。

一天，国王要发布新的政令。这个聪明的大臣并没有像以往那样当面称赞国王，而是故意在一旁悄悄地对别人说：“凡是身居高位的人，大多喜欢别人的奉承，只有我们陛下不是这样，他一向对别人的称赞都不放在心里。”

而此时，国王正好赶到，在门后听到了这些话，心里非常高兴，马上唤来这个大臣说：“好啊，知道我心里想的，还是只有你。”

很快，这个聪明的大臣被升职了，受到了国王的重用。

这位大臣采用的就是一反常态的赞美，在背后赞美国王，达到了讨好国王的目的。自然也就得到了国王的重用。

2.有新意、不落俗套地赞扬

职场赞美是要讲究一定技巧的，需要掌握一定的分寸，赞美要不落俗套，才会让对方受用。循规蹈矩、墨守陈规的赞美只会让对对方感到毫无新意可言，起不到真正赞美的作用。而假若我们善于观察，善于挖掘，找到别人未发现的优点，这样说出来的赞美之言才会更显新意和诚意，更会给被夸赞的人留下既美好又深刻的印象。

3.赞美要真诚

赞美应该是发自内心的，是自然而然的善意的行为，不需要你绞尽脑汁，处心积虑，也不需要你赔尽小心。要想我们的赞美之言更显真诚，我们可以注意以下几点：

（1）不仅赞美别人，要把别人的优点当成自己学习的榜样，把语言化成行动，才会让别人信服，别人也更容易帮助你。

（2）间接赞美。比如，你可以用辩论的观点，让对方说服你，承认自己的优点，比你自己说出更有价值。

（3）多对周围的人关心。赞美和恭维领导不仅是说好话，还要说好听的话。这不仅是对领导，对周围的同事也要如此，一句关心、嘘寒问暖的话比那些绞尽脑汁的赞美更能打动他。

职场需要赞美。我们只有掌握赞美的技巧，对对方产生积极的心理作用，让赞美不落俗套，才会真正地让对方受用！

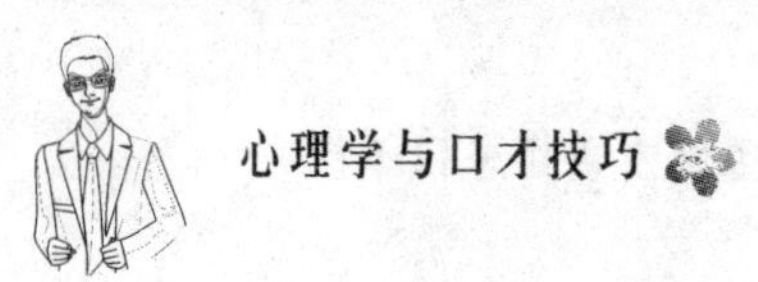

第18章 面对下属，简言赅语树立领导权威

恩威并用，让下属深深信服于你

作为职场中人，上司也需要与人打交道，尤其是与下属。毫无疑问，领导者的语言对维护领导者形象，树立领导者威信有着重要作用。以领导的身份说话不是随心所欲的交谈，而是一种很重要的沟通活动。不管是在什么场合，领导说出的话都要言之有物、言之成理。都要求领导能充分地表情达意，侃侃而谈。领导的话要有启发性，要能鼓舞下属。总的来说，上司要想获得下属的信服，说话时一定要恩威并用。因为领导与下属之间是一种权力等级差别的关系，只有恩威并用地说话，才能维持这种关系，也才能树立威信，从而获得信任和支持。

心理点拨

上司如何用自己的语言来赢得威信，怎样在说话时做到恩威并用呢?

1.要给予下属积极的刺激与激励

优秀的领导应该尽量表扬下属的才干和成绩，要尽可能地把荣誉让给下级，常肯定下属的进步和优异表现，遏制自己的虚荣心。这样下级就会为你尽心竭力，形成一种良性循环。

2.要表现得平易近人

这样有助于拉近你和下属之间的关系，培养一种归属感。

3.要表现出作为一个领导者的远大志向

这样，会使下属觉得跟随着你去奋斗是很有前途的。这样他们才有信心跟随你，拥护你。

英国前首相撒切尔夫人具有令世人称道的仪表和风度。她是20世纪后期世界上最具魅力的政治人物之一。而她引人入胜的演讲风格，更为她树立了很高的威信。她在上任后的第一次讲话中这样说道：

我是继伟人之后担任保守党领袖的。这使我觉得自己很渺小。在我之前的领袖，都是赫赫有名的伟人。如：我们的领袖温斯顿·丘吉尔把英国的名字推上了自由世界历史的顶峰；安东尼·伊登为我们确立了可以建立起极大财富和民主的目标；哈罗德·麦克米伦使很多凌云壮志变成了每个公民伸手可及的现实；亚历克·道格拉斯 霍姆赢得了我们大家的爱戴和敬佩；爱德华·希思成功地为我们赢得了1970年大选的胜利，并于1973年英明地使我们加入了欧洲经济共同体。

在这段讲话中，撒切尔夫人列举了现代史上英国历任首相的功绩，以此来表明自己的任重道远和豪情壮志。1979年撒切尔夫人在大选中获胜，成为英国第一任女首相。职场领导在与下属谈话时，也要表现出自己的远大志向，让下属信服于你。

4.要显出作为一个领导者应有的霸气

每位领导都应该有属于自己的威慑力，这样才能使得下属对你服从。这种霸气体现在领导的语言风格上应该是典雅庄重的。

朱元璋当上皇帝后，经常会微服出巡。有一次，一行人马走到一个渡口等船渡江。正巧，一群赶考的举子们也在等船。举子们见渡船尚未到，就在江边吟诗做对，切磋文采打发时间。朱元璋觉得很有趣，便静静地站在一旁，听他们做诗。当日江边风景十分壮丽，万里长江滚滚东流，苍茫的群山在雾气中时隐时现，气势磅礴，偌大的采石矶屹立于江岸，伟岸之极。

一个年轻举子凝视着眼前的壮美河山，吟道：“采石矶兮一秤砣。”举子们听了都一致称赞道：“这个比喻很是大气。”朱元璋听了，笑着说道：“此句子的气魄如此之大，恐后难以为继啊！”大家听了一想，的确如此，

把这么大的一座采石矶仅仅比做一个秤砣，那秤杆、秤钩可得是什么呀？即使勉强凑出这么大的秤，又去秤什么呢？大家面面相觑，不知如何作答。朱元璋见状大笑，说道："我来试一下。"说完，便高声朗诵起来：

采石矶兮一秤砣，长虹作杆又如何？

天边弯月为勾挂，称我江山有几多。

举子们听罢后个个都目瞪口呆，能做出如此气吞山河之气势的只可能是当今万岁，于是，举子们纷纷下跪拜见皇上。

这个故事中，我们可以看出一个领导很容易用语言表现出自己应有的气势来，而且这种表现在很多时候还是无意的。只要你有领导的威信，就会在语言中自然流露出领导者的气势。但要记住，有霸气并不是代表高高在上、盛气凌人。如果是那样的话很容易失去人心。

5.语言干脆，当机立断

领导者的威信可以在平时的说话中得以体现。对于自己权限范围内可以决定的事，要当机立断，明确"拍板"。比如车间工人上班经常迟到早退，不听调配。对于这种违反纪律的行为就应果断决定"停止工作，待岗留用"。如果下属向领导请示某动员会议的布置及议程，领导认为没有问题，就可以用鼓励的委婉语调表达："知道了，你看着办就行了。"这种表述既给了下属支持与鼓励，也给了下属行动的权力。

我们都知道，得体的语言对于任何讲话者的形象都非常重要，对于领导而言更是如此。领导者以语言树立自己的威信，通俗说就是要使自己的话让下属相信并且信服。懂得以上这些心理策略，让下属信服，这样他们就会自然地去支持你。这就是威信。只有具有了这种气质，才能卓有成效地指导工作。

说话以事实例证为依据，更有信服力

领导者拥有好的口才固然重要，但说话办事切记要以理服人，而不是以权服人，或以权压人。以理服人就是摆事实，讲道理，让下属从领导者讲的

事实中领悟出道理，从而接受领导的建议，遵照领导的建议行事。领导者在劝导说理时要讲究以事实例证为依据，既不能讲空话、大话、套话，也不能像作报告那样“宽纵面，大纵深”，需要的是实实在在地论证说服。

在日常生活中，许多地方都离不开说服。比如，父母说服自己的子女学钢琴、学外语，老师说服学生要少看电视，干部说服群众遵守制度，店里的售货员说服顾客购买店里的东西，等等。说服别人转变原来的想法是有意义的，但也是不容易的。

领导者要想向下属证明自己的观点，就一定要学会用事实来说服下属。出言有据，论证有力，道理很明白，对方的观点就会不攻自破。这个事实有可能是一些数据，也可能是一些已经发生的事情，还可能是来自行业的一个标准等，千万不要轻视这些事实，因为只有事实才最具说服力，才能让人把抽象的事物具体化，才能使对方从事实中感受到领导者观点的可信度，从而彻彻底底地信服领导做出的决定。

在第二次世界大战中，有一位海军士兵被派往一艘油轮上执勤，跟他一同的还有他的一位战友。但是，当任务具体下达的时候，他们两人却表示不愿意接受这项任务。因为他们听说，在油轮上执勤，一旦油轮被敌军的鱼雷击中，大量汽油的爆炸，顷刻之间就能把他们送上天。为此，他们感到十分的恐慌。

下达命令的海军军官了解了他们的真实思想作后，用一些准确的统计数字来劝说他们：被鱼雷击中的100艘油轮中，有60艘没有沉到海里去。而在真正沉下去的40艘油轮中，只有5艘是在不到5分钟的时间内沉下去的。所以，船上的人有足够的时间逃生，死的可能性很小很小。

听到这样的劝说，海军士兵的恐慌一扫而光，于是，他们欣然接受了任务。

士兵们之所以能够最终接受任务，主要在于海军军官的说理方式，他用实实在在的事实为证据，而不是简单地讲大道理，空话或大话，才使得两位士兵信服。可见，用事实来支持观点，是一种最有力、最科学的说理方式，而准确的统计数字就更有权威性，能够让人深深的信服。

然而，现在企业中有很多的领导者在说服下属的时候，往往忽略以事

实做依据或用事实说话，而是花很大精力向下属描述宏伟的蓝图，告诉他们能够获得多大的利益，又或者是赞美前景是多么的美好……但是，无论你讲得如何天花乱坠，给出的理由如何的多，都不一定能够说服下属。原因很简单，他们没有得到准确的信息，他们听到的都是大话、套话，甚至是空话。这样没有实际价值的话，自然不会让下属信服。

俗话说得好："有理胜三分"。事实胜于雄辩，"用事实说话"是说服对方最犀利、最有效的方法。因此，擅长用事实说话，是领导者说服下属时必须要掌握的方法。

心理点拨

那么在"用事实说话"时应该注意哪些问题呢？

1.道理要讲清

领导者"用事实说话"的前提就是自己先要明理。在说服下属时，要清楚地阐述事件的理论依据，这些理论依据必须是对方理解的理论。讲清的过程是逻辑思辨的过程。说理时，哪些先讲，哪些后讲，哪些重点讲，是理论的关键。这些是为了下一步的例证做准备。

2.用事实说明或举例说明

领导者要举出大量的实例来证明你所阐述的理论是有根据的，当然，这些例子越现实越好。

在选择事实的时候最好能有典型性，因为只有典型的事例才能反映出事物的本质和规律，才有证明意义。

选择的事例还必须真实可靠。一旦你采用的事例被对方识破，那么所有的事实都将成为怀疑的对象，就会因此失去说服的力量。另外，领导者在举例的时候语言应该简明扼要，将道理说清、说明白就可以了，不能啰嗦，更不要画蛇添足。

下属有怨气要用言语柔化

领导在分配工作任务或者利益时偏心、安排不当，或者对下属关心不够等都会让下属从心底产生不满情绪，这就是我们常说的怨气。这种怨气如果不能得到及时疏导，不仅会影响下属工作的积极性，而且会让领导陷入被动。

因此，作为一名领导在面对有怨气的下属时，一定不要置之不理，视而不见，而应主动找他们谈话沟通，用话语化解他们心中的怨气，调动他们工作的积极性。如果下属的抱怨是有一定道理的，领导应该给予重视；如果下属的牢骚话纯属一己私利，发泄个人怨气，领导者也不能充耳不闻，应该及时做好疏导说服工作。

那么当下属发牢骚时，领导者怎么说话才更恰当呢？

1.要善于营造和谐的谈话氛围

在谈话之初，由于下属心里有怨气，情绪肯定不好，说起话来也难免会有“火药味”，神色也会如梅雨季节的天空一样阴暗。这个时候，首要的一点就是营造一个和谐的谈话氛围，让下属能够先平静自己的情绪，拂去脸上的阴云。要做到这一点，领导首先要把诚意写在脸上，用和蔼可亲的态度向对方嘘寒问暖，拉近与下属心理上的距离，这样下属才会把自己的心里话说出来，以便领导可以“对症下药”。否则，就很有可能短兵相接，不但无法达到谈话的目的，反倒会加深与下属之间的矛盾和隔阂。

2.情况不同，方法不同

由于每个下属所处的环境、个人的性格等多方面的原因，他们产生怨气的原因也不相同。作为领导，应该根据情况分别处理，切不可所有的情况都用一种方法，这里介绍几种解决怨气的方法：

（1）冷处理。下属有怨气，发牢骚时，往往情绪比较激动，感情胜过理

智，这个时候最好的化解怨气的方法就是采用冷处理的策略，其实也就是一个缓兵之计，这样可以暂时缓冲矛盾，为自己了解真实情况赢得时间，从而寻找解决问题的方法。

老张已经在局里工作了很多年，但是每次年终评比老张都没得过奖，这让他非常生气。一天他找到局长发牢骚，情绪激动地说："局长，我们这些人在局里只会老老实实工作，不会表功，可是局里也不能对我们视而不见，总是评那几个'荣誉专业户'吧，难道我们这些老员工就不先进了？"

听了老张的话，局长先是给老张倒了一杯茶，然后说："老张，你的心情我能理解，你先别急，等我了解一下情况后一定给你一个满意的答复。"听到局长这么真诚的话，老张气消了一些，他坐下来心平气和地跟局长谈了他的一些看法，同时汇报了他一年来的工作情况，而有很多都是局领导所不知道的。

后来，局长经过调查了解证明老张所说全部属实，于是专门提交局领导会议研究，决定追加先进工作者。

（2）激将法。请将不如激将，对于一些明明不如别人，还不服气，"吃不着葡萄说葡萄酸"的下属，不妨运用激将法，有目的地去刺激对方，使他从自我压抑中解脱出来，化压力为动力。

小王是大学本科毕业，每当他看到周围那些学历不如他的人比他职位高或者挣的工资多时，心里就很不服气。一天他跟领导发牢骚说："现在的社会，学历低、胆子大的人挣大钱，而学历高、胆子小的人挣不了几个钱。"其实这话的意思就是向领导诉说自己的待遇太低。对此，领导说："如今社会讲究的是真才实学，学历高不一定能力强，相反，能力强不一定学历高，你要是不服气，也露两手让人瞧瞧。咱公司兰州那边的分公司现在效益不好，你敢不敢立军令状，过去把企业搞活，如果达到目标，公司一定重赏你！"

这话激起了小王的斗志，他认为自己有真才实学、有能力，就毅然决然地要求去兰州市场，大干一场。

（3）辩证法。一些下属在看问题时立足点往往只是自身，缺乏全局观

念，要化解他们的怨气，最好的方法就是帮助他们正确认识自己，正确对待别人，从而打开他们的心结。

赵某是某实验室的一名管理员，在专业技术人员年度考评中，赵某没有被评为“优秀”，心里不服，他找到校长抱怨说：“在这一年时间里，我按时上下班，风雨无阻，为教师准备实验也从来没有出过差错，我管理的实验室从来都是一尘不染，实验用品更是陈列得整整齐齐，为什么我没有被评为‘优秀’？”

听了赵某的抱怨，校长耐心地解释说：“您说得很对，您确实是一个尽职尽责的好同志，出勤好，履行实验室的岗位责任也到位，按学校的规定你完全可以得到满勤奖金和实验室员工的岗位津贴，但是，在专业技术方面，评上的几位同志做得都比你好，如果来年您能在这方面再努努力，我相信你一定会有希望的。”校长的一番话，说得赵某心服口服，原因就在于校长很好地用了辩证法。

总之，在化解下属怨气时，领导不要打官腔、说空话，而应说朴实之话，道肺腑之言，使下属切实领略到领导的开明，感受到单位的温暖。要真正给下属消气，不能仅仅一谈了之，还须立足于实实在在地解决问题，还蒙受不公的下属一个公道。

与性格不同的下属谈话用不同的语气

作为一个领导，要时刻牢记批评的目的是为了“治病救人”，是为了帮助下属改正错误。另外，批评会使人有不同的反应，有人因此会努力奋进，有人会因此心灰意冷，所以，领导在批评下属时要尽量减少批评给人带来的副作用，减少人们对批评的抵触心理，从而达到理想的批评效果。

不同的人，由于年龄、性别、受教育程度、性格等方面的不同，接受批评的方式和态度也会不同。这就要求领导在对下属进行批评时，不能对所有的人都是一种腔调，有句老话叫“看人下菜碟”，领导要必须根据被批评者的实际情况，采用不同的批评方式。

李主任手下有两名员工，一个叫刘强，一个叫王铁，两人由于在考核业绩时不合格，被厂里面下放到车间锻炼。李主任就根据两人的不同情况说了两段截然不同的话。

刘强是个新进厂的员工，年轻、热情，肯吃苦，是因为缺乏经验才导致的考核不合格。李主任用安慰的语气对他说："你到下面锻炼一段时间，这边还有工作等你回来。"

而王铁是厂子里的"老油条"了，成天无所事事。李主任沉着脸说："大家都说你太闲了，这样很影响士气，要么你去车间实实在在做点事，要么咱们就终止合同了。"

新员工比较容易不自信，因此要以鼓励为主，而"老油条"如果不给点颜色他不当回事，李主任针对不同的人采取不同的批评方法，恰到好处。

心理点拨

所以说，领导在批评下属时要因人而异，择言而施，需谨慎又谨慎，先考虑对方属何种类型后，再决定如何批评。下面就是针对不同类型的下属应该采取的几种批评方式。

1.年龄不同

同样的错误，对不同年龄人的批评方式是有差别的。对年长的人，一般应用商讨的口吻；对同龄人，就可以自由一些，毕竟彼此共同的地方多一些；对年少的下级，就可适当增加一些开导的语句，以使其印象深刻。

2.不同知识、阅历

批评下属时，必须根据其知识、阅历的差别而用不同的语言技巧。对受过高等教育的人，知识、阅历深的人，需要讲清道理，必要时只需蜻蜓点水，他便心领神会，切忌唠唠叨叨，说个没完；相反，知识、阅历浅的人必须讲清利害关系，因为他们看重的是结果如何；老同志不喜欢那些开放性的词句，五光十色的世界令他们目不暇接，往日的回忆或许可增加些许安慰；

年轻人讨厌那些陈腐的说教和诡秘的人际关系，他们需要理解，喜欢直来直去。可见，不同知识、不同阅历的人，他们在接受批评时的心理是有很大差别的。

3.不同个性、心理

个性、心理，是外延很宽的概念。这里主要指下级的气质、性格、对工作的兴趣和自我更正能力。上级批评和否定下级必须首先在心理上占上风，否则是不会很成功的。

（1）个性坦率直爽、性格开朗，心理承受能力强的人。

这种人知错就改，喜欢直来直去，不喜欢拐弯抹角。对于这种下属，你明确地指出其缺点和错误之所在、性质和危害，他会容易接受。相反，过多地绕圈子，反而会使他纳闷，产生误解，甚至是反感，认为这是你不信任他的表现。

（2）头脑聪明、反应敏捷，接受能力强，而自尊心也很强的人。

对这种人就采用提醒、暗示、含蓄的语言，将错误和缺点稍稍点破，他们便会顺着上司的思路，找到正确的答案和改正错误的办法。

（3）自尊心强，脸皮薄、爱面子的人。

这种人应采用循序渐进式的批评，其特点是把要批评的问题分成若干层次、若干阶段来解决。通过逐步输出批评信息，有层次地进行批评，使犯有错误的下属有一个心理缓冲的余地，有一个认识提高的过程，从而一步步地走向你所期待的正确方面。

很多事实证明，在领导批评那些自尊心较强而又错误较多的下属时，采取循序渐进的方法，有利于取得批评的积极效果。相反，如果你一次性地把下属众多的缺点一股脑儿地倾泻出来，容易伤害下属的自尊心，使其产生逆反心理。

（4）性格内向、脾气暴躁，爱钻牛角尖或心情不愉快的人。

对这种人用参照式批评比较合适。这种方式的特点是，在批评时，不直接涉及下属的要害问题，而是运用对比方式，通过建立参照物，来烘托出批评内容。

总之，不同类型的人要采取不同的批评方式，一般说来，下级对于改正错误、改进工作是有浓厚兴趣的，此时领导者的指导性批评无异于一支清醒剂，会使其加倍努力工作；相反，那种缺乏兴趣的人，必须多费口舌或激发其改进工作的兴趣；对于那些无视批评、屡教不改的人，在严厉批评的同时要采取一定的组织行政措施，以儆效尤。妙用刺激式的批评法，反而激励员工。

多理解少否定认真听

在日常交流中，有一些领导在听下属说话的时候，不等对方把对某件事的意见或看法说完，就急于否定对方的意见或看法，这是一种不尊重对方的无礼行为。

尊重对方是日常交流中的一项基本原则，而说话是思想的直接反映，尊重某个人的意见，也就如尊重他本人一样。但一些人为把自己的意见突显出来，引起他人对自己谈话的重视，常常刻意地对他人的意见加以贬低、否定，结果引发了对方的不满和对抗，不仅自己的意见未得到重视，还因此遭到冷落和否定，给人留下不好的印象。

小刘是某服装公司的设计师，他的设计能力毋庸置疑，可是在公司却不怎么被别人待见。原因很简单，小刘经常不尊重别人，并且有点自以为是。

有一次，公司召开下一季度服装设计讨论会，小刘作为设计师之一也参加了这场讨论会。会议一开始，主管经理做了个简单的开场白，就直奔会议主题，让各位设计师拿出自己的设计方案来各自阐述，然后大家一致表决，选出三个设计方案，最后上交公司高层进行审批。

小刘是第二个进行阐述的，可能是对自己的方案充满了信心，只见他说的是口沫横飞，激动不已。很快，他讲完了。轮到第三位设计师阐述了。谁知，这位设计师刚刚阐述了一半，就被从座位上站起来的小刘打断了，小刘不仅对对方的方案给予了否定，还说出了一大堆理由，证明这个方案没有

自己的好。顿时，气氛有些尴尬，第三位设计师也是面红耳赤，再也没有说下去的勇气，只能坐回凳子上去了。这时的小刘还是一脸的得意之色。接下来是第四位、第五位、第六位设计师……接下来整整九位设计师，都是在方案阐述到一半时，被小刘中途打断并给否定了，说人家的这个不好、那个不好，总是能够给出一些理由，最后来证明自己的设计才是最棒的。本来讨论会是三个小时的进程，结果由于小刘的“积极发言”，在主管经理说了一句“设计师把方案都交上来，散会吧”使讨论会草草结束。

方案审批结果公布时，并没有小刘的方案。小刘一时傻了眼。而且，在公司举行年会的时候，小刘被同事在私下里评为“年度最没风度达人”。

一个会说话的人，在发表自己的意见时，常常会采取和小刘相反的态度，他们会巧妙地从不同角度对已经发表出来的意见加以肯定和褒扬，甚至采取“补充发言”的方式表明自己的意见。这样，别人才会保持积极、良好的心态倾听他们的高见，结果是既表达了自己的意见，又体现了自己的风格。

康杰在公司内部的一次讨论会上，觉得一名同事的观点不合理，忍不住想出口反驳，摆明自己的意见。然而话一出口，场面顿时由热转冷，那名同事也是倍觉尴尬、脸现怒色。此时的康杰猛然醒悟，觉得同事间应该以和为贵，有什么问题应该好好讨论，不能急于否定，这样“火药味”太浓了。

于是，他灵机一动，立即改口，从另一角度把反话说成正话，结果场面马上得到了改观，大家个个释然，场面重新热烈了起来，康杰也把自己不同意见准确完整地表达了出来。最后，大家存大同、求小异，讨论会收到了很好的效果。

身为领导，在听取别人的意见时，不管对方的观点多么不合理，都不要急于否定对方。给予对方一定的时间和空间，让对方把话说完，只有这样，你才能够了解对方心里到底在想些什么，才能从中得到一些有用的信息。

因此，领导在听下属说话的时候，一定不要急着打断，要认真倾听，给

予对方更多的理解，而做到这一点要遵守以下两个原则：

1.不要急于表态

有些领导在听取下属的意见时，往往着急表明自己的态度，或赞成或否定。其实，这对下属充分发表意见是很不利的。对赞成的意见表了态，其他下属如果有不同的意见就可能不谈了；对不赞成的意见表了态，发言者的情绪就会受到影响，不能充分说明自己的想法，甚至话讲到一半就草草结束。

因此，领导者在听取意见时，最好是多做启发，多提问题，不仅使下属把全部意见毫不保留地谈出来，还要引发他谈出事先没有考虑到的一些意见。

2.不要心不在焉

领导者在听取意见时的态度，对下属的情绪有着很大的影响。如果态度认真、精神专注，下属会感到领导是重视听他的意见，从而毫无保留地把自己的想法讲出来。如果在听取意见时态度不专注，在听意见的过程中小动作不断，或者是插入一些与谈话内容不相干的问题，就会使下属感到领导对自己的意见并不重视，不是真心诚意地听取自己的意见，因此就会产生消极的情绪，再没有继续讲下去的欲望。

总之，领导在听取下属意见的时候，一定要做到态度认真、精神专注。在谈话之前最好能把其他事情都做仔细的安排，排除在谈话中会出现的一切干扰。

第19章 妙语生财，面对客户投其所好

为客户提供使之感动的售后服务

在日常工作中，我们经常会提到“售后服务”这一词汇，何谓售后服务呢？售后服务，就是在商品出售以后，对顾客使用商品所提供的各种服务活动。当然，对于我们工作来说，售后服务本身其实就是一种促销手段。现代社会，市场竞争异常激烈，随着消费者维权意识的提高和消费观念的变化，顾客在选购产品的时候，不仅注意到商品本身的价值，而且，在同类商品的质量和性能相似的情况下，他们更加注重商品的售后服务。因此，我们在向顾客销售价廉物美的商品的同时，有必要向顾客提供完善的售后服务，令其感动，打动顾客的心，以此增加与顾客的亲密度，达到提高自己销售业绩的目的。

通常情况下，售后服务主要包括这样一些内容：代为顾客安装、调试产品；根据顾客的要求，进行有关使用等方面的技术指导；保证维修零配件的供应；负责维修服务；对商品实行“三包”，即包修、包换、包退；处理顾客来信来访，解答顾客的咨询。虽然，这些服务内容显得比较零碎、杂乱，但这却是打动顾客的有效途径之一。现在，越来越多的顾客主要看重售后服务这一块，如果你能为顾客提供使之感动的售后服务，那么，你就一定能真正地走进顾客的心里。

有一天，一位顾客来到家电商场打听电视挂架装卸需要多少钱。原来，这位顾客在一年前买了一台32寸的电视，最近将房子卖了，需要把电视挂架卸下来，再安装到新家，眼下就等着挂架卸下来之后，就可以将房子的钥匙交给买主了。为此，这位顾客十分着急。

他正在跟销售员聊着的时候，被前来办事的售后人员小军听到了，小军主动说："不用花钱，我先去给一位顾客安装电视，回来之后，我就去给你家卸挂架。"于是，小军要了顾客的电话号码，等忙完了工作后，利用自己的休息时间，上门给顾客卸下了挂架，又帮忙给他安装到新家。如此的贴心服务令顾客十分感动，他对小军说："小伙子，你说多少钱你说了算，我们一起吃了饭再走吧，你可是帮了我的大忙啊。"小军只是笑着说："这是我力所能及的事情，以后，电视出了什么问题，尽管打电话给我，我随叫随到。"说着，婉言谢绝了顾客的钱和宴请。

后来，小军经常在商场碰到这位顾客，原来，他是介绍其他亲朋好友来购买电视机。

优质的售后服务会令顾客感动，同时，他会认可你所销售的产品，认可你这个人。每当我们帮了顾客的忙，顾客就会感觉到自己应该替我们做点什么，这样一个过程，增进了我们与顾客之间的关系。这样，就有了做下一次生意的可能。事实证明，顾客介绍的潜在顾客比全新的顾客更有利，因为它的成功率是全新顾客的15倍。对于一个优秀的销售人员来说，我们应该给顾客最优质的售后服务，打动对方的心，赢得他的好感，如此，我们不仅能培养老顾客，还能不断地开发新的客户。

心理点拨

那么，我们在进行售后服务的时候，应该注意哪些问题呢？

1.向顾客致谢

我们可以通过许多小事让顾客觉得，你时时刻刻在关心着他，他一定会被打动。与此同时，你也会收到许多的回馈。所以，当我们在接待顾客介绍商品的时候，别忘了送一些小礼品给自己的顾客，这样可以增加我们与顾客之间的信赖度。

2.耐心倾听

顾客在使用商品的时候，难免会有不满意的时候，因此，他们常常会打

电话给我们抱怨。其实，无论是顾客打电话还是当面跟我们说，我们需要记住，不要争辩，而是耐心地倾听，多听顾客的话，再适时表达自己的观点。

3.适时认错

在与顾客沟通的时候，请记住：不要和你的顾客发脾气。我们要学会控制情绪，如果顾客生气了，我们一定要耐心接受，不要做过多的辩解，因为尊重顾客是一个称职的销售人员所必备的素质。哪怕你明知道是顾客误会了你，也要懂得适时认错，等到顾客的怒气消了，那你对顾客的不满也就消失了。

言语诚信是打动客户的最佳手段

胡雪岩在商训中写道："地为后天修为。古人云：'天生我才，必有一用。'有用者，必守信也。言必行，行必果。行乃人立身行事之本也。信者永存。为人之道，守信为最，信念不移，大事可成；无信念或信念不坚持者，事终不成，经商亦然。古来无信念而成巨贾者，鲜矣。"一代商贾胡雪岩明白，诚信永远是打动顾客的最佳手段，因为诚信就是最好的招牌。直到今天，诚信仍然是商家不可忽视的一个问题，尤其是我们在对待顾客的时候，更需要以"诚信"为本。如果一个人没有了诚信，那么，这个人就不会得到顾客的信任，他也无法在社会上立足。卡耐基说："当我们为大众谋利益的时候，我们的财源就滚滚而来。"诚信，不以形显，而以质昭，它是一种根植于顾客内心的信任感。在顾客面前建立诚信，需要我们从点滴做起，毕竟，一滴水可以折射太阳的光芒。对待顾客，需诚信交易，诚信做人，不坑蒙拐骗，不要诈，如此，才能真正地打动顾客。

有一天，一位顾客走进了一家汽车维修店，他自称是某运输公司的汽车司机。打量了店面之后，他对店主说："在我的账单上多写点零件，我回公司报销后，有你一份好处。"不料，店主却拒绝了这样的要求，那位顾客见状，继续纠缠说："我的生意不算小，以后会常来的，你肯定能赚很多钱！"店主告诉他："你这是欺骗，我无论如何都不会做的。"顾客气急败坏地嚷道："谁都会这么干，我看你是太傻了，放着这么好的生意不做。"店主生气了，对顾客说道："你还是离开吧，不要在我这里浪费时间了，你还是到别处去谈这种生意吧。"

出人意料的是，那位顾客并不生气，反而笑着握住了店主的手，说："我就是那家运输公司的老板，我一直在寻找一个固定的、讲诚信的维修店，你还让我到哪里去谈这笔生意呢？"

店主面对诱惑，不心动，不为其所迷惑，在他身上所体现出来的就是诚信，而恰恰是如此珍贵的品质打动了那位顾客。作为一名优秀的工作人员，他所遵循的是"负起责任，培养自信"，而这一切的基础却来源于诚信。诚信问题受到了全社会的关注，要想打动顾客，赢得顾客的信赖，我们必须在诚信上下功夫。

子曰："人而无信，不知其可也。"意思是，一个人若是不讲诚信，就无法在社会上立足，就什么事情都做不成。在现代社会，商人在签订合约的时候，都希望对方能够信守承诺。而在商业活动中，诚信更成为了最佳的竞争手段，可以说它是经济的灵魂。对顾客讲诚信，并不是说说而已，而是需要落实到实际行动上。有的人满口诚信，但却总是以利益为主，以自私和贪婪玩弄诚信。殊不知，一旦顾客识破了你那所谓的"诚信"，那么，之前对你的好感就会土崩瓦解了。

心理点拨

1.不欺骗顾客

蔡元培说："诚字之意，就是不欺人，亦不可为人所欺。"在现代社会，许多人为了能够销售出更多的商品，不惜编织谎言，吹嘘产品如何如何的好，顾客在不察觉间上当了，等到真正将产品买回家，才发现受骗了。如此对待顾客，或许，你只会糊弄那些粗心大意的顾客，而且，也只是暂时的，从长远来说，你失去了顾客对你的信任，其实，也就失去了整个市场。

2.信守承诺

许多销售人员在向顾客推销产品的时候，常常为了迷惑顾客购买产品，

他们轻易许下诺言："你若是买了这款电脑，我们将送你一份大礼。"谁料，等到顾客真的买下电脑之后，才发现根本没有什么大礼。即使，顾客不能对你怎么样，但他会对外宣传该商家的不诚信，从而让你失去更多的顾客。所以，对顾客要说话算数，千万不要开一些空头支票，否则，诚信出了问题，就难以弥补了。

3.以诚待客

徽州商人吴南坡说："人宁贸诈，吾宁贸信，终不以五尺童子而饰价为欺。"由于他所出售的南破布货真价实，深受顾客的信任。如何诚信经商？我们需要做到以诚待客、货真价实、公平买卖、信守合同、不做假账，等等。俗话说得好："诚信是最好的公共关系政策。"只要我们能以诚待客，方能达到顾客迎门的目的。

给出足够的诱惑对方必然心动

在求人办事的过程中，我们要善于"利诱"，以足够的诱惑，使对方动心，毕竟，看得见的利益比空口说话更有效果。在很多时候，当我们提出自己请求的时候，对方会表现得犹豫不决，或直接婉言拒绝，在这关键时刻，我们应该以利益来引诱对方，令其答应我们的请求。而且，我们应该明白这个道理：在这个世界上，除了父母，没有谁有义务来帮助你。因此，在我们向对方提出请求的时候，需要清楚，对方为什么要帮你，自己凭什么能够让他来帮你。在生活中，许多人都是为利益而生存，那么，我们不妨直接告诉对方在帮助自己之后将会获得什么样的利益。本来，人与人之间的关系大多是建立在互惠互利的基础之上的，当对方意识到自己在付出之后会有所获得的时候，他一定会毫不犹豫地答应我们的请求。

公元前659年夏天，晋国兴兵攻伐虢国。伐虢就必须经过虞国，但是如果虞国不借道给晋国，晋国就束手无策。大臣荀息建议晋献公把自己国家的两件国宝——千里马和玉璧送给虞国国君虞公，晋献公接受了荀息的建议，于是，

晋献公向虞国国君传递出这样的信息："只要你借道予我，我就把两件国宝送给你。"同时，派人把千里马和玉璧送给虞公，虞公不听谋臣宫之奇的劝告，借路给晋国。晋军经虞国到达虢国，攻占了虢国的都城，迫使虢国迁都到上阳。

公元前655年，晋国聚集精兵良将，再次向虞国借路攻伐已迁都上阳的虢国。虽然，宫之奇劝说虞公道："虢虞两国相互依存，虢国灭亡了，虞国也就日薄西山了。所谓'辅车相依，唇亡齿寒'说的正是虢虞两国今天的形势。还请大王三思而行。"可是虞公再次拒绝宫之奇的劝告，借路给了晋国。

晋献公的"利诱"之计正好击中了虞国国君爱财的特点，如此一来，他自然同意了晋国"借道"的请求。而且，即便身边大臣如何规劝，虞国国君居然答应对方的再次"借道"，以至于最后葬送了自己的国家。由此可见，利益的诱惑性之大。

俗话说："无利不起早。"没有一个人愿意去做那些没有任何价值的"无用功"，只要你了解了对方这样的心理，继而主动满足其欲望，他就会乐意为你效劳。"以利诱之"，对方会觉得这次不会白忙活，因此，他们在办事的时候，就会主动地帮你解决问题。

心理点拨

1."酬谢之礼"

我们在向对方提出诉求的时候，我们需要顺带许诺"酬谢之礼"，这样才能让对方觉得这个忙不是白帮的，他能从中有所获得，满足了其欲望心理，他答应得就会异常痛快，而且，在帮助我们时也会尽心尽力。

2."舍不得孩子套不住狼"

如果你总是斤斤计较，或者表现得一毛不拔，一个劲地表示"希望你能帮助我"，但言语中一点也不涉及具体的利益，对方就有可能会心生反感："这种吃力不讨好的事情，谁愿意干啊。"因此，求人办事，需要舍得才会有所获得，比如"这事就拜托你了，我请你吃饭"，等等。

第20章
面对谈判，巧词让对方无力反击

言语直击内心，令人自发认同

在这个商业社会的信息时代，时时刻刻都面临着大大小小、各式各样的谈判。谈判，打的就是一场心理战。谈判中，临场反应很重要，我们要顺利实现自己的目标，就得掌握奥妙的人性心理，并通过语言成功操纵对方的心理。如果我们能把话说到对方的需求点上，那么，对方便会自发认同我们。

一个年轻人在一家百货公司做业务员，第一天工作刚结束，总经理就开始检查新员工的业绩。每个人都完成了20～30单的生意，而这位年轻人只完成了一单的生意。总经理不满意地问他："你卖了多少钱？"

"30万元。"年轻人回答说。

"你怎么卖那么多钱？"总经理吃惊地望着他。

"是这样的，"年轻人说，"一位先生进来买东西，我给他一个小号的鱼钩，然后是中号的鱼钩，最后是大号的鱼线。我问他上哪儿钓鱼，他说在海边，我建议他买条船，所以我带他到卖船的专柜，卖给他一艘帆船，然后他说他的汽车可能拖不动这么大的船，于是我带他到汽车消费区，卖给他一辆丰田新款豪华型'巡洋舰'。"

总经理听得目瞪口呆，几乎难以置信地问道："一个顾客仅仅来买个鱼钩你就能卖给他这么多东西？"

"不是的，"年轻人说，"他是来给他妻子买卫生巾的，我就告诉他'你的周末算是毁了，干吗不去钓鱼呢'？"

上面的这个案例可能在现实生活中很少发生，但这却很明确地告诉我们，只要我们把话说到对方的需求点上，让对方认同我们的观点，那么，将给我们带来的利益也是无法估量的。这一点，同样适用到谈判过程中。谈判双方，都有一个需求点，我们在谈判前，要先找出这个需求点，然后围绕这个需求点，把快乐说够，把痛苦说透，从两方面加以陈述，对方必会在心里接受我们的谈判建议。

心理点拨

我们需要从下面三个方面来述说这个需求点：

1.把痛苦说透

心理学家卡尼曼和特沃斯基发现，损失给人带来的心理冲击是同样数额的获利给人带来的心理冲击的2.5倍。怪不得人们要在本应削减损失的时候却仍然苦苦坚持。

研究表明，如果购买的股票价格迅速上升，人们往往很快将其出手，锁定利润。然后，他们就可以向朋友吹嘘自己的判断力如何准确。然而，如果股票价格大跌，人们则趋向于继续持有股票，等待价格回升。结果，投资者卖出了应该继续持有的股票，而保留了应该出手的。

这就是人们害怕损失的心理在作怪。从这一现象中，我们可以获取一项谈判经验，那就是将对方不达成协议的痛苦说透。

比如，当我们走在沙漠的时候，如果水用完了，太阳非常的毒辣，你的嘴巴快要冒烟了，这个时候有人过来卖水，哪怕矿泉水是一千元一瓶，我们也会花钱买下，这个时候，那不仅仅是一瓶水，而且是救命的东西，它的价值远远超过一千元一瓶。

再比如，谈判的内容通常牵连甚广，不是单纯的1项或2项。在有些大型的谈判中，最高纪录的议题多达70项。当谈判内容包含多项主题时，可能有某些项目已谈出结果，而某些项目却始终无法达成协议。这时候，你可以反面“鼓励”对方：“看，许多问题都已解决，现在就剩这些了。如果不一并解决的话，那不就太可惜了吗？”。这就是一种用来打开谈判僵局的说法，

它看起来虽稀松平常，实则能发挥莫大的效用，所以值得作为谈判的利器广泛使用。

2.把快乐说够

比如，客户要购买一批产品，但总是在利益上不愿意让步。那么，我们应抛开利益点，把对方购买产品后的利益说透，让对方感觉物有所值。因为双方的利益是既定的，那么，我们就要做好分配工作。让对方在最少的利益点上获得最高的快乐情绪体验。这就好似一张饼，你得到的多我就得到的少，你少我更多；我们就是要让对方心甘情愿地让我们得到更多，此时，我们可以把对方注意力转到其他地方，让其乐不可支，从而为我们拿到更多的利益提供契机。

3.适当让步

是否知道何时该退出交易，显示了交易者是聪明还是愚蠢。喜剧演员菲尔兹说得好："如果开头失利，还需继续努力。如果还不成功，就放弃，没必要在一棵树上吊死。"然而，很多谈判者往往会忘记菲尔兹的建议，顽固地坚持到底，这样做的后果无非是失去谈判的机会，损失利益。

当然，我们在做让步前，要做好"坚持"工作，并对对方说："恐怕我做出的让步，会让我的领导大发雷霆了。"这样，会让对方觉得你做出的让步是个艰难的决定，他也会觉得自己占了很大的便宜。

总之，我们在谈判的时候，一定要抓住对方心理，也可以概括成：追求快乐，逃避痛苦。这是人的本性。抓住这一心理说话，我们要做的工作也只有一个：把好处说够，把痛苦说透，帮对方建立一种意愿，从而让其在心理认同我们，那我们的谈判工作离成功也就不远了。

说点"情"话，打动对方

有人说，谈判桌上永远是虚虚实实、真真假假，信息的掌握也各有不同，无论是谈判的哪一方，都希望买方会用尽各种办法让你相信他们比你更有优势。最常使用并且效果最佳的方法就是给对方施加压力，比如，他们会拿竞争对手来压你，他们会在事前对竞争者进行充分的调查，谈判时突然拿出数十张数据资料使你信以为真并让你接受谈判条件。

但事实上，无论是何种谈判，“用刑”不如“用情”，用点情说话，会更容易打动对方，让对方臣服于我们的真情实意，谈判自然会有利于我们。因为人都是感情的动物，谈判中也会“感情用事”，即使谈判涉及利益问题，对方也可能会因为“情”做出“有失偏颇”的决定。

心理点拨

那么，我们该怎样用“情”说话，以此来掌控谈判对方的心理呢？

1.考虑对方的利益，从对方的角度说话

事实上，谈判中，双方在沟通的过程中都有一个自己的立场，若别人说话的立场和自己的不同，自然就会产生抗拒心理。聪明的谈判者应该学会和客户站到同一个立场上去，并从对方的角度出发去思考问题。

我们来看看下面的谈判案例：

某客户准备为自己的饭店购进一些桌椅，于是，他和家具公司的代表谈判。

客户：“我觉得那套棕色木质家具看起来比较大方，而且我一直比较喜欢木质的东西……”

销售方：“请问您的饭店大厅有多少平米？”

客户：“我的饭店有100平米，买二十套这样的桌椅应该能放得下。”

销售方：“您看一下这套家具的尺寸，放在100平米的饭店大厅里会不会让剩余的空间太狭窄了，因为我们这个展厅比较大，这套家具就不显得大，很多人一进来就相中了这套家具，实际上那套小巧玲珑的家具更适合现代餐厅布局的特点，而且价格也比刚才那套实惠很多。”

客户对两套家具做了进一步的考量，说：“你说的对，我还是买这套小一点的吧。”

作为销售方的谈判代表，并没有为利欲熏心，而是从客户的实际情况出

发，及时提醒了客户，客户从心里感激他，并觉得他是一个具备优秀品质的人，自然爽快地达成谈判目的。的确，伟大的销售员总是会在第一时间考虑客户的要求，一旦你掌握了这种方法，你的工作就能够更顺利地进行，并且你做成的不只是一笔生意，还赢得了一名忠实的客户。忠实客户给你带来的利益是不可估量的。

2.让信息流动起来

麦肯锡的一条著名原则是"让信息流动起来"，谈判中沟通的重要性从中可见一斑。有人说，谈判中谁掌握的信息多，谁就掌握了谈判的主动权。此话不假，如果我们能多和对方沟通，让信息流动起来，那么，便会减少很多不必要的误解。

一位知名的谈判专家分享他成功的谈判经验时说："我在各个国际商谈场合中，时常会以'我觉得'（说出自己的感受）、'我希望'（说出自己的要求或期望）为开端，结果常会令人极为满意。"

其实，这种行为就是直言不讳地告诉对方我们的要求与感受，将会显示出我们的真诚，用真诚换真诚，这是最佳的谈判结果。但我们同时要切记"三不谈"：时间不恰当不谈，气氛不恰当不谈，对象不恰当不谈。

3.说话要有耐心

无论多么简单的交易，我们都要充满耐心，即使是一个很小的环节。人们经常因为没有花时间系统地质疑自己的先入之见，或者考虑清楚交易的原因，而身陷糟糕的交易中。心理学家把这种急切的心态称为"确认陷阱"——他们没有去寻找支持自己想法的证据，同时又忽视了那些能证明相反意见的证据。

而从谈判对方的角度看，我们在谈判中，说话越是有耐心，他们越是能看出我们的素质和修养，也自然愿意与我们合作。

4.多询问对方的意见和想法

询问与倾听的行为，是用来控制自己，让自己不要为了维护权力而侵犯他人。尤其是在对方行为退缩，默不作声或欲言又止的时候，可用询问行为引出对方真正的想法，了解对方的立场以及对方的需求、愿望、意见与感

受，并且运用积极倾听的方式，来诱导对方发表意见，进而对自己产生好感。一位优秀的沟通好手，绝对善于询问以及积极倾听他人的意见与感受。

总之，谈判中，用“情”说话，让对方心服口服，比用尽心机让对方屈服的效果要好得多！这也是我们要掌握的重要的谈判策略之一！

言语示弱，令对方放松警惕

同情弱者是人性天生的弱点，再铁石心肠的人，内心也有颗同情的种子。现代社会，无处不存在谈判。谈判过程中，我们也可以抓住人们这一共性心理，在言语上适当示弱，在对方放松警惕心理时，再提出我们的要求，完成谈判目的也就容易得多。

汽车巨头亨利·福特公司的贸易业务很忙。他们的桌子上总是堆满了各种催账单。福特每次都是大概看一眼后，就把账单扔在桌子上，对经理说：“你们看着办吧，我也不知道该先付谁的好！”

但是有一次，他从一大堆账单中抽出一张对财务经理说：“马上付给他！”

这是一张传真来的账单，除了列明货物标的、价格、金额外，在大面积空白处还画着一个头像，头像正在滴着眼泪。

“看看，人家都流泪了，”福特说，“以最快的方式付给他吧！”

谁都明白，这个催账人并非真的在流泪，他之所以急着催账，可能另有苦衷或急需资金，她的几滴眼泪迅速引起对方重视，以最快的速度要回了大笔货款。看来，这眼泪的威力实在不可小看啊！

当然，现代社会的谈判，并不是说凡事都要摆出一副可怜兮兮的样子，流下几滴泪。而是说，当我们谈判时，应该调动听者的同情心，使对方首先从感情上与你靠近，产生共鸣。这就为你问题的解决与事情的办成打下了基础。人心都是肉长的，只要我们能适度示弱，对方是会动心。

心理点拨

那么，谈判中，我们该怎样用语言示弱，从而操控对方的同情心呢？

1.扬人之长，揭己所短

这一心理策略的目的是使交易重心不偏不倚，或使对方获得一种心理上的满足，从而达到目的。

有个人非常善于做皮鞋的生意，在相同的时间里，别人卖一双，他就可以卖几双。别人问他做生意有何诀窍，他笑了笑说："要善于示弱。"

他举例说："有些顾客到你这里来买鞋子，总是东挑西拣到处找漏子，把你的皮鞋说得一无是处。而有的顾客总是头头是道地告诉你哪种皮鞋最好，价格又适中，式样与做工又如何精致，好像他们是这方面的专家。这时，你若与之争论毫无用处，他们这样评论只不过想以较低的价格把皮鞋买到手。而你要学会示弱。比如，你可以恭维对方确实眼光独特，很会选鞋挑鞋，自己的皮鞋确实有不足之处，如式样并不新潮，不过较稳罢了，鞋底不是牛筋底，不能踩出笃笃的响声，不过，柔软一些也有柔软的好处。你在表示不足的同时也借此机会从侧面赞扬一番这鞋子的优点，也许这正是他们瞧中的地方，可以使他们动心。顾客花这么大心思不正是表明了他们其实是很喜欢这种鞋子吗！善于示弱，满足了对方的挑剔心理，一笔生意很快就成功。"这就是他卖鞋的妙招。

这里，这位商人之所以能生意兴隆，主要就是他抓住客户爱挑剔的心理，懂得示弱。客户挑剔鞋子，实际上是满意鞋子存在的某些优点，如果我们面对客户的挑剔采取反驳的态度以证明产品的可靠，此时，可能我们是保住了产品的名誉，但却失去了一个客户。

同样，在谈判中，如果我们死守自己的立场，不肯示弱的话，估计迎来的不是谈判的僵局就是以失败告终。

2.硬话软说，不卑不亢

其实，在这里，我们所说的示弱并不是真的在示弱，也并不是非得以眼泪才能博得对方的同情，只不过是一种说话的技巧，以达到你的谈判目的。

在生活中，我们常常会听老人们这样说："软刀子更扎人！"也就是说，我们在谈判过程中，要硬话软说，同时，我们的态度要不卑不亢。

有位教师，教学科研成绩突出，各项条件具备，但职称总评不上，愿因是他与校领导关系不好。此君上告到上级主管领导处，虽然竭尽所能让领导引起对自己处境的同情，但仍收效不大，这位领导听后反而推辞说："评不上是你学校的问题，学校不上报，我又有什么办法？"此君早有心理准备：立刻说："如果学校能解决，我就不会来麻烦您了。我是逐级按程序反映。您是上级领导，而且又主管这方面的工作，下面在这方面出了问题，您是有权过问的。如果您不及时处理，出现更大麻烦，那就晚了。我想，只要您肯过问，您的意见他们会听的。"这番话很奏效，这位领导很快改变了态度，事情最终得以解决。

与其说这位教师是在求上级办事，不如说是和上级谈判，他者一番话的言外之意是："处理此事是您的责任，如果你不过问就是失职，那么，我还会向更高的上级领导反映，那时，您可就被动了。"虽然是示弱，但却显得不卑不亢，让对方不得不处理此事。

总之，谈判中，我们说话不可太强硬，要想让谈判结果朝着我们希望的方向发展，就需要学会适当示弱，激发起对方内心的同情心，令其放松警惕的心理，此时，我们就掌握了谈判中的主动权，令谈判成功自然水到渠成！

语言的"高压政策"，使对方心弱屈服

我们深知，谈判过程中有一项重要的心理策略，那就是以情动人，谈判者可以用温柔的情意去化解对方冰冷的心，用甜蜜的语言去消解对方的怒气。而与之相对的还有一种心理策略——高压政策，也就是要求我们在谈判的时候，说些"硬"话，给对手施加心理压力，从而影响谈判对手的心理状态和立场观点，达到有时用强有力的武力也不能解决问题的目的。

1951年5月，联邦德国的著名外交家威廉·格雷韦率领代表团在彼德斯贝

格山上，同英、法、美三大国的代表，进行废除占领法规的谈判。盟国方面虽然想改善同德国的关系，但此时他们还不准备真正地放弃占领法规。他们想的更多的是同德国方面只限于达成不涉及盟国主宰权本身的契约性协议，这些协议的对象只是盟国如何行使这种主宰权，继续保留占领国的“最高权力”这个基本想法贯穿于三大国的谈判态度之中。与此相应，三大国于1951年2月27日就向联邦政府递交了一份供讨论的单子，共有39个题目。

从 1951年5月到 8月进行了第一轮会谈，目标很有限，仅仅是：听取德国方面对这些问题的表态，并通过提问使德国的立场具体化。8月3日，会谈应以达成发表一项公报的协议而告终。可是摆在桌子上的草案中却只字没提已经商谈过的关于废除占领制度的问题。格雷韦觉得他不能拿着这么一份公报离开彼德斯贝格山。但是，经过较长时间的周旋，对方丝毫没有作出让步的表示。于是，格雷韦宣布，在这种情况下，会谈不能在当天结束，因为他得到的指示不允许他签署这么一份文件。他的这一策略起到了意想不到的作用。根据日程安排，延长这轮会谈是极其不受欢迎的。然而如果不发表公报而散场，则更不受欢迎了，这将无法掩盖冲突是什么。

这个时候公开地讨论三大国极其不得人心的立场，是对他们很不利的。所以，三大国不得不暂时休会进行内部协商，然后又继续会谈，最后，会谈取得了突破，三大国愿意寻找联邦共和国和盟国关系的“新基础”。格雷韦取得了胜利，他怀着满意的心情，驱车返回波恩。

在这次谈判过程中，面临实力强大的谈判对手，格雷韦宣布会谈不能在当天结束，因为他得到的指示不允许他签署这么一份文件。而实际上，对于谈判对手来说，这是不妥的，于是，其他三国只好商议并作出让步。最终，格雷韦化不利为有利，转败为胜，取得了谈判的胜利。

心理点拨

那么，在谈判桌上，我们在说话的时候，该怎样运用高压政策，并把话说“硬”呢？其原则是：

（1）削弱对方的原则。要达到这个目的，必须操纵对方，使己方改劣势为优势。

（2）经常抵抗或反对对方的原则。这是在不使谈判破裂的情况之下，通过对对方吹毛求疵或反对对方的意见，给对方以压力，迫使对方降低期望，以达到使对方让步的目的。

客户："请问我买的房子，大概什么时候可以收楼呀？"

销售员："一般情况下，是签完合同，收到首期房款三个月之后。"

客户："要这么长时间呀，一个月时间行不行呢？"

销售员："如果要求一个月时间收楼的话，装修人员就要赶工。您都知道慢工出细活，赶工的时候，容易忙中出错，最后影响您房子的装修质量，那就划不来了。"

客户："噢，是这样呀。那就按正常时间收楼吧。"

案例中的销售员运用的计策就是让客户晓以利害，给对方施加了心理压力，在权衡之下，客户接受销售员提出的"不"，并同意按时收楼。

（3）创造一种竞争的姿态。比如："这种订单我们已经接到好几份了，他们都希望得到我们的合作。"这种货比三家通常就是买方向卖方施加压力的有力措施。

总之，一名谈判高手，尤其在快达成协议时，不应该一味地去迁就对方，使自己处于一种心理上的弱势地位。而应适时说些"硬"话，使对手心弱屈服，从而控制局面，以让局面对自己有利。

迂回的言语，使其心里焦急露出破绽

无论是商业还是政治或者是其他活动，都离不开谈判，通过谈判而达成一致意见，签订协议并通过认真履行使双方获益。而谈判行为是一项很复杂的交际行为，它伴随着谈判者的言语行动、行为互动和心理互动等多方面的、多维度的错综交往。谈判过程中，能否成功识别出对方的现实动机和长

远目的、对方派出人员的权限乃至其心理状态、个性特征等，在很大程度上能影响着谈判的成败与否。

美国谈判学会主席、谈判专家尼尔伦伯格说，谈判是一个“合作的利己主义”的过程。寻求合作的结果双方必须按一个互相均能接受的规则行事，这就要求谈判者应以一个真实身份出现在谈判行为的第一环节中，去赢得对方的依赖，继以把谈判活动完成下去。但是由于谈判行为本身所具有的利己性、复杂性，加之游戏能允许的手段性，谈判者又很可能以假身份掩护自己、迷惑对手，取得胜利，这就使得本来很复杂的行为变得更加真真假假，真假相参，难以识别。同时，谈判中，对方说的每一句话对于我们来说，都可能是一个“套儿”。从这个角度看，我们只有懂得从对方心理角度出发，在陷阱面前懂得说话迂回，才能操纵对方心理，并反败为胜，取得谈判的主动权。

在美国某乡镇有一个由 12 个农夫组成的陪审团。有一次，在审理了一项案件之后，陪审团中的 11 个人认为被告有罪，只有一个人认为被告不应该判罪。由于陪审团的判决只有在其所有成员一致通过的情况下才能成立，于是这11个农夫花了一整天的时间，想说服那位与众不同的农夫改变初衷。傍晚，天空中忽然乌云密布，眼看一场大雨就要来临，那11个农夫都急着要在大雨之前赶回去，好把放在屋外的干草收回家，可是，另外那个农夫却仍旧不为所动，坚持己见，11 个农夫个个都急得像热锅上的蚂蚁。他们的立场开始动摇了，最后，随着“轰隆”一声雷鸣，这11个农夫再也无法等下去了，他们转而一致投票赞成另一个农夫的意见：宣告被告无罪。

在这一谈判案例中，这位胜利的农夫在面对强大的谈判阵容的时候并没有轻易就范，而是利用了其他农夫都急于结束谈判的心理，向他的对手们展开心理攻势，让对手急得像热锅上的蚂蚁，最终，在忍无可忍的情况下，这群农夫放弃了自己的立场：宣布被告无罪。

可见，我们在谈判中处于劣势时，要沉着镇静，根据不同的情况构思不同的反击策略，在说话时不要撞在对方的枪口上，而应该用迂回的语言，保护自己的利益，取得谈判的胜利。

一场谈判如同一次战斗，要了解那么多的材料，并进行综合、分析、推理、决策，大家都没长前后眼，不能未卜先知，我们一不小心就会陷入对方设定的陷阱中，为此，懂得掌握对方心理，巧妙反击就很重要。

一般来说，如果我们了解到了对方的心里优势或者心机后，就要避其锋芒，当对方发现自己的优势并没有起到作用后，就会显得焦急，此时，谈判的主动权就会立刻转交到我们手里。

心理点拨

那么，我们该怎样说话才能让对方产生焦急的心理呢？

1.拖延术

在上述谈判实例中，那位坚持己见的农夫用的就是一种“拖延”术，向他的对手们展开心理攻势，从而赢得了这场看似无望的判决的胜利。因为谈判结束的时间被称为“死线”，在一般情况下，谈判者都要保密自己的最后期限和“死线”，因此在谈判中，往往会出现这种情况，双方都希望摸到对方在谈判中的“死线”，以争取主动；与此同时，都对“死线”严格进行保密。

在针对谈判“死线”的时候，谈判者常常采用欲擒故纵的拖延技巧，但在运用这种技巧的时候，要注意以下几点：

（1）每一次“拖延”不能拖死对方，要给对方一个回旋的余地。例如，在改变与对方的谈判日程时可说，“因为还有别的重要会见。”在神秘中仍给对方一个延后的机会，待到对方等到这个机会时，会增加一种珍惜感。

（2）在拖延的时候，要注意考虑自己手中一定要有几个有利的条件重新把对方吸引回来，不能使自己的地位僵化，否则，一“拖”即逝，无力再拉回对方。

（3）在采取拖延技巧的时候，一定要注意自己的言论，说话要委婉，避免从情感上伤害对方造成矛盾焦点的转移。

2.补救术

这种说话策略是用来补救我们已经陷入对方陷阱的措施。比如对方诱导

你承认了他们的报价，你失口承诺认可了对方的报价，如果发觉得及时，可马上纠正——“当然，这个价格尚未计入关税税额”，如果发觉得较迟，你可通过助手补充纠正，“请注意，刚才张先生所允诺的价格，是以去年底的不变价计算的，因此，还需要把今年头八个月的涨价比率加上去。”当对方听到你已经巧妙绕开了陷阱后，会立即乱了方寸，这时，便是我们展开进攻的时机了。

总之，谈判是富有竞争性的合作，虽然不是战争，不是你死我活，你输我赢，但是谈判也绝不是找朋友，推心置腹。谈判虽然是遵循互利互惠的原则，但双方皆赢的利益结果很难对等。在这种双方都希望争取最大利益的心理游戏中，就允许双方施展谋略，寻获更多利益。这是规则。在谈判中声东击西，迂回式说话也是自我保护、扰乱对方方寸的心理战术，更是谈判高手惯用的技巧！

虚张声势，令其就范

生活中，谈判无处不在。谈判不是那些外表风光的外交官的专利，它一直都是人们日常生活中不可或缺的组成部分。谈判是我们获得权力和利益的重要手段。谈判中，最重要的莫过于取得谈判的主动权，而要做到这一点，我们就需要掌握对手的心理。通常情况下，人们在没有心理退路的情况下，都会退而求其次，接受人们的建议。古语有云：“不到黄河心不死”就是这个意思。从这一点看，我们在与对手交涉的过程中，就可以虚张声势，适时把话说绝，让对手觉得无路可退，从而令其就范。

若干年前，意大利米兰足球俱乐部的一位著名球星想要得到更高的年度合同酬金，接连几个赛季，他都试着自己去谈判，但都未能达成满意的协议。这名运动员虽然也颇富有，而且脑瓜子聪明，但他却很怕羞。他承认，自己斗不过那个不讲情面的总经理，因为那个总经理手中握有一张王牌：在与球星订立的合同中，有一项使运动员不能跳槽的保留条款。怎样才能使态

度强硬的总经理接受自己的要求呢？经过苦苦思索，球星想出了一个绝招。那项保留条款是他不能加薪也不能跳槽的主要障碍，但是这个条款并不能阻止他退出体育界，因此他决定以退出体育圈、加入影视界为筹码，向总经理施加压力。

这名运动员虽然腼腆，模样却颇讨人喜欢，何况他大名鼎鼎，许多人正巴不得在银幕和荧屏上一睹其风采。于是，他开始同一个独资的制片商接洽，并草拟了一份为期5年的合同，同时把这一切都告知了新闻界。大众传媒对此作了大肆渲染。

这样一来，那个总经理受到了巨大压力，因为如果这名球星挂靴而去，球迷们定会不依不饶地闹个天翻地覆，他的生意也只好告吹。不得已，他只好满足了球星的加薪要求。

这位球星在要求提高合同酬金上的做法是明智的。面对不讲情面的总经理，他只得做出这一策略，也就是钻了合同的空子，合同并没有规定他不能退出体育界，而这正是能制约总经理的因素。于是，他对新闻界宣布了自己的虚假意图，而很明显，这一说法果然对总经理起到了作用，他只好满足球星的加薪要求。

心理点拨

谈判过程中，只要我们抓住对方的心理，根据对方不同的利益需求，适时说出让对方毫无对策的话，我们势必会掌握谈判的主动权。具体来说，我们可以根据对方不同的心理，说出不同对策的话：

1.出其不意，让对方迅速做出回应

在某国的一家实业公司获得了一个有二等汽车出卖的信息。

几天之后，该公司董事长的办公桌上出现了一份报告，这份报告的内容是：在南美的智利，一家铜矿公司最近倒闭。矿主在事前订购了美国道奇、西德奔驰等各种型号大吨位载重货车、翻斗车共计 1500 辆，全部是新车。为了偿还债务，矿主决定将这批新车折价拍卖。看了这份报告，董事长眼前一

亮。1500辆折价拍卖的新车，是多么具有诱惑力呀！

但在该公司获得这一信息的时候，在香港、在智利，甚至在全世界，这已经是一个公开的秘密。此时，时间就是金钱，于是，他果断地授权采购人员说："只要质量好，价钱便宜，你们说了算。"

该公司的采购小组立即飞往智利，同行的还有汽车方面的技术专家。他们对这批共1500辆、崭新的各种载重汽车，像体格检验一样，一辆一辆地进行技术检验，现场验货。最后结果表明，它们的质量是令人满意的。

随后，双方开始坐下来谈判，经过一番紧张的讨价还价之后，这批载重7～30吨的汽车，矿主同意以低于原价38%的价格出售给该公司，仅此一项，他们就节约了外汇2500万美元。谈判获得了空前的成功。

这个公司从获得这个信息到成交这笔生意，仅仅只花了3个月的时间。

这笔生意之所以能够迅速地成交，一是矿主急于尽快偿还债务，达成交易的心情迫切。二是董事长授权，"只要质量好，价钱便宜，你们说了算。"这样一句果断的话自然会让谈判对方也作出果断地回应。如果没有这一客观条件，单方面讲求迅速往往会导致"欲速则不达"的结果。在有多角竞争的潜在威胁的时候，速度具有决定性的意义。否则，拖拖拉拉，贻误战机，就会让你的对手捷足先登。

2.下最后通牒

美国的一家航空公司要在纽约建立一座规模庞大的航空站，他们找到实力强大的爱迪生电力公司，希望该公司能在电价方面给予优惠。由于是航空公司有求于电力公司，于是电力公司自以为掌握了谈判的主动权，奇货可居，所以态度非常强硬，他们推说如果给航空公司提供优惠电价，公共服务委员会将不予批准，所以他们不敢擅自作出降低电价的决定。

面对谈判中出现的这一难题，航空公司马上做出相应的反击，他们声称，如果电力公司不提供优惠电价，他们只得停止谈判，立即抽调一部分资金，自己建厂发电，这就意味着电力公司将失去一个最大的用户，其经济损失将是不可估量的。

航空公司此言一出，电力公司便慌了神，他们马上改变了原来的傲慢态度，找到公共服务委员会，请求委员会从中说情，表示愿意给予航空公司最大的优惠价格。于是两家公司顺利地达成了协议。

航空公司在这次谈判中之所以能以优惠价格达成协议，就是因为他们抓住了电力公司害怕失去这单生意的心态，然后对其下出了最后通牒，权衡之下，纵使无奈，电力公司只好答应航空公司的条件。

所谓最后通牒策略，是指当谈判双方因某些问题纠缠不休时，其中处于有利地位的一方向对方提出最后交易条件，要么对方接受本方交易条件，要么本方退出谈判，以此迫使对方让步的谈判策略。当然，高明的谈判者要想成功地运用这一谈判技巧，必须具备两个方面 的条件：

（1）最后通牒必须使对方无法反击。如果对手能够进行有力的反击，就不成其为最后通牒。作为一个成功的谈判者，必须有理由确信对方会按照自己预期的结果那样去做。

（2）最后通牒必须使对方无法拒绝。在对手走投无路的前提下，想抽身但又为时已晚的时候，你可以发出最后通牒，因为对手已耗费了许多的时间、金钱和精力，他已经没有了选择的余地。

第21章
面对朋友，巧打圆场赢人气

巧言化解尴尬，智语打破冷场

说话需要多用脑子，谨慎言语，话多无益。说话者不要只顾着一时痛快、信口开河，以为听众微笑就是表示对你的肯定，你就没完没了地将一些本来不应该说的话都说了出来，结果触碰了言语上的禁区。对于自己都还没搞清楚的事情，最好不是当众说出来，尤其是那些捕风捉影的话，还有那些隐秘的话，否则最后遭殃的只能是你自己。不过，在日常交际中，有时难免会因为说得太兴奋而忘记了避开某些言语禁区，于是一时间那嘴巴就好像是决了堤的洪水，一个劲儿地说些乱七八糟的话，如此自然会惹得当场某些人的厌恶，面对如此场景，我们该如何挽救呢？这时最好的办法就是及时想办法挽救，而不是让这个尴尬越来越严重，甚至给自己带来麻烦。

清朝时，一位新上任的县令与其他官员初次去拜见上司，到了那里，他想不出该说什么话。沉默了一会，忽然问道："大人尊姓？"这位上司看上去很吃惊，他看了看周围的人，勉强说了姓某。县令低头想了很久，说："大人的姓，百家姓中所没有。"上司脸色惊异，说："我是旗人，贵县不知道吗？"县令又站起来，说："大人在哪一旗？"上司说："正红旗。"县令说："正黄旗最好，大人怎么不在正黄旗呢？"上司勃然大怒，问："贵县是哪一省的人？"县令说："广西。"上司说："广东最好，你为什么不在广东？"县令吃了一惊，这才发现上司满脸怒气，赶快走了出去。不久，这位县令便被借故免职了。

这是一个触碰言语禁区的案例，在例子中，那位县令不懂得察言观色，

口无遮拦，言语触碰到了禁区，而最终自己也免职了。如果你仔细分析这个案例，就会发现，那个县令除了不懂得察言观色以外，更是缺乏一定的思维应变能力，明明知道自己已经触碰了言语的禁区，但还是没能及时想出办法补救，那他最终的结果就只有被免职了。

几位同事正在办公室里讨论工作中出现的问题，这时经理身边的“红人”小李走过来了，她笑着安排了工作，并针对同事提出的问题一一解答。当着同事的面，张丽笑着说：“小李，你太聪明了，你的智商真高，怪不得坐到了助理这样的位置，羡慕啊。”听了这番“客气话”，小李有点不高兴，笑容僵硬在脸上，看见小李脸色的急剧变化，张丽觉得自己话说得比较过分了，她连忙说：“其实，经理一直在我们面前夸你头脑灵活，今天一见，果真名不虚传啊！”小李听了，脸色缓和了下来，也没说什么了，而张丽则紧张地吐了吐舌头。

在这里，虽然张丽无心说出了对小李的“嘲讽”之语，也就相当于触碰了对方内心的禁区，不过难得的是她及时发现了自己的过错，幸而及早说几句话来挽救自己，否则她应该知道得罪了经理身边的“红人”该是什么样的下场。

心理点拨

假如我们在日常交际中产生了言语尴尬，该如何化解呢？

1.正话反说

说话者可以利用情境的参与，正话反说，摆脱尴尬场景的说话。正话反说相当于修辞格中的反语，是用相反的词语表达本意，使反语和本意之间形成交叉。

在语言交叉技巧中，反语以语义的相互对立为前提，依靠具体语言环境的正反两种语义的联系，把相反的双重意义以辅助性手段如语言符号和语调等衬托出来，使听者由字面的含义悟及其反面的本意，从而发出会心的微笑。

2.利用歧义

你也可以利用特定的场景，造成情境歧义。有时每一个词语就存在着不同的含义，这时候你可以巧妙地运用语言的多义，再加上具体的场景，造成歧义的效果。让听者搞不清楚你到底所需要表达的哪种意思，自然他也就不会将那些触碰言语禁区的话放在心里。

再直白的人也要学会婉转说话

在生活中，既需要直言，也需要婉转的语言，如此才能相得益彰。直言不讳，自有直言不讳的好处。在生活中，许多话一时半会说不清楚，若再绕来绕去，不仅浪费时间，而且还会惹对方不快，这时，不妨直言相告，这既是一份坦诚，又减少了语言沟通中的障碍。婉转之语，也亦有含蓄的美感。所谓“曲径通幽处”，把话说得婉转，能给对方面子，又能很好地传达自己的意思，这何尝不是一举两得呢？对于女人来说，要想提高自己的语言修养，就应该学会使用直言和婉转之语，该直言时则直言，该婉转时则婉转。如此，你才能清楚地表达自己的思想，而对方也才能了解其中的真意。

很多时候，许多话需要摆明了说，如果你总是“七绕八绕”，那么，永远给人的感觉就是“雾里看花、水中望月”。你所说的话，对方并没有明白，虽然，你揣着明白，可别人却装着糊涂，这无疑为你们的继续交流带来了阻碍。甚至，很有可能你把话说得太隐晦，让对方误解了你的意思，导致了双方想法的不一致，最后，导致沟通的失败。所以，在生活中，该直言不讳的时候就需要坦然相告，不宜做模糊的语言表达。

阿倩是一位银行职员，如今27岁了仍然待字闺中，对此，好心的朋友帮他介绍了一个对象。约会的时候，对方是充满自信的，他的条件很优越：外语学院毕业，后又出国进修，目前开了一家翻译公司。对方满脸春风的得意让阿倩很不自在，而他那日式的礼貌更让阿倩不习惯。

晚上回到家之后，阿倩便接到了女友的电话，朋友说：“他对你的印

象好极了，你们好好交往吧。”电话这边的阿倩笑了，没有说话。接着，那位男士的电话便打进来了，他的言谈是礼貌而周全的，听了他略带关心的问候，阿倩说道：“你很优秀，而我不过是一个普通的银行职员，我觉得你应该找个比我更优秀的女孩。”

如果对方是你所喜欢的人，你永远都会觉得他很顺眼；如果对方是你不喜欢的人，你永远都不想正眼瞧他。但是，他人喜欢你是没有错的，如果你不想接受对方的爱意，就要学会直接拒绝，以免最后伤人伤己。

大多数女人在对待这种问题的时候，态度是模棱两可的，她们想拒绝，但却很享受对方的关心。于是，通常她们在说拒绝的时候，语言表达都是含蓄的、模糊的，或许是害怕失去对方，或许是担心伤害到对方。到最后，他们之间的关系就变得暧昧起来，既不喜欢他，但却不直接拒绝，结果，男人都不明白自己在这段关系中到底扮演了什么角色，或者，他们会对你一直抱有希望，直到你直接拒绝的那一天。

传说汉武帝晚年时很希望自己长生不老，一天，他对侍臣说：“相书上说，一个人鼻子下面的 人中越长，命就越长；人中长一寸，能活百岁。不知是真是假？”侍臣东方朔听了这话后，知道皇上又在做长生不老梦了，皇上见东方朔似有讥讽之意，面有不悦之色，喝道：“你怎么敢笑话我？”东方朔脱下帽子，恭恭敬敬地回答：“我怎么敢笑话皇上呢？我是在笑彭祖的脸太难看了。”汉武帝问：“你为什么笑彭祖呢？”东方朔说：“据说彭祖活了800岁，如果真像皇上刚才说的，人中就有八寸长，那么，他的脸不是有丈把长吧？”汉武帝听了，也哈哈大笑。

东方朔如此婉转含蓄的批评，令汉武帝愉快地接受了，最终没有为难他。有时候，我们需要想对方表达一些不好的意思，比如请求、批评等，这些话不容易说出口，而且，一旦这些话说得不好，不仅会得罪人，而且为自己招麻烦。这时候，我们可以灵活运用语言的多样化特点，这样婉转的语言表达即使被斤斤计较的人听见了，他也不会为难我们的。

古人云：“言有尽而意无穷，余意尽在不言中。”在日常交际中，我们把那些重要的、该说的部分故意隐藏起来，或者故意说得不明显，却让对方

明白自己所表达的思想感情，这就是婉转表达。婉转的表达方式，极具语言吸引力和感染力。说话婉转含蓄，不仅仅是一种语言表达艺术，而且是一种语言风格，它直接体现了驾驭语言的高明技巧。在日常生活中，有许多话语是不便直说，或者不必直说，这时候就需要借助于婉转的表达方式，比如批评的时候。

心理点拨

1.拒绝的话不应模糊不清

有的女性面对异性追求的时候，容易搞暧昧，她所表达的拒绝容易模糊不清。当面对不喜欢的异性，应直接拒绝，不要担心会伤害到对方，所谓“长痛不如短痛”，毕竟，暧昧的游戏你还玩不起。

2.学会含蓄说话

在交际中，当我们很想表达一种内心愿望，却又难以启齿的时候，不妨使用婉转含蓄的表达方式，它有时候会比口若悬河更能达到我们的目的，效果令人满意。坚实的土地，裸露的岩石，有一种直率的美；而青纱薄雾，朦胧的黄昏，却有一种婉转的美。婉转有时候能帮助我们避免尴尬，巧妙地运用婉转的语言，看起来似乎说得轻描淡写，但实际上却说出了关键问题的所在。

言多必失，有时沉默是金

很多女人说话都不顾及场合，她们常常在公共场所就开始滔滔不绝。须不知，很多时候就会使自己造成“言多必失”这样的境地，有可能在某些时候还为自己带来一些不必要的麻烦。我们常说 “言多必失”，意思就是说如果一个人总是滔滔不绝地讲话，说的多了，话里自然而然地会暴露出很多问题。“言多必失，祸从口出”。特别是在人多的场合，你一不小心，一旦失言，你的话就可能中伤或伤害到某个人，这还会为你招惹不少祸端。在生活

和工作中，你的一言一行都关系着个人的成败荣辱，所以言行一定要谨慎。如果你平时是一个话比较多的女人，那么一定要把自己的“嘴”管好，以防“言多必失”。

如果你不想为自己无端引来祸事，那么作为一个女人就要把“三缄其口”作为自己的处世的座右铭。往往聪明的女人，说话就很会把握分寸，她们不管在什么场合都表现的落落大方。她们在说话的时候，说得很充分，不该说的时候，一句话也不会多说。特别是在有些场合，她们知道哪些话该说，哪些话不该说，她们一定会严把自己的“嘴”关，所以她们在交际中总是如鱼得水，显得游刃有余。女人们千万不要小看你的那张“嘴”，如果在一些场合说一些不该说的话，有时候还会为你招来杀身之祸，所以，说话要谨慎为妙。

清朝雍正皇帝喜欢观看杂剧，如果他觉得哪个杂剧演得好，就会赏赐一些东西给演员。一次，他观看了一出很精彩的杂剧，因为杂剧的曲子很不错，演员们的演技也都很好。于是，雍正便亲自赏赐一些美酒和食物给演杂剧的演员们。因为剧中人物是郑儋是常州的刺史，于是，一个演员便问雍正：“现在的常州令是谁？”雍正立即大怒：“你一个优伶之辈，怎么可以大胆问起官吏之事！此风实不可长。”便命令人将那位演员在阶下乱棍打死。

那位演员只是好奇地问了一句，哪知那句话本来就不是他该去问的。所以，他的一句话就为自己招来了杀身之祸。所以，说话一定要适当，不该说的一定不要说，谨防“祸从口出”。有的女人往往是口齿伶俐，她们在交际场合中常常是为了显示自己的口才。于是便对众人口若悬河，滔滔不绝，这虽然在一定程度上会为你增添不少的吸引力。但是如果你口无遮拦，无意中说错了话，说漏了嘴，也是很难补救的。所以，女人在人多的场合尽量少讲话，并且要讲究“忌口”。否则，你就因为自己的言行不慎而让别人下不了台，有时候还会因此而办砸事，那是得不偿失的事情。

生活中我们常常看到这样的场景：无论是在饭店里还是在办公室，只要三五个女人一扎堆，十有八九就会开始议论起自己的同事或者身边熟悉的人。女人好像天生就喜欢八卦别人的隐私，她们不放过任何机会展现自己

“卓越”的口才。可是，世上没有不透风的墙，如果你在大家面前夸夸其谈，而且还是谈论别人的流言蜚语。在你身边的听众，就有可能在某个时候揭发你的言行，到时候你就会显得尴尬和痛苦了。女人要切记，有一句话叫“覆水难收”，自己说出口的话是收不回来的。所以为了防止“祸从口出”，你就应该随时管好自己的“嘴”，对于自己说的每一句话都要斟酌，要多为自己长个心眼，不要说错话，说漏嘴。有的时候，祸事往往是由于误会产生的，说者无意听者有心，有可能你无意中说的一句闲话就可能引发很严重的误会。

心理点拨

不管在任何场合和地方，所面对的话题，我们都要做到说话有分寸，言多必失，一定严把自己的“嘴”关，要时刻注意几点：

（1）在公共场合切忌谈论别人的隐私和错处。

（2）不要说伤害他人自尊的话。

（3）无论在什么场合，都要注意说话形式的选择要适应场合。

话不说满，给自己留条后路

俗话说：“人情留一线，日后好见面。”很多事情都是一样的，说话也一样，最好是为自己留一些余地，否则日后定会后悔莫及。“狡兔也有三窟”，更何况是我们。所以，说话要适当，不要把话说得太绝，给对方一个台阶下，也给自己留一条后路，这样，你才会在交际中能够获得好人缘。

有这样一个寓言故事：一只狼在山上寻找猎物，突然它发现了一个山洞。它经过仔细观察，发现山里的很多动物都从这个山洞经过。看着一只只肥硕的山羊从这里经过，又来了一只鹿，狼不禁口水直淌。怎么样才能吃到这么美味的鲜肉呢？看着这个有点黑黑的山洞，它不禁想到了一个好主意。

为了把那些小动物们都装进自己的口中，它决定把山洞里除了洞口以外的所有通道都封死。于是，它就隐藏在洞口的阴影的地方，等着动物们自投罗网。它在那等啊等，等了很久，才听到有轻微的脚步声走来。它一下子从黑暗中跃出来，却不料。进来的是一只老虎。看见老虎咆哮着冲过来，它吓傻了，开始横冲直撞，可是，除了洞口所有的通道都封住了，而老虎就在洞口。最后，它成了老虎口中的美食。

狼正是没有为自己留一条后路，所以把自己推入了万劫不复的深渊。在日常交际中，说话也是一样的，不能一句话就把别人噎死了，学会在适当的时候，给别人一个台阶下，退一步海阔天空，这个时候，不仅是对别人的有利，对自己也是极为有利的。现代社会，人情交往很重要，社会日新月异，而人情世事的变化速度更快。俗话说："三十年河东，三十年河西"。你能知道你以后会是什么样子呢？估计等不了三年，人们就会出现彼消此长的变化。由于生活和工作的需要，更是"低头不见抬头见"。如果你当初把话说得太绝、太满，现在一旦发生了不利于自己的变化，就很难有回旋的余地了。

每个人都有自己的看法和想法，当遇到意见不合的时候，你最起码要做到给对方在众人面前受到足够的尊重。无论别人说话对与否，都不要当着很多人的面就开始反驳，你可以选择私下找个机会，把你的意见告诉对方。这样，你既为对方维护了自尊，保留了颜面，让他对你感激，你又可以趁机加深了两人的感情。

有一次，贾母等人在一起猜拳行令，黛玉无意中说出了几句《西厢记》和《牡丹亭》中的艳词。那两个剧本在当时都被列为禁书，黛玉这样的名门闺秀怎么能读禁书？这样会被指责为大逆不道。幸好在座的人没有谁听出来，但此事却瞒不过宝钗，宝钗没有意气用事，当面揭穿黛玉，而是选择了一言不发。

事后，宝钗避开他人叫住黛玉，冷笑道："好个千金小姐，好个尚未出阁的女孩儿！满嘴说的是什么？"黛玉求饶："好姐姐，你别说与别人，我以后再也不说了。"宝钗见她满脸羞红，不再往下追问。这让黛玉充满感

激，宝钗还设身处地、循循善诱地开导黛玉在这些地方要谨慎一些才好，以免授人以柄。

宝钗无疑是人际中的佼佼者，她知道黛玉对她有嫉妒之心，所以为了增进两人的感情，她并没有当着众人的面给黛玉难堪，而是私下里找黛玉说，她这样说话就给黛玉留了一些余地，所以自那以后，黛玉对她印象大有改观，并且成了朋友。在日常生活中也是一样，我们要设身处地为对方着想，给对方一个台阶，就会赢得对方的好感，甚至是友谊。

心理点拨

说话要适当，才能更好地处理自己的人际关系。

1.话不可说满

我们在朋友、亲人、同事，甚至是陌生人面前说话，都要适当，不要把话说得太满。如果把一杯水倒满了水，然后就再也滴不进一滴水，否则就会溢出来。说话跟倒水是一个道理，如果你把话说得太满了，会让他人对你产生嫉恨，而你也会陷入窘迫的处境。

2.少说狠话、绝话

生活中，也许我们会跟一些人产生矛盾，这时候，也不要口出恶言，更不要说出“情断义绝”、“誓不两立”这样过激的话。不管是谁对谁错，最好自己要闭口不言，以便他日狭路相逢，自己还能有个说话的“面子”。我们要学会少对人说绝话，多给人留余地，这样做不仅仅是为对方考虑，也是为自己考虑，这是对彼此双方都有益的。

第22章 面对恋人，巧言善语虏获真心

表达最真实的爱，给对方安全感

语言是一门艺术，恋爱中的语言的作用更为明显。如果我们懂得表达，可以使彼此感情来得很快，彼此的心可以拉的很近；但是如果男女其中的一位语言使用的不当，就会造成彼此双方感情的疏远。

现代生活中，人们的示爱行为越来越由暗示性而趋向直接的亲昵动作，而且男女的个性差异在一部分开放的女孩中似乎正在消失。据心理学家分析，爱情的来临使人带有比平时更强的非理性化。人的行为中，感情，动作的沟通往往比语言还快。这也使得人们对理想概念中的爱情产生一种质疑。而事实上，人们更倾心于爱的传统表达方式——语言。

恋爱中，双方关系能否取得突破，很多时候，要看我们如何表达爱。也有很多时候，在与爱情的遭遇战中，我们不是输在“不爱”，而是输在不知道“如何表达爱”。

生活中，我们发现有这样的情话对白：

“你爱我吗？”

对方的回答一般是：“爱。”

而接着，这个发问的人会继续追问：“那爱我哪里？”

“哪里都爱。”

这个回答似乎合情合理，但实际上，对方会有一种被敷衍的感觉。有些人会说，爱一个人是没有理由的，实际上则不然，爱一个人会留心观察对方的包括恋爱中的每一个细节，至于那些“爱我哪里”的问题，如果你回答：

“我最爱你的眼睛，每当我们在一起的时候，我会注意你的眼睛，当你睫毛颤动的时候，我的心也随之跳动。”或者：“我爱你身上那股忧郁的气质，当初，就是这股气质吸引了我，让我不可自拔的爱上你。”相信这样的回答，定使对方心里充满安全感。可见，爱表达的越真实，越细腻，也就越能给对方信任，对方也就越有安全感。

心理点拨

那么，恋爱中的男女，该怎样把爱表达的更真实呢？

1.坦率表达

这种表达爱的方式十分简明，直率，不虚伪造作，大胆毫无保留地向对方倾吐自己的感情，宛如那潺潺的小溪，潺潺而流，是属于一种单刀直入、直接挑明的方式。这种表达爱的方式固然直接，但却显得真实、可爱。

一般而言，对性情直率、表达思想感情喜欢开门见山的人宜用此法。

显然，对于几经磨难或交往比较深，有一定感情基础，或两个人已经暗地互相倾慕，只需“捅破那层纸”的双方来说，坦率地直抒胸臆表达爱情不但省力，而且也别有一番风味，电影《锦上添花》里的铁英，在对段志高表示情意时，一点也不拐弯抹角：“痛痛快快的说吧，你喜欢不喜欢我们这个地方，喜欢不喜欢我们这儿的人，喜欢不喜欢我？我就喜欢你！”

2.悬念告知

当感情发展到一定程度，就应该抓住时机，向你的心上人表达爱意，恋人为了避免直露的生硬，常常巧妙地动用智能的机敏，使得表达爱的方式新颖别致、真实。

马克思年轻的时候，向燕妮表白爱情就是一个成功的典范。在一次约会中，卡尔显得满脸愁云，他说：“燕妮，我已经爱上了一个姑娘，决定向她表白爱情，不知她同意不同意。”燕妮一直暗恋着马克思，此时不禁大吃一惊：“你真的爱她吗？”“是的，我爱她，我们相识已经很久了。”马克思接着说：“她是我碰到的姑娘中最好的一个，我将从心底里爱她！”“这里

还有她的照片，你愿意看吗？”说着递给燕妮一个精致的小木匣。燕妮接过后，用颤抖的手打开立刻被吓呆了。原来里面放着一面镜子，“照片”就是她自己！即刻，一股热流涌上心头，沉浸在幸福和甜蜜之中的燕妮猛扑向马克思的怀抱。

这样，马克思既作了聪明的试探，制造紧张气氛，让深爱着他的燕妮在惊讶中误以为他另有所爱，在这过程中他察觉到燕妮的痛楚、失落的表情，又及时诱导她揭开悬念，原来匣子中的照片就是自己，马克思明确地表达了爱意。事后，这位最富有牺牲精神的夫人每当回忆这件事时，便会产生甜美而富有想象趣味的情思。

这就是制造悬念求爱法：先制造一个悬念，有意让对方树立一个误解已爱上别人，给对方造成一种欲爱不成、欲割难舍的状态，“引诱”对方一步步“上当”，然后，突然使对方恍然大悟，实现爱的转折，出现先惊后喜的心理效果。

3.借物暗示

心中有情而欲结良缘，又怕对方不答应，可以采用暗示法，这样，既不必担心开罪对方，又可以收到知其心意的效果。

小伙俊与姑娘兰互有好感，俊性格外向，兰内秀少言。俊虽已感到兰有意于自己，但又见兰常沉默无语，有时他说一些开心的事，兰往往仅淡然一笑，弄得俊心里直犯嘀咕。一次，月上柳梢头，他们人约黄昏后。俊欲探兰的心里到底有何想法，便对兰说：“我有一枝红玫瑰，不知该送给谁。”兰望着圆月，有些心不在焉地说：“你爱送谁是你的自由。”俊见状，觉得兰似有拒绝之意，便说：“我想送给一个人，但又怕人家不赏脸。”兰说：“也不一定，你可以试一试。”俊见有希望，便说：“我怕一试，人家不要，我会很伤心。我有个预感，人家对我不满意。”兰说：“也许人家满意而你没有勇气。”“那我就把玫瑰送给你，你愿意接受吗？”兰见状，微笑着说：“那要看你心诚不诚。”至此，俊完全明白了兰已接受了他的爱，高兴得跳起来。

俊用“送你一支红玫瑰”这种借物暗示法，避开了话锋，在试探中测出

兰对他的爱，这一席对话，可谓步步深入，凭借玫瑰，运用暗示语，撩开了爱情的面纱，在含蓄中品尝着爱情的果实，那甜美的滋味浸润着心田。

总之，我们在用语言表达爱的时候，表达方式越特别，越真实，越能给对方心理上的安全感，我们的爱情也就越有保障！

敏感问题巧妙回答，消除对方心里顾忌

恋爱中，人们为了证明爱情的可靠，通常会问爱人一些敏感的问题，比如，一个男士因为贫穷而害怕失去自己心爱的女孩，他会问："如果给你5000万，条件是离开你的爱人，你会同意吗？为什么？"如果这位女士的回答是："肯定会离开呀，这么多钱！"那么，这位男士必将伤心不已。再比如，尚未确定恋爱关系的一对男女，这位男士想更多的了解这位女士，他会问："你最希望从朋友（不包括爱人）那里得到的是什么？"如果这位女士回答："我希望我未来的丈夫能有车有房。"那估计，这位男士会认为，这位女士是冲着自己的钱来的，再谈下去已无必要。恋爱中，我们经常会遇到诸如此类的敏感问题。此时，如果我们的回答能让对方满意，消除其顾忌，那么，这对于双方感情的增进是有帮助的。而假如我们不善言辞，那么，也可能原本关系发展良好的两个人会因此留下心灵的隔阂。

在罗马尼亚农村，未婚女婿的口才显得至关重要。这里，小伙子首次去姑娘家时，礼品是不用带的，但跨入门槛前，必须先从容地朗诵一首古诗，还要接受未来岳父提出的五花八门的考验，若不能对答如流，往往领不到"入场券"。有幸通过第一场"考试"的小伙子，刚跨进正门，就有一位满脸皱纹、干瘪奇丑的老妇对他微笑致意，姑娘的父亲揶揄地问："你找的可是她？"小伙子必须在一阵哄笑声中镇定地回答。假若他发窘语塞，其命运就会凶多吉少。接着，未来的岳父一次又一次地将邻村媳妇，甚至一只花猫"请"到座椅上，并连连发问："这才是你的心上人，对吗？"小伙子必须在嬉笑声中脸不红、心不跳，神色自如地描述心爱的姑娘的容貌、身材、脾

气、性格，一直说到大家满意，小伙子真正要找的美丽姑娘才羞答答地被唤了出来，这时，他的婚事才算有了着落。

一个小伙为了娶到自己心爱的姑娘，需要经受这么多的“盘查”，而他的回答只有让众人满意，他的婚事也才有着落。可见，在爱情的世界里，我们要经常各种各样的考验，当然，现实生活中，我们要想让对方的消除顾忌和疑虑，从而获得爱情，所作的回答只需要让对方满意即可。

心理点拨

那么，在遇到这些敏感话题的时候，我们该怎样回答呢？

1.领悟问题的含义，避免唱“独角戏”

一位个性内向害羞的年轻人，暗恋一位女同事很久了，可是一直不敢表态。后来这位女同事跳槽到另外一个公司了，临走的时候，给这位年轻人留了一封信。年轻人打开一看，信封里面只有一张用笔戳破了一个洞的白纸。年轻人一下子泄了气，想：“她是叫我看破，不必太认真。”

后来，年轻人失落了很长一段时间，才让自己的心情慢慢地平复。两年之后，这位年轻人接到了那位女同事的电话，邀请他去参加自己的婚礼喜宴。在电话中女同事说：“有一件事我想问你，你看过当年我留给你的信了吗？”年轻人叹口气回答：“看过了。”女同事问：“那你为什么没有再和我联系？”“你不是让我看破吗？所以……”没等他说完，女同事气恼地说：“哪里是要你看破，我是要你突破！”

这位年轻人之所以会失去这一段爱情，就是因为他没有正确理解女同事的意思，造成了误解。这就是“唱独角戏”带来的后果。也就是说，在面临对方的一些敏感问题时，首先，我们先要正确理解对方的含义，不要急于表态。否则，就容易出现文不对意的结果，尤其是在说话的时候，即使你有出类拔萃的口才，也不要在约会时唱“独角戏”。恋爱是“谈”出来的，你一个人说，恋爱怎么会成功呢？只有双方你来我往、你言我语，感情才会更进一步。

2.委婉表达

英国哲学家培根说："交谈时的含蓄和得体，比口若悬河更可贵。"两性相恋，两情相爱，语言交谈是表达感情的重要方式，它直接反映着爱情的格调、品位，关系到爱的生存和死亡。由于每个人的性格气质、修养、身份、经历的不同而就有不同的交谈特点，或诙谐幽默，或直白平实；或坦诚坦率，或含蓄委婉。过分的亲昵，肉麻的表白，反而显得缺乏修养，有时候山盟海誓更会让人感到缺乏真情。

这一表达方式同样适用于那些敏感的问题，比如，对方希望从你口中获知你对他的态度，此时，如果你直接说："我愿意"，则显得太过袒露，而如果你回答："以后你负责洗碗还是做饭？"对方则立刻了解你的态度。同样，如果是拒绝，委婉的语言也更容易被接受。

可见，人们在谈恋爱的时候，如果能巧妙地掌握和动用"婉言"这一绝妙的交谈方式，情窦深处就会充满温煦的阳光。"曲径通幽处，禅房花木深"，通过那弯曲的小道，去寻求幽静高雅花木葱茏的爱情胜境。尤其是初恋男女，彼此间的心灵尚未彻底沟通，各自都在揣摩对方的心理，品味对方的性格，甚至在衡量对方与他人的优劣长短。此时，他们会提出各种敏感的问题，此时，只有用婉言才能更巧妙、更有效地打动对方的心，拨响爱的琴弦，提高恋爱的成功率；也只有用婉言，才能在各种不同场合、环境下，产生美妙奇异的爱情。

"哪个男子不钟情，哪个少女不怀春"。爱情似一杯美酒，有醉人的醇香，也有恼人的苦涩。总之，处在谈情说爱季节里的年轻人们，不要因为自己不会"谈"、不善"谈"，结果把爱情变成了一杯苦酒，面对那些敏感的问题，要巧妙回答，然后把这些恋爱中的问题当成加深彼此感情的催化剂！

"醋话"暗示爱意，表明心意

有些人要证明自己和情人爱得有多深，有些人会仿效某些模范夫妻，抓紧每个当众表现亲热的机会，来表示情人有多爱自己；也有些人选择反证，借刺激对方的醋意，来衡量爱情的深度——对方愈容易为自己吃醋，便表示对方愈爱自己。后者这一方法被人们屡试不爽。可见，我们要想向对方表明爱意的话，可以说些暗示的“醋话”。

对于那些恋爱中的男女来说，都有这样的心理，那就是一旦存在了竞争者或者情感的威胁者，他们会立即采取措施，言语反击就是一个重要方面。比如生活中，很多男孩会对自己心爱的女孩说：“为什么你身边总是有一些怀有不良动机的人呢？我会替你赶走他们的。”乍看，这句话似乎很平常，但实际上，则是这位男孩的“醋话”，聪明的女孩儿一般都能听出个中含义，而如果这位女孩也会做出回应，如果她也喜欢这个男孩，在听到这些话后，自然会和其他男孩保持距离；而如果她对男孩并不在意的话，只会一笑了之。

在恋爱的过程中，很多人为都采取类似的方法向心爱的人表明心迹：

贝贝与小鹏从大学开始就恋爱了，贝贝是学校的校花，追求的人自然不少，直到毕业后，那些追求者仍然不死心。其实，贝贝也知道，小鹏是爱自己的，但有时候小鹏就像个榆木疙瘩，连句情话都不会说。于是贝贝想出个办法，她对小鹏说：“我今天有个约会，是大学同学王志，今天下班后你不用等我了，自己回家吧。”

小鹏一听，心里急了，但又不知道说什么，只好点了点头。但下班后，小鹏却尾随贝贝到了约会地点。突然，小鹏看见王志想对贝贝动手动脚，这时，他冲上前去，对王志说：“我跟你说，贝贝是我女朋友，这辈子，她都是我的人，你休想打她主意。”小鹏一副想打人的架势，王志一看目的达到了，就把事情的原委一一道出。而此时的小鹏一把把贝贝拥入怀中，对她说：“以后任何男人的约会你都别去，我会对你好一辈子！”这时的贝贝已经心里乐开了花。

这个爱情故事中，女孩贝贝为了证明男朋友是否爱自己，她采用了试探法，把男孩小鹏的醋意被激发出来。虽然是个小小的谎言，却给自己和恋人都吃了一颗定心丸。

在我国，男女青年热恋，一般较少像西方国家那样，十分明确地告诉对方“我爱你”。这种方法虽直截了当，然而由于戳破了那层纸，即刻便因失去了神秘感而索然无味。因而，示爱的方法多采用话不挑明，却让对方在焦急中意会。而说“醋话”进行暗示，也成了人们挑破关系的一个重要方法。

我们再来看看一则爱情故事：

秋燕与栓宝热恋时对他说：“我想给你找个做饭的。”栓保说：“她长个啥模样？”秋燕说：“她的模样长得和我一个样。”栓保问：“那她叫个啥嘛？”秋燕红着脸：“她的名字…… 名字……我先不告诉你。”栓保说：“反正到了那一天……”秋燕说：“那一天到底是哪一天嘛？”栓保说：“那一天就是那一天。”

这种示爱方式正是运用醋意来达到目的的，也的确十分特别。秋燕故意扮作媒人，以红娘的身份作掩护，于是，她便能较自由透露自己的心迹，又避免了樱桃好吃口难开的羞涩。实际给对方留下了悬念，让栓宝意会其情。而正因为秋燕运用了悬想意会之言语，才使得他们在恍惚迷离中沉浸于一种神秘而又甘甜的意趣中。如果一语道破，反倒会产生一种失落感。

的确，恋爱中，恋爱双方谁也不愿最先捅破那层纸，痛快淋漓地表露心迹。有许多本可成为美满姻缘的恋人，往往会在这种僵持中丧失勇气，丢掉了大好时机。而这种暗示的方法则成了人们避免羞怯的一个好选择。

心理点拨

那么，我们如何利用这一心理策略向对方暗示爱意呢？

1.因人而异，注意“醋话”的度

曾经有人这样说：每个人都是一个独立的容器，容器的体积有别，容量自然不同。当一个小茶杯碰上一个大水杯，即使小茶杯已倾尽所能，所装水量也不如大水杯多。只有两个体积相似的容器遇上，才能各得其所。也就是说，不是每一个人对愿意接受你的“醋话”的暗示，当然，这需要我们自己把握。

如果你们这段时间关系紧张，你过重的醋话，可能会对导致对方自信不足，也可能让其成了惊弓之鸟……

2.因时而异，别让对方会错意

也就是说，针对双方关系的深浅，对于这种“醋话”的暗示，也是有要求的。如果彼此关系不深，我们应该注意调节“个体空间”距离，不要说些“醋意”很浓的话，不然就会引起对方的反感，特别是女子，会给人以轻浮之感。男方如这样，则又会被对方看作纨绔子弟。

同时，我们要注意说话的氛围，说话时要放松情绪，调节气氛。消除双方因过多顾虑而带来的过于谨慎的言谈是非常必要的，约会时因为一次“冷场”，往往会给双方带来较为严重的负面心理积淀。这种负面心理会化作一种沮丧、退缩的行为，从而进一步影响以后约会的语言表达能力。

总之，如果我们能掌握好利用醋话来暗示这一爱情心理策略的话，能给心爱的人吃一颗定心丸，这对于双方关系的促进是极有帮助的！

用“娇滴滴”的口吻，点燃对方爱的火焰

谈到“撒娇耍赖”，也许好多人对此会嗤之以鼻，尤其是那些个性强的女性，她们认为，女人应该要独立，这个独立当然是指人格方面的独立。如果你失去独立的人格，那么就好比一朵娇艳却脆弱的花朵，一点点风吹雨淋，就会让你承受不了。此话不假，但在情感天地里，那些能点燃男性爱的火焰的女性，多半是懂得撒娇之术的。因为从男性的心理角度看，他们内心或多或少都会有大男子主义，而且也对自己的爱人有保护的欲望，如果女人过于坚强，让男人无计可施，天长日久，男人会觉得，在女人面前自己太无能，而当一个娇弱的女性一出现，他的大男子主义绝对会极度膨胀，对你的爱也就愈加膨胀。

有位已婚女性这样回忆自己曾经的爱情故事：

“我永远都忘记不了，曾经一次，跟先生通电话的时候，因为说了太

久，我都不知道该说什么了，无话找话的说，‘昨天晚上半夜被蚊子叮醒了，痒死了。’结果这么一句话，让先生感动得无以复加。我们结婚后，一次闲聊中，先生告诉我当年我对他说我被蚊子叮了，他感动。我很纳闷，这么一句话你感动什么呀？先生说，当时我在想，你连蚊子叮了你这样的小事都告诉我，足以证明你很信任我，你在对我撒娇，意思是我要是在你面前该有多好，我可以为你赶蚊子。我当时乐得哈哈大笑说，我其实那会是无话找话的。先生却不以为然，反正我当时是感动的。”

这种小细节估计对于恋爱中的男女来说，再熟悉不过了，但却就是这样一句撒娇的话，会激起男性心中想保护女性的欲望，双方的感情也会因此升温。

无论是恋爱还是婚姻中，女人要想在男人面前永葆魅力，就一定要学会用娇嗔之语，说得他心花怒放，说得他心服口服，他自然就会对你言听计从，爱恋有加。撒娇要嗔，可能对于那些天性软弱的女性相对容易。但若是对那些性格较强的女性，似乎就不那么容易了，她们觉得不知道撒娇的话要如何开口，如果硬要说点什么的话，就只剩下唠叨、争吵了。

心理点拨

对此，我们有以下几招对策，可供参考：

1.避开焦点

遥遥和男朋友约好下班出去吃饭，已经到时间了，可遥遥由于工作没交接完还不能出去。心想：男朋友一定会生气，他很惜时。忙完工作，到了约定好的饭店一看，男朋友果然阴沉着脸，气呼呼地坐在那。遥遥在男朋友的视线里缓慢地走了过去，说：“都是这双讨厌的凉鞋，早不崴脚，晚不崴脚，偏偏赶上这时候，唉，我疼点无所谓，可是却耽误了你的时间，真让我过意不去。”说完还一脸疼痛和自责的表情，男朋友心疼地说：“你该让我去接你嘛，快让我看看脚。”

2.欲擒故纵

有次吵架，老公要离家出走，小丽挡在门口说：“自古以来都是女人

离家出走，你这么做不符合事物发展的正常规律。”老公说：“你想怎么样？”小丽坚定地说：“我走，我要把属于我的东西全带走，哼！”说完不由分说拉着老公跑下了楼。老公问：“你究竟要干什么？”小丽说：“你是我的东西啊！”老公说：“我才不是东西呢！”说完自觉不妥又急忙改口说：“我是东西。”说完，两人都忍不住大笑，一片乌云就这样散了。

3.顺势下台阶

下班后，洋洋想请男朋友小杰回家吃饭，给他打电话问他想吃什么菜。小杰想了半天说不知道。洋洋说：“那我买芸豆和黄瓜了。”小杰说：“天天吃，不烦啊？”洋洋提高了分贝：“那你说买什么？”小杰生气地说：“随便，我不吃了。”然后挂断了电话。洋洋冷静一下，权衡利弊后，买了鱼和豆腐。然后给小杰打电话，欣喜地说：“我好不容易买到了‘随便’这种菜，你还吃吗？”小杰笑了说：“还是你厉害啊！吃。”洋洋说：“第一回买这种菜，我还不会做怎么办啊？”“我做。”小杰痛快地说。

4.随机应变

一日老公陪孙倩逛街，孙倩突然打起嗝来，任凭孙倩屏气、喝水也无济于事，孙倩就直嚷嚷难受。老公不耐烦地说：“每天就你事多，再烦我就不陪你逛街了。”见状，孙倩心里很生气，觉着老公也太不体贴了，刚想发作，发觉自己不打嗝了，于是笑嘻嘻地说：“老公，你这吓唬人的招儿还真管用，我好了。”老公也顺水推舟地说：“当然了，我是故意那么说你的，否则你还得打嗝。”

的确，随着爱情和婚姻生活的推移，人们的激情都会随之退却，对于女人来说，也逐渐丧失了撒娇的心情或者能力，甚至变成了唠叨的妇人，难免让男人厌倦。女人，坚强与独立是绝对正确，但在爱人面前，在两人独处时，偶然的撒娇不会让你的爱人笑话你，只会是更加的爱你疼你怜你惜你。因此，撒娇吧，没什么大不了，别以为自己是白领是高级管理是女强人，女人属阴，柔弱的一面展现出来，只会让你更添风韵。

女人温言暖语最能俘虏爱人心

有人说，温柔是女人征服男人最有力的武器，这句话是有道理的。男人纵然是钢筋铁骨，听到了女人的柔声细语，也许仅仅只是一声低唤，一阵呢喃……就会心甘情愿地陷落自己的城池，醉倒在女人温柔的声音里，不愿醒来。

而如今社会，在现实生活中，精明干练的“女强人”已经充斥在我们的周围，她们无论在事业上还是生活中，都与男人们颠倒了角色。她们对于爱情的口号则是“自由、民主”，她们把恋爱当演讲台，对男性颐指气使甚至说话的时候喜欢大放厥词。而事实上，这样的女人真的得到了爱情的幸福吗？实际情况则不是，这些女人虽然职场得意，但在情场，很多则以失意告终。原因很简单，她们太过强势。男人们振臂高呼：我们要女人味十足的女人！什么是女人味？有男人说，话语温柔的女人才有女人味。

事实上，女人较之男人来说，感情更为细腻、敏感，这也正是吸引男性的地方之一。所以作为女人，一定要懂得服软，学会说些“软话”，并要善于运用你的表情和语调，来增强说服男性的效果。

我们来看下面这则动人的爱情故事：

那时候，刘明在家乡的一个地产公司上班，负责一些行政工作。在他进公司的半年后，他对面那个空位上突然出现了一个女孩：她长得算不上漂亮，皮肤甚至有点黑，眼睛也不大，但很文静。她是刘明的新同事，尽管刘明抬头就能看到她，但是说话并不多。

午休的时候，同事们经常凑在一起聊天，她有时也会参与其中，说得不多，却总是一脸认真。刘明则坐在一旁，有时说上三言两语，品评人物与时事，以及一些文学作品，每次都发现她很小心地听，眼睛盯着他，那眼神似乎有点复杂，说不清，但刘明确定她有一点儿崇拜他，这让他有点暗自高兴。

有一天下班了，她怯生生地问刘明一个案子的策划问题，声音细细的，柔柔的，刘明心想她的声音真好听，像音乐一样……正想着，忽然又听她说：“是不太方便吗？要不就算了。”听到这儿，刘明才回过神来，忙答应道：“没什么不方便啊，你先等会儿，我先看看关于这案子的资料。”她如

释重负。

而后来，刘明因为家里关系辞职去了北京，他和这个姑娘几乎没怎么联系，只是偶尔发发短信。但刘明从没忘记这个声音甜美的女孩。“非典”那年，刘明突然给她打电话，说他回来了。她惊喜得声音都变了：“你真的回来了！我要见你！”刘明犹豫了一下，答应了。那时候，各地把“非典”之可怕传得耸人听闻，他刚从北京回来，除了家人，所有人对他都避而不见。

见面时，刘明问她：“你不怕我身上有病菌传染你？”她柔声道：“怕。但你回来了，我想见你。”刘明心里很感动，他明白她的心思。他们并肩散步，过马路的时候，忽然来了一辆车，他揽过她的肩，把她让到了另一边。她只是看了看他，没有说话，但她的眼神里多了一丝甜蜜和喜悦。

然后，刘明大胆地牵了她的手，她要挣脱，但是刘明抓得更紧了。刘明就这样一直拉着她的手，再没有松开，直到她嫁给他，成为他的妻子。

“柔情似水，佳期如梦。”多么迷人的爱情故事。对男人来说，温柔是酒，只饮一滴，就可回味一生。作为女人，你可以没有迷人的脸庞，可以没有苗条的身材，但你必须懂得温柔，懂得向男人说软话。如果你坚持维护所谓的尊严，害怕失去自己在男人心目中的地位，继而抛弃温柔，对男人颐指气使，动辄大声呵斥，显示出女性最粗糙的一面。那么，只能让心仪的爱情离你而去。要知道，一纸婚约无法永远守住一颗心，也没有哪份爱情会长久常新，婚姻本来就是鲜花灿烂后的落英满地，走向平淡无味是必然的。但是婚姻是可以经营的，只要用心。而你温柔的细语就是维护婚姻最有力的武器，就像一只纤纤细手，只是轻轻一扶，再强悍的男人也会被征服的。

心理点拨

那么，爱情中，女人该怎样说软话呢？

1.女人也可以主动示爱

女孩似乎总是被动的、害羞的，即便遇到自己心仪的男生，也不敢大胆的表达。甚至有些女孩认为，作为一个女孩，不能主动示爱，否则会失去

了尊严。而你想过没？如果因为你所谓的尊严而错失一生的幸福，那该是多么遗憾。如果你爱他，不妨大胆地说出来吧。事实上，并不是所有男人都敢于主动追求女孩，他虽然外表高大，却很可能是一个保守而又内向的人。也许，他在心里对你暗暗的喜欢，却不敢表达。如果你喜欢上了这样一个内向的男孩，那么不要沉默，大胆的开口，让他知道你的心里话。同时，人们说："女追男隔层纱"，懂得先服软，可能收获的却是一份真挚的爱情。

2.懂得示弱，让男人充当保护者的角色

比如，当你在工作中或是生活上遇到了不能解决的问题，你便可以让男性来解决，对此，你可以这样说："我听说你在这方面很在行，你可不可以帮我看看，我这份策划还有什么不完美的地方？"另外，在这样的你来我往与交流中，很容易碰撞出爱情的火花。

3.说话要给男人面子

在和男人说话的时候，有些女人像吃了"枪药"似的伤人，丝毫不给男人面子。这样的女人怎么能得到男人的爱恋呢?

一位学生物学的女孩和一位中文系的男生相恋了。两人漫步在林荫道上，小伙子兴致勃勃地念了两句诗："春蚕到死丝方尽，蜡炬成灰泪始干。"他得意之时，姑娘则冷冰冰地说："真可笑！春蚕吐丝作成茧，变成蛹后飞出蛾，它怎么死了呢？"小伙子顿时不快，回敬道："这是古诗，是李商隐的绝作！""那李诗人也是无知。"两人论战得不分上下，最后不欢而散，分道而行。

本来，小伙子吟诗是信手拈来，略带转文之意。而女孩却不分语言环境和情绪气氛，语言傲慢且偏激似是讥讽男友，大大地伤了男孩的自尊心和感情。

可见，女人在说话的时候，有些话切莫直说，把话说软些，自然中听得多。

总之，作为女人，不要在男人面前显示你的强势，甚至大声地斥责他。学会说"软话"，他自会乖乖成为你的俘虏。正像一位诗人所说的，"女性向男性'进攻'，温柔常常是最有效的常规武器"。

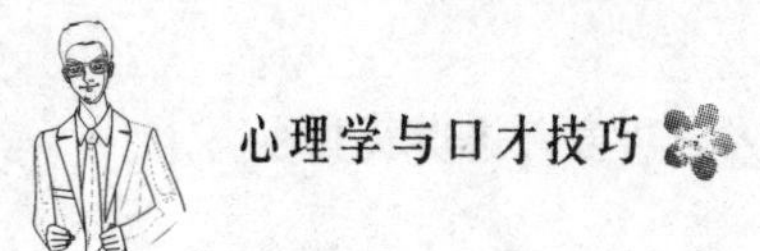

用点到为止的言语令对方回味

男性和女性之间的恋爱追逐就像一场别开生面的心理较量，无论哪方，谁只要先放弃自己的心理战场，谁就被俘虏了。语言是传递爱情力量的工具，故而有些人认为，最直白、透明化的语言最能表明一个人的内心世界，也最能传递最强大的情感力量。此话不假，但我们若是希望对方也能给予最热烈的情感回应，就不必把话说满。说话点到为止，才能让对方回味你的情意。

莉莉23岁了，她从小家教严格，是个很传统的女孩，从来没有考虑过在结婚前与男友发生更近一步的关系。她说她非常爱自己的男友，男友对她也很好，可以说呵护备至。但最大的问题是，最近两个月来，几乎每次独处的时候，男友都要求和她发生关系，她不知道该怎么拒绝。起初男友只是暗示，她假装听不懂，把话岔开。可是由于莉莉性格温柔，从来没对他强硬过，所以，男友越来越“放肆”，经常用动作来赤裸裸地表达自己的欲望。

一天晚上，男友约她到家里看影碟。男友被影片中的一些情节刺激了，居然把她扑倒，欲强暴她。莉莉哭了，从来没有哭得那么伤心。男友被吓住了，才没成功。

事后，男友神色非常痛苦，反复对她说“我爱你，为什么你不信任我？”莉莉哭了很久，感到很无助。她不想跟男友分手，却又不知道该怎么让他明白。后来，朋友苏娜教了她一些说话的技巧，她说了一些严肃的话，把男友说得哑口无言，不仅打消了“邪念”，还对她肃然起敬。

她说：“新婚之夜是我一生最美好的一刻，我希望能在那时和你互相拥有。既然你爱我，能不能帮我实现这个愿望？”男友从那以后，就没有再提出这方面的要求。后来，结婚后，他对她说：“坦白地说，我忍得辛苦，但也觉得，能够经受诱惑的女人，值得珍惜。”

莉莉的这种拒绝的说法是值得很多女孩学习的。的确，面对爱人的肌肤之亲的要求，如果你板着面孔说不，甚至指责、嘲讽，结果不外乎是你坚持

了原则，对方丢了面子，你们的感情蒙上阴影或者直接就散了。对于这样的情况，我们还可以这样点到为止地说：

（1）我很爱你，如果你也真的爱我的话，请尊重我，尊重我的选择，也尊重你自己，让我们一起在自我约束中走向成熟，好吗？

（2）若真有缘分，我们总会属于彼此，既然你说你真的爱我，那为什么不把这最美的一刻留到新婚之夜呢？

（3）我想我们都不是小孩了，这种要求是很自然的，可是正因为我们不是小孩了，对待这种事更需要理智一点，不是吗？

当然，除了拒绝不合理请求外，恋爱中需要我们说话把握度的地方还很多，比如，与对方初次相识或者求爱过程中，说话点到为止，都能体现一个人说话的水平和艺术，也能让对方回味你“话中话”的含义，从而对其起到一定的心理作用。

心理点拨

具体来说，可以根据以下几种情况，采取不同的说话方式：

1.暗示爱意

比如，一个男孩想对心爱的女孩表白，可以这样暗示：“上次跟你见面回去后，我又独自在公园里徘徊，虽然时间已经很晚了，可是我却没有一点儿倦意。我觉得那天的夜色，好美，好静！”这样说，显得神秘、温馨，如果那个女孩对你也有爱意的话，自然会明白你这些话的含义，也会做出相应的回应。

而如果情况相反，女孩若想对心仪的男孩表明心仪，可以这样说：“每次和你约会时，总是在衣柜里翻半天，老觉得每件衣服都不好看，真觉得自己有点发神经了……”这样说，则显得你俏皮、可爱，更深远的意思已经在无言中流露出来了，对方必定会为你所动。

2.说些善意的谎言

比如，有的女孩很会为自己的男友着想，担心对方的经济能力不够，因

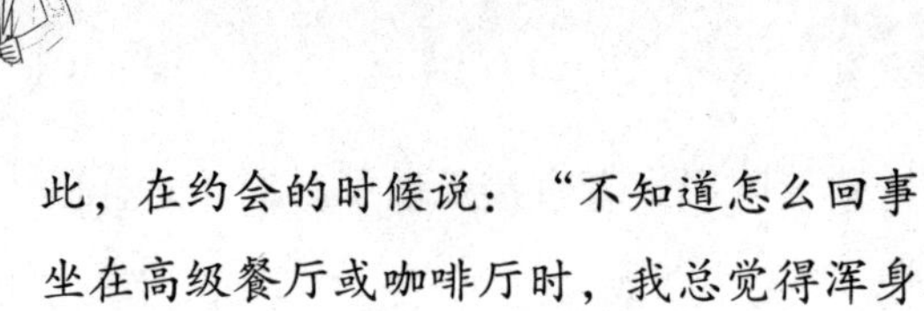

此，在约会的时候说："不知道怎么回事，我对出租车有畏惧感。""每次坐在高级餐厅或咖啡厅时，我总觉得浑身不自在，觉得那种地方过于严肃，不适合我。说起来，我还是喜欢坐在阳台上欣赏夜色，吃自己煮的面，这样没有拘束感。"若对方没有充裕的经济能力，听到这些话，一定会为女方的温存体贴而感动。在恋爱中的男女之间，这种善意的谎言通常是能被对方"识破"的，但却能收到很好的效果。

当然，在恋爱中，需要我们说话点到为止的情况还很多，这需要我们把握这门说话的艺术，便可在三言两语中对对方的心理产生作用！

第23章 面对亲人，贴心暖语营造快乐家庭

家人之间要学会道歉与原谅

有时候，我们难以想象，对自己说出那些尖刻、伤感情话的人，却是自己最亲近的人。似乎每个人都有这样的习惯：我们总是很容易原谅别人，却往往不肯原谅自己身边的人。大多数的人认为，结婚了彼此都成为了一家人，就不需要那么多的繁缛礼节，似乎“对不起”“没关系”在他们的字典里消失了。事实上，即使面对家人，我们也应该学会道歉与原谅，这既是一份爱的表现，同时，也可以使彼此都能够释怀。

小丽在一家大公司上班，平时工作压力就大。这不，最近接手了一个很棘手的新客户。她第一次提案就被狠狠地打了回来，要求重做。时间又紧迫，客户要求很刁钻，令她情绪很差。

晚上下班回家，一进家门，就看见儿子趴在地上玩耍，手里拿着的是自己公司里的阅读资料。她急忙从儿子手中抢过资料，再看老公，正悠闲地坐在沙发上看电视。小丽火气腾的一下就上来了，“你回来就像个大爷一样，儿子也不管，晚餐也不准备，都打算等我回来做吗？……”小丽怒气冲冲地数落起丈夫来，声音也是最高分贝的，一下子就把儿子吓哭了。老公赶紧把儿子抱在怀里，无辜地问：“你今天怎么了？没有招惹你吧。简直莫名其妙。”说完，带着儿子到书房去了。小丽还想说几句，可是感觉已经没有力气了，瘫倒在沙发上。

第二天早上，小丽就意识到了自己昨晚的失误，自己实在不应该将工作上的怨气带回家，于是，她早早地起床弄了早餐。在餐桌上，小丽郑重地向老公和儿子道歉，老公抱着儿子，低下头问儿子："宝贝，你说，原谅妈妈不？"懂事的儿子点点头，一家人都笑了。

其实，所谓的婚姻之道就是两个人的相处之道，聪明的人，一旦自己犯了些错误，就会及时地道歉，弥补伤痕，这样一来，大家都能够释怀，同时，也把伤害降到了最低。如果事情发生了，大家都只生闷气，互不理睬，觉得道歉是很丢脸的事情，那么，有可能只是一件小小的事情，也会造成巨大的伤害。在家庭中，我们不能忽视道歉和原谅的作用。

心理点拨

两个人相处，最重要的是包容，谅解，当一个人感觉到自己被理解的时候，他会莫大地感激身边的人，彼此之间的感情也会逐渐升温。甚至，我们可以说，两个人之间的相处之道就是理解和包容。

（1）既然爱上了一个人，就包括了他的缺点和优点，如果对方在某方面犯了错误，我们应该怀着宽容去原谅他，帮助其改正错误，还家庭一个和谐温馨的环境。有人说："我们最大的缺点在于，对他人太宽容，对身边的人太苛刻。"在很多时候，的确是这样。

（2）当你想对家人生气的时候，不妨把他当做自己的朋友或者客人来对待，然后，你会发现，有些事情其实并不值得生气。

与家人说话也要有足够的尊重

心理学家建议：把礼貌带进婚姻。在现实生活中，我们常常看到大男子主义的丈夫大声指使"这个菜太咸了，你重新再炒一个""我饿了，赶快去给我煮碗面"；或者，看到许多女人声色俱厉地对着丈夫发威："喊你洗衣服，你还在磨磨蹭蹭干吗？""快去把我那件衣服拿过来，快点啊！"诸如此类的现象简直是不胜枚举。许多人认为，结婚了那就是一家人，有什么要

求就直接提出来，不用跟家人客气。其实，既然已经是一家人了，我们更应该懂得尊重对方，因为一个家庭是由两个完全独立的人组成的，谁都没有义务与权利去被要求与要求，如果我们需要对方为自己做点什么，至少应该懂得礼貌，婉转地表述，考虑到对方的心理，这样，对方会更加乐意为你效劳。

有一对年轻的夫妇，以前一直做零散的短工，后来，他们发现鲜花行业有发展，就开了一家花店，生意十分兴隆。令人感到意外的是，那位丈夫家里家外都是一把好手，在家里做饭、洗衣、打扫都会，而且包揽了店里全部的重活。旁人羡慕不已都夸赞那位妻子说："你真是有福气，有一个这么能干的丈夫。"妻子笑着，并没有说话，这时，店里来了客人，妻子向里屋的丈夫喊道："老公，你的机会来了。赶快出来吧。"说着，妻子向客人解释："以前我不知道他有这么大的能耐，真不知道他从哪儿学来的知识，能知道任何一位顾客该给送花对象送什么花，这点我还真不如他，这都是他的绝活。"

这位妻子无疑是聪明的，她在要求丈夫去干什么的时候，总是对其夸赞一番，委婉地表达自己的要求。如此一来，在妻子的赞美之下，丈夫心中还有什么怨言呢，即使再累也会感到由衷的幸福。相反，有的妻子总是指使丈夫做这做那，全然不顾丈夫的面子和自尊，日子久了，丈夫心里自然是抱怨声声。有时候，我们不妨这样想一想：本来这些事情都应该是自己做，他没有义务为自己做这做那，把家人当成朋友，试着以客气、婉转的方式请求他，他不仅不会拒绝，而且，会满心欢喜地做这些事情。

心理点拨

因此，向家人提出要求或请求时，应注意以下几方面：

1.切忌命令式

许多人在工作中是一把手，于是，他们习惯性地将这样的姿态带到了家中，做任何事情，他们都以命令式，动不动就说："我跟你说，你这样是错

的，跟你说过多少次了。”以这样命令式的方式来要求家人，对方心里肯定不好受，对你的要求也不见得接受。毕竟，家人还是家人，他们不是你的员工或下属。

2.带点赞美的请求

当我们需要请对方去做一件事情的时候，不妨先给对方一顶高帽，比如：“我就知道，做这个你最在行了，相信你一定能够顺利完成的，老公，加油哦！”如此带点赞美、甜蜜的请求，谁能够拒绝呢？

这样说话孩子才能听进去

当了父母，随之而来却是一个大难题：怎么样和孩子说话，孩子才听得进去呢？这个问题困扰着许多父母，并逐渐使之成为了一个家庭问题。大多数父母会抱怨：“不知道该怎么跟孩子说，简直是对牛弹琴，无论我怎么说，他就是不听，我有什么办法？”难道所有的孩子都是顽固不化？当然不是，与孩子交流，父母也应该注意自己的语言表达技巧，如此这般，孩子才能够听进去。有时候，不要总是把他们当做什么都不懂的小孩，学会做他们的朋友，这样双方才能顺利沟通。

彤彤是一个自觉性比较差的孩子，做什么事情都需要爸爸妈妈提醒，如果没有人提醒她，她就可以从早上玩到晚上，什么事情都不做。对此，妈妈总是唠叨：“彤彤，作业怎么还不去做？”“又在看电视，不是让你看书吗？”唠叨的时间长了，彤彤也反感了，忍不住向妈妈说：“你现在怎么跟外婆差不多了，总是唠叨这唠叨那，那些事情我都知道，求求你别说了，听了心烦。”妈妈叹气，“那我应该怎么跟你说呢？好说歹说，你也不听，提醒你吧，还嫌我唠叨。”

晚上，思索了一下午的妈妈对彤彤说：“彤彤，我每次提醒你，我自己也觉得很唠叨，并因此而感到难过，因为唠叨破坏了我们的关系，同时没能给你一个机会让你在做事时表现出自己的责任心来。我们一起探讨一下，你

希望我怎么做？就是万一在你确实忘记了要做的事情的时候，我用什么方法提醒你而不会使你感到我在唠叨？”彤彤想了想，说道：“妈妈，其实，我也不是讨厌你的唠叨，而是您总是说，我就开始心烦，以后，您也可以提醒我需要做的事情，写纸条、发信息都可以，偶尔说一两次也没关系的。”通过交谈，彤彤和妈妈达成了一致的协议。

在家庭教育中，父母的说话技巧也是十分重要的，语言能够造成亲子之间的隔阂，同时，它也能够成为亲子之间沟通的载体。在家庭中，没有良好和谐的关系，教育就无从谈起，而亲子关系出了问题，其实就是双方的沟通出了问题。在大多数情况下，由于父母说得多听得少，于是，他们感到自己无论说什么，似乎孩子都听不进去了。

心理点拨

1.表达出对孩子的理解

在任何一件事情上，孩子也有他自己的感受，因此，父母在话语中要表达出你对孩子感受的理解，一定要向孩子确认你的理解是对的，让孩子感觉到你是朋友，而不是高高在上的家长。

2.理解孩子的感受

在沟通中，我们要表达出对孩子的同情，但是，同情并不意味着认可或者宽恕孩子的言行，而只是表示我们理解孩子的感受。适当的时候，我们可以告诉孩子自己在小时候也有类似的行为，这样一来，效果会更好，一下子拉近了自己与孩子的心灵距离。

3.试着让孩子自己解决问题

有时候，孩子不听父母的话，是因为他们更坚持自己的做法。这时，不妨试着让孩子自己解决问题，询问孩子，对于避免出现这样的问题有什么想法。如果孩子有想法，父母就应该加以引导；如果孩子没有想法，父母可以提出一些具体的建议，直到彼此达成共识。

婆媳间的言谈要留心

“婆媳关系”是一个非常敏感的话题。对于已经进入婚姻围城的人来说，处理“婆媳关系”比什么都困难，婆婆和儿媳都互相抱怨：“你怎么这么难相处啊？”其实，在这个世界上，并没有多少刁钻的婆婆，也没有太多凶恶的媳妇，婆媳之间之所以难相处，原因在于“言谈”，矛盾的爆发常常是因几句不恰当的语言，久而久之，两个人心中就有了疙瘩，矛盾日益加深，于是，就少不了磕磕绊绊、争吵。所以，处理好婆媳关系的关键第一步在于注意自己的言谈，留心对方的神色。

小叶没想到刚结婚不久，自己就领教了婆婆的挑剔。那天，小叶在洗菜时，将菜花的叶子全部择掉了，正准备扔进垃圾桶，婆婆就冲着小叶嚷道：“你这么浪费怎么行？菜花叶子照样可以炒着吃，年轻人就是不懂得过日子。”听了婆婆的话，小叶心里十分委屈，心想：我以前可从来没有吃过菜花叶，也没有听谁家吃过，这怎么能和不懂过日子联系在一起呢？婆婆这不是借机找茬吗？小叶真想回敬婆婆几句，但是，转念一想：妈妈也经常为这样的事情说我，我怎么就没那么大的反感，为什么婆婆一责怪自己就不能忍受？看来自己和婆婆还是比较生疏，没有把婆婆当母亲看待。

这样一想，小叶心中就释然了，她对婆婆说：“妈，我平常很少做菜花，不知道叶子也能吃，听您这么一说，我下回就知道了。”婆婆轻轻拍着小叶的肩膀说：“其实，我也是对事不对人，可能说话方式不好，你可不要往心里去啊！”说完，两人都笑了起来。

小叶在与婆婆的接触过程中，能够理解到婆婆的好意，即使心中觉得委屈，但是，她还是一副谦虚受教的姿态，言谈谦和，婆婆自然就没有办法生气了。事实上，即使是同一个意思，不同的表达方式也会掀起轩然大波，如果小叶如实相告：“我家可从来不吃菜花叶子，我也没有听说谁家这样吃。”那婆婆肯定会因此而生气，而像小叶这样的语言表达不仅赢得了婆婆的赞赏，而且，为以后的婆媳关系奠定了良好的基础。

心理点拨

那么，婆媳之间的言谈应该注意哪些方面呢？

1.忌挑剔之语

不管是婆婆还是儿媳，言谈间都不宜使用挑剔之语，尽量以包容的态度来沟通，如果对方所做的事情真的令自己不满意，我们也要学会谅解，表示自己的感激之情，委婉地提出自己的建议，这样一来，彼此都很容易接受。

2.语气谦和

婆婆和儿媳都是一家人，婆婆不需要将自己摆在高高在上的位置，儿媳也不应该总是以“女王”身份亮相，尤其是说话方面，彼此语气都谦和一些、客气一些，保持一定的心理距离，矛盾少了，欢笑也就多了。

3.站在对方的角度想问题

有时候，可能婆婆对这样也看不惯，对那样也看不惯，但是，作为儿媳应该想想她以前生活的年代，尽量站在对方的角度想问题，这样就能理解她的言行。对婆婆来说，也是一样的道理，不能老是把自己沉浸在过去那个年代，多了解现代社会，观念开放了，思想就开通了。理解双方，婆媳之间的矛盾自然就没有了。

小吵小闹也可以很温情

感情需要激情的碰撞，就像玩碰碰车，乐趣在于东碰西撞、你攻我守，而游戏中的刺激就如同感情中的甜蜜。结婚后，爱情的激情早已不再，日子渐渐回归了平淡，每个家庭都会发生争吵的场景，偶尔小吵小闹，会给我们增添许多乐趣，让我们重新感受到感情的激情与甜蜜。当然，两个人之间的吵架只限于小吵小闹小情话，一旦战争升级了，不仅不能增进感情，反而会伤害彼此之间的感情。因此，在家庭这个城堡里，我们要学会将“吵架”变成感情的催化剂。

《红楼梦》第十九回，曹雪芹描述了宝玉与黛玉吵闹的情景：

宝玉回到了黛玉房里，见她睡在那里，就去推她，黛玉说："你且别处去闹会子再来。"宝玉推她道："我往哪里去呢？见了别人怪腻的。"黛玉听了，嗤的一声笑道："你既要在这里，那边去老老实实的坐着，咱们说话儿。"宝玉道："我也歪着。"黛玉道："你就歪着。"宝玉道："没有枕头，我们在一个枕头上。"黛玉道："放屁！外头不是枕头？拿一个来枕着。"宝玉看了一眼，回来笑道："那个我不要，也不知道哪个脏婆子的。"黛玉听了，睁开眼，起身笑道："真真你是我命中的'天魔星'！请枕这一个。"她把自己的枕头让给宝玉，自己又拿了一个枕着。

虽然只是"抢枕头"这样的小事，但是，在两个人之间，却成为了示爱的一种活泼而随意的方式，互相有好感的黛玉和宝玉没有因此"小吵小闹"而生气，反而变得越来越亲密。在家庭里，两个人彼此依赖、深深相爱，"吵闹"成为了他们调解气氛的工具。虽然，旁人看起来像吵架一般，你一言我一句，你奚落我，我挖苦你，互不相让。但是，这与真正的吵架却有所不同，他们都是以轻松、欢快的态度说出那些尖刻的言辞，以这样的方式表现出彼此的亲密与娇嗔。

心理点拨

当然，即使是生活中的"小吵小闹"，稍有不慎，也有可能会战争升级，因此，我们需要注意以下几个问题。

1.不要冷战

大多数人吵闹时常常喜欢用冷战的方式，不接电话，或者，一气之下出去住。其实，冷战无疑是一场赌博，冷掉的不仅是彼此之间的怨怒，还有感情。有人企图用冷战的方式去惩罚对方，殊不知，在这个过程中你自己也受到了惩罚。

2.不要冷嘲热讽

有的人在吵闹时喜欢说讽刺的话，比如："你回来干什么？外面多逍遥

自在啊。”这种口气只会激怒对方，冷嘲热讽的伤害是巨大的，没有哪一个人能容忍爱人对自己的嘲讽，真实地展露自己的诉求，对方会更容易理解。

3.就事论事

有时候，吵闹的导火线根本就只是一件小事，但是，由于两个人相处久了，了解彼此的事情多了，在吵闹时就将那些陈年的往事翻了出来。这样，只会增加彼此之间的怨气，不如就事论事，你会发现，这些小事根本不值得生气。

4.多点娇嗔之语

在吵闹时，少一些犀利的语言，多一些温情的娇嗔之语，即使对方正在气头上，也会马上转怒为笑，这就是“小吵小闹小情话”，增进感情，使爱情更加甜蜜。

参考文献

[1] 鸿图.说话心理学[M].北京：海潮出版社，2013.

[2] 成杰.话语攻心术:把话说到对方的心坎里[M].北京：中国华侨出版社，2012.

[3] 邹静.每天一堂心理分析课[M].北京：人民邮电出版社，2013.